What a Grammar!

원리와 실용의 영어 문법 수련서

What a Grammar!
원리와 실용의 영어 문법 수련서

1판 1쇄 발행 2020년 2월 20일
1판 2쇄 발행 2023년 8월 30일

지 은 이 이광희
발 행 인 김진수
발 행 처 한국문화사
등   록 1991년 11월 9일 제1994-9호
주   소 서울특별시 성동구 아차산로 49 404호(성수동1가, 서울숲코오롱디지털타워3차)
전   화 02-464-7708
팩   스 02-499-0846
이 메 일 hkm7708@hanmail.net
홈페이지 hph.co.kr

ISBN 978-89-6817-846-7 13740

이 도서의 국립중앙도서관 출판예정도서목록(CIP)은 서지정보유통지원시스템 홈페이지(http://seoji.nl.go.kr)와 국가자료공동목록시스템(http://www.nl.go.kr/kolisnet)에서 이용하실 수 있습니다(CIP제어번호: CIP2020006031).

What a Grammar!

원리와 실용의 영어 문법 수련서

이광희 지음

한국문화사

머리말

한동안 우리의 영어 교육에서는 읽기와 쓰기보다는 말하기와 듣기 영역이 강조된 적이 있었습니다. 10년 넘게 영어를 공부하고도 막상 외국인에게 말 한마디 못하는 실정이었으니 말하기와 듣기를 강조하는 교육 방향은 그야말로 거칠 것이 없어 보였습니다. 그러나 예상만큼의 실력 향상은 기대할 수 없었고 오히려 읽기와 쓰기를 무시한 결과, 학습자의 사고력 저하라는 부작용마저 낳게 된 것은 부인할 수 없는 사실입니다. 그것은 모든 외국어 학습의 선결 과제가 되어야 할 '문법'이 체계적으로 학습자의 사고에 정착하지 못했기 때문입니다. 즉, 언어의 중추라고 할 수 있는 문법이 부실했기 때문에 아무리 좋은 내용이라 하더라도 쉽게 다가오지 못했던 것입니다. 그러면 논의는 다시 "왜 과거의 문법 위주 영어 교육이 성공하지 못했는가"라는 반문에 직면하게 됩니다. 바로 그 질문이 본서의 집필을 가능하게 한 모티브가 되었으며, 그 문제에 대해 다음과 같이 다각적인 해결 방안을 제시했습니다.

첫째

문법만을 위한 문법은 과감히 지양하였습니다. 다시 말해, 장차 수준 높은 독해와 작문을 가능하게 하는 생산력 있는 문법서가 되도록 하였습니다. 단순한 나열식 암기가 아니라 "도대체 왜 그럴까"에 대한 해답을 물 흐르듯이, 마치 강의를 듣는 것과 같이 친근하게 제시하였습니다.

둘째

본서는 초급자를 위한 것이지만 책이 끝날 때쯤에는 더 이상 다른 문법서를 보지 않아도 되도록 단계적으로 수준을 높여 구성하였습니다. 책 한 권을 떼고도 아직 초보에 머물러 있다면 얼마나 허무하겠습니까? 마지막 페이지를 넘기는 순간 여러분은 영문법에 대한 폭넓은 식견과 아울러 듣기와 말하기가 문법을 기반에 두고 있는 이유도 비로소 깨닫게 될 것입니다.

셋째

교재 내용에 대한 강의도 병행하였습니다. 혼자 공부한다 하더라도 전혀 무리가 없도록 하였지만, 그래도 일정한 진도를 견인해 줄 수 있는 교사가 있다면 그것은 굉장한 장점이 될 수 있습니다. 책의 구석구석에 온갖 정성을 다 들인 저자의 강의를 어느 때, 어느 곳에서든 볼 수 있다는 것은 책을 쓰는 사람이나 보는 사람이나 너무나 행복한 일이 아닐 수 없습니다. 인간에게 이런 편리함을 허락하신 하나님께 감사할 따름입니다.

이와 같이 본서는 학습자들에게 영어에 흥미를 되찾는 것은 물론 각종 영어 시험 점수까지도 비약적으로 향상시킬 수 있도록 최선을 다하였습니다. 이와 더불어, 가르치는 이와 배우는 이의 열정이 한데 어우러진다면 틀림없이 좋은 결과가 나올 것입니다. 끝으로 바쁜 일정 속에서도 언제나 진심 어린 도움과 조언을 아끼지 않으신 **"한국문화사"**의 모든 출판 및 교육 관계자 여러분께 깊은 고마움을 표합니다.

Basic English Grammar

contents

Basic English Grammar

이 책의 특징 및 구성

1. 총 30 Chapter로 구성된 핵심 문법!

저자가 강의하면서 선별한 주요 문법을 30 Chapter 분량으로 정리했다. 기존의 방대한 분량의 문법들을 과감히 줄이고 새롭게 분류하였다. 아무도 설명해 주지 않던 문법의 핵심을 저자만의 쉬운 설명으로 학습해 보자.

2. 300문항 이상의 연습문제!

각 장마다 학습한 내용을 복습할 수 있도록 연습문제를 실었다. 총 300 문항 이상으로 실전에 대비할 수 있는 알찬 문제들을 뽑았다. 한 가지 형태가 아닌 여러 가지 형태로 문제를 실었다. 충실히 풀어보고 학습한 내용들이 어떻게 쓰이는지 알아보자.

3. 60개 이상의 Further Study!

각 장의 내용을 좀 더 자세하게 알아보는 Further Study 코너를 넣었다. 초급 수준에서는 생소할 수도 있겠지만 익혀 두면 영어 학습에서 실력을 다질 수 있는 내용을 골라 실었다. 기본 문법사항과 더불어 학습한다면 꽤 많은 분량의 내용을 정리할 수 있을 것이다.

4. 총 30개의 Reading Practice!

앞에서 배운 문법사항을 지문에서 충분히 복습하고 활용할 수 있도록 각 장마다 엄선된 독해 문제를 실었다. 다양한 분야의 글을 실어 학습자들이 지루하지 않게 배려하였고 부담없이 가볍게 풀어 볼 수 있게 하였다. 특히 초보 학습자들을 위해 바로 뒤에서 주요 구문을 해설해 놓은 Key Structure를 넣었다.

5. 기존의 구태의연한 해설 방식을 지양한 신선한 문법 설명!

기존의 틀에 박힌 영어 문법을 어렵게 느꼈던 분들을 위해 저자가 직접 강의를 하듯 자세하게 풀어 쉽게 설명하였다. 오랫동안 배워 왔던 영어 문법에서 벗어나 제대로 된 문법 학습을 익히는 데 도움이 되도록 했다.

6. 초급에서 중급으로 도약!

초급 학습자가 중급 실력으로 레벨 업할 수 있도록 구성하였다. 처음부터 조금씩 난이도를 더해나가는 방식으로, 부담 없이 차츰차츰 실력을 쌓아 갈 수 있도록 배려하였다. 독자가 이 책의 학습을 마치는 순간 영문법 기초를 충분히 쌓았다는 생각이 들도록 구성했다.

Chapter 1

품사
(Parts of Speech)

이제 새롭게 영어를 시작해야겠다고 마음먹고 문법 강의실에 들어서는 순간… 난데없이 들려오는 '명사, 대명사, 동사, 형용사, 부사, 전치사…' 이름만 들어도 골치가 아프다구요? 하지만 이런 용어들은 앞으로의 공부에 엄청난 밑거름이 될 수 있습니다. 복잡하게 생각하지 말고 이것들의 이름과 간단한 쓰임새만 파악해 보세요. 앞으로 전개될 많은 내용들이 훨씬 매끄럽게 이해될 것입니다. 그리고 이 책을 끝까지 공부하고 나서는 다시 이곳을 꼭 펴 보세요. 책 전체의 내용이 머릿속에 그림처럼 떠오를 것입니다. 정 자신이 없으면 Chapter 1은 내용만 보고 문제는 나중에 풀어 보셔도 됩니다. 처음부터 기분이 상하면 안 되니까요.

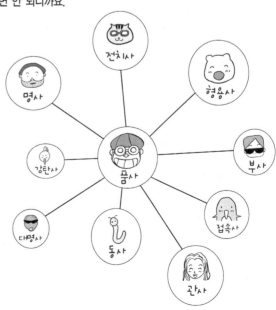

영어를 공부할 때 '품사' 라는 말을 흔히 접하게 되는데, 품사란 '단어 혹은 말을 문법상 형태와 의미, 그리고 기능에 따라 나눈 일종의 분류 방식' 입니다. 영어에서는 이를 보통 여덟 가지로 분류하여 8품사라 불러 왔습니다. 여기서는 관사를 하나 더 추가하여 아홉 가지로 나누어 간략 히 살펴보고, 각 품사에 대한 설명은 이후의 해당 Chapter에서 보다 자세히 다루겠습니다.

1. 명사(noun)

사람, 사물, 개념, 물질 등의 '명칭 혹은 이름'을 지칭하는 말로, 셀 수 있느냐 없느냐에 따라 각각 가산명사 와 불가산명사로 나눌 수 있습니다.

a. 가산명사(countable noun)

일반적으로 경계(boundary)가 있는 물체를 나타냅니다. 경계가 있다는 것은 한 개(단수)와 여러 개 (복수)를 구분할 수 있다는 뜻이 됩니다. 보통명사(a student, two students)와 집합명사(a family, two families)가 여기에 해당됩니다.

b. 불가산명사(uncountable noun)

일반적으로 경계를 설정할 수 없는 개념이나 물질을 나타냅니다. 경계가 없으니 여러 개를 설정하는 것이 불가능한 것입니다. 추상명사(peace, happiness...)와 물질명사(milk, salt...), 그리고 세상에 단 하나밖에 없어서 숫자를 세는 것이 무의미한 고유명사(Seoul, Korea...)가 여기에 해당됩니다.

2. 대명사(pronoun)

명사를 대신하는 말입니다. 인칭대명사(I, my, me, mine...), 지시대명사(this, that, these, those...), 의문 대명사(when, where, what, how...), 부정대명사(one, some, little...), 관계대명사(who, which, that) 등 이 있습니다.

3. 동사(verb)

사람 · 사물의 동작(action)이나 상태(state)를 나타내는 말로 '···하다, ···되다, ···시키다' 등의 뜻을 가집니다(be, go, sleep, study, work, love, satisfy...). 영어에서의 동사는 주어의 수와 인칭, 그리고 시제에 따라 형태가 바뀝니다.

- · He **loves** his wife.

  그는 자신의 아내를 사랑한다.

- · I **love** my wife.

  나는 내 아내를 사랑한다.

- · He **loved** music all his life.

  그는 평생 동안 음악을 좋아했다.

4. 형용사(adjective)

명사를 직접 꾸며 주거나, 문장 내부에 사용된 명사인 주어나 목적어의 의미를 보충 설명하여 서술어의 일부로 쓰이는 말을 가리킵니다. 즉, 명사와 관계하는 말을 나타냅니다.

- · a **beautiful** woman (beautiful이 명사 woman을 수식)

- · She is **beautiful**. (beautiful이 주어(대명사) She를 보충 설명)

명사에는 가산명사와 불가산 명사가 있다.

✤ 다음 문장에서 <u>틀린</u> 부분을 고치시오.

1. Sometimes I feel dizzy especially when I see beautiful woman.

2. There were many childs playing in the garden.

3. A peace is the only thing I want between you and me.

4. My mother goes shopping every Sunday, and I often go with him.

5. I meets Clare three years ago.

Further
Study 1

고유명사·물질명사의 보통명사화

불가산명사인 고유명사를 보통명사화했다는 것은 일반화된 물체로 만들었다는 뜻입니다.

- I want to be a Shakespeare. 셰익스피어와 같은 훌륭한 극작가
- My wife is a Bush. 부시 가문의 한 사람
- There are three Picassos in this room. 피카소의 작품 3점

이러한 원리는 물질명사에도 적용됩니다. 아래의 예에서 물질인 종이는 신문이라는 제품이 됐습니다. 당연히 복수형 -s도 사용 가능합니다.

- This is made of paper. 종이(물질명사)
- Have you read today's papers? 신문(보통명사)

5. 부사(adverb)

동사나 형용사, 다른 부사 또는 문장 전체를 꾸며 주어 그 뜻을 한정하는 말을 가리킵니다.

· **He ran fast to win the race.** (부사 fast가 동사 ran을 수식)
그는 경주에서 이기기 위해 빨리 뛰었다.

· **He is a very hardworking man.** (부사 very가 형용사 hardworking을 수식)
그는 아주 열심히 일하는 사람이다.

· **She learned English really quickly.** (부사 really가 다른 부사 quickly를 수식)
그녀는 영어를 정말 빨리 배웠다.

· **Maybe some fresh air would do me good.** (부사 maybe가 문장 전체를 수식)
아마도 맑은 공기를 좀 마시면 나아질 것입니다.

6. 전치사(preposition)

명사나 대명사 앞에 쓰여 다른 단어와의 관계를 나타내는 말입니다(at, about, by, for, from, in, of, to, with 등). 전치사 뒤에는 명사나 명사에 해당하는 어구 혹은 목적격 대명사가 옵니다. 아래의 예문에서 the problem과 her는 각각 전치사 없이는 앞의 어구와 연결될 수 없습니다.

· **This is one solution to the problem.**
이것은 그 문제에 대한 하나의 해결책이다.

· **He is very proud of her.**
그는 그녀를 매우 자랑스러워한다.

7. 접속사(conjunction)

다양한 의미로 단어와 단어, 구와 구, 절과 절을 연결시켜 주는 말입니다(and, but, or, for, if, when, because, though, while 등). 단어, 구, 절에 대해서는 3장을 참고하시기 바랍니다.

· **He and I are good friends.** (He와 I가 and로 연결되어 있음)
그와 나는 좋은 친구다.

· **It is not you but he that is to blame.** (but가 you와 he를 연결함)
비난받아야 할 사람은 네가 아니라 그 사람이다.

8. 감탄사(interjection)

감정을 표현하거나 의지의 발동을 나타내는 말로서 독립적으로 쓰일 수 있습니다.

Ugh!, Wow!, Bravo!, Hurrah! 등

9. 관사(article)

명사 앞에 쓰여 단수, 복수 등의 내용을 나타내는 말로서, 부정관사인 a, an과 정관사인 the가 있습니다. 정관사는 보통 세상에 하나밖에 없거나 정황으로 보아 화자와 청자가 모두 알고 있는 정해진 정보를 나타내는 데 쓰입니다.

- **He is a diplomat.**
  그는 외교관이다.

- **Open the door!** (화자와 청자가 동시에 인식하고 있는 문)
  문 열어!

- **Where's Mom? — She's in the kitchen.** (화자와 청자가 동시에 인식하고 있는 부엌)
  엄마는 어디 있지? – 부엌에 계세요.

부사는 동사나 형용사 또는 다른 부사를 꾸민다.

Practice 2

✤ 다음 문장에서 틀린 부분을 고치시오.

1. The movie was extreme interesting!

2. I am proud of be your husband.

3. Have a look this car.

4. I love you but I want to marry you.

5. A moon goes round the earth.

Further Study 2

내가 지금 무엇을 공부하고 있고 전체에서 어디쯤 와 있는지 항상 확인해 보세요!!

세상에 존재하는 수많은 단어

⬇

비슷한 종류별로 나누는 방식 = 품사

⬇

품사가 문장 속으로 들어가서 하는 역할 = 문장의 요소

⬇

문장의 요소를 배열하는 다섯 가지 방식 = 문장의 5형식

Reading Practice

You can find it orbiting Earth, floating in space, or sitting on (A) <u>Venus, Mars, and a moon</u>. No, it's not a spaceship — (B) <u>it's space trash</u>! Space trash, often called space debris, is any man-made object that no longer serves a useful purpose. More than 4,000 satellites have been launched into space since 1957. (C) <u>All that activity</u> has led to large amounts of space trash. (D) <u>Of those objects,</u> only 600 to 700 are still in use. It means that 85 percent of everything up there is _____. In addition, there are millions of smaller parts that can't be detected.

1 (A)~(D) 중 어법상 잘못 사용된 것은?

a. (A)
b. (B)
c. (C)
d. (D)

2 내용으로 보아 빈칸에 들어갈 말로 가장 알맞은 것은?

a. till useful
b. trash
c. dangerous
d. missing

당부합니다!

각 Chapter의 말미에는 이처럼 100단어 내외의 독해 문제가 있습니다. 그런데 지문의 내용을 설명하려 보면 아직 배우지 않은 문법 내용이나 용어들이 불가피하게 등장할 수밖에 없습니다. 이 책의 주요 용도가 영어의 기본 문법을 빠른 시간 안에 마스터하려는 것이라면 우선 이 독해 부분은 건너뛰어도 좋습니다. 하지만 완독을 하고 난 다음에는 꼭 풀어 보기 바랍니다. 문법은 반드시 독해로 완성을 시켜야 하기 때문입니다.

✦ You can find it orbiting ~ , floating ~ , or sitting ~

당신은 그것이 ~의 주위를 회전하고, ~에서 떠다니거나, ~에 내려앉는 모습을 발견할 수 있다

동사 find의 목적보어로 세 개의 -ing구조가 따라오고 있습니다. 이런 것을 문법 용어로는 평형 구조 (parallel structure)라고 합니다. 이 내용은 마지막 Chapter 30에서 다룰 것입니다.

✦ Space trash, (which is) often called space debris, is ~

종종 우주 파편으로 불리는 우주 쓰레기는 ~이다

Space trash라는 선행사를 설명해 주는 관계대명사 which와 be동사 is가 생략되어 있는 구조입니다. 일 반적으로 '관계대명사+be동사'는 자주 생략됩니다. 따라서 뒤에서 과거분사가 앞의 명사를 수식하고 있습 니다.

문장의 요소와 5형식
(Five Simple Sentence Patterns)

세상에 널려 있는 그 수많은 낱말들… 하지만 문법이라는 것이 무엇입니까? 분류하고 체계를 세우는 일이 아닐까요? 그래서 Chapter 1에서는 각각의 낱말에 대표 명칭을 부여하는 작업을 했습니다. 그 명칭이 바로 품사였죠. 그런데 결국 품사라는 것은 문장에서 사용되기 위해 존재하겠죠. '문장 속으로 들어간 품사,' 바로 이것을 문장의 요소 혹은 문장 성분이라고 부릅니다. 그리고 그것들을 배열하는 다섯 가지 방식이 바로 문장의 5형식입니다.

문장을 이루는 주요 요소로는 주어, 동사, 목적어, 보어 등이 있고, 이 요소들의 배열 방법에 따라 영어 문장을 크게 5가지 문형으로 나눌 수 있습니다. 물론 학자에 따라 5형식의 한계를 지적해 7형식, 9형식 등으로 나누고 있지만 현대 문법에서는 5형식이 주요한 분류 방식이며, 이것이 초급 단계의 영어 학습자들에게 비교적 이해하기 쉽고 유용한 학습법이라고 할수 있습니다.

1. 1형식: 주어(subject) + 동사(verb)

영어 문장은 원칙적으로 주어와 동사가 있어야 합니다. 1형식이란 문장의 중심 혹은 주체가 되는 주어와 그 주어의 동작이나 상태를 서술하는 동사로 이루어진 문형입니다. 여기서 중요한 것은 동사의 수식어인 부사는 문장의 형식을 따질 때 무시된다는 것입니다. 보통, 부사를 제외해도 문장이 성립되므로 필수적인 요소로 보지 않기 때문입니다.

· **The sun rose** beautifully.
　　주어　　동사　　　부사
태양이 아름답게 떠올랐다.

· **He arrived** very late.
　주어　　동사　　부사　부사
그는 매우 늦게 도착했다.

2. 2형식: 주어(subject) + 동사(verb) + 주격보어(subjective complement)

주어와, 주어를 보충해서 설명하는 주격보어, 그리고 그 둘을 연결해 주는 동사로 이루어진 문형입니다. 이때, 주격보어의 자리에 부사가 올 수 없다는 점에 유의하세요. 주격보어는 명사 또는 대명사인 주어의 상태를 설명해 주고 부사는 동사를 수식하기 때문에 이 자리에 어울리지 않게 되는 것이죠.

· **He is** a student. (He = a student)
　　　　주격보어 (명사)
그는 학생이다.

· **This medicine tastes** bitter. (This medicine → bitter)
　　　　　　　주격보어 (형용사)
이 약은 맛이 쓰다.

3. 3형식: 주어(subject) + 동사(verb) + 목적어(object)

주어와 동사, 그리고 '…을[를]'로 해석되는 목적어로 이루어진 문장 형식입니다. 아래에서 다양한 목적어의 형태에 주목해 봅시다.

- **I kept my promise.** (명사)
  나는 약속을 지켰다.

- **I saw her.** (대명사)
  나는 그녀를 보았다.

- **I want to live in peace.** (부정사)
  나는 평화롭게 살기를 원한다.

- **I enjoy reading in my room.** (동명사)
  나는 내 방에서 독서하기를 즐긴다.

- **Do you know how to drive a car?** (구)
  운전할 줄 아십니까?

- **I know (that) you loved her very much.** (절)
  나는 네가 그녀를 매우 사랑했다는 것을 알고 있다.

주어 + 동사
주어 + 동사 + 주격보어
주어 + 동사 + 목적어

✤ 다음 문장에서 틀린 부분을 고치시오.

1. I arrived Seoul yesterday.

2. The food in the restaurant tastes sourly.

3. Your voice sounds strangely today.

4. I enjoyed to dance with her in the party.

5. I want living with you forever.

동사의 두 가지 분류법

1. 자동사(intransitive verb)와 타동사(transitive verb)

1형식과 2형식 문장을 보면 목적어가 없습니다. 그런데 3형식 문장을 보면 목적어가 등장하죠? '타동(他動)'이라는 말, 바로 자신이 아닌 다른 물체 즉, 목적어에게 영향을 미치거나 그것을 움직인다는 것이지요. 이에 반해 자신이 직접 움직이는 '자동(自動)'은 목적어가 없습니다. 그래서 1, 2형식의 동사를 자동사, 3형식의 동사를 타동사라고 부릅니다. 물론, 이제 등장할 4형식과 5형식도 목적어가 있으니 당연히 타동사가 되겠지요.

2. 동작 동사(action verb)와 상태 동사(state verb)

예를 들어 kick, push와 같은 동사는 실제로 동작을 나타낼 수 있는 반면, resemble, love와 같은 동사는 실제로 우리가 동작으로 보여 줄 수 없는 관념적인 것들이죠. 이것들을 차례로 각각 동작 동사와 상태 동사라고 합니다. 지금 당장은 아니지만 시제, 수동태 등에서 중요하게 등장할 개념 중의 하나이니 미리 알아 두도록 하세요.

4. 4형식: 주어(subject) + 동사(verb) + 간접목적어 (indirect object) + 직접목적어(direct object)

'…에게'로 해석되는 간접목적어와 '…을[를]'로 해석되는 직접목적어를 가지는 형식입니다. 간접목적어와 직접목적어의 위치를 바꾸면 간접목적어 부분이 전치사를 포함한 부사구가 되어 3형식 문장으로 바뀝니다. 이 경우 to, for, of 등이 쓰입니다.

- David gave **me a fountain pen.** (~ a fountain pen **to** me)
  간접목적어(…에게) 직접목적어(…을)
  데이비드는 나에게 만년필 한 자루를 주었다.

- I bought **her a nice model car.** (~ a nice model car **for** her)
  간접목적어 직접목적어
  나는 그녀에게 멋진 모형 자동차를 하나 사 주었다.

- The student asked **the teacher many questions.**
  간접목적어 직접목적어

  (~ **many questions of** the teacher)
  그 학생은 교사에게 많은 질문을 했다.

5. 5형식: 주어(subject) + 동사(verb) + 목적어(object) + 목적격보어(objective complement)

목적어만으로는 문장의 내용이 불완전하여 이 목적어를 보충해 주는 보어가 필요한 형식입니다. 주어를 보충 설명하는 요소를 '주격보어'라고 하듯이 목적어를 보충 설명하는 요소는 '목적격보어'라고 합니다. 그런데 때로는 목적어가 너무 길어져서 문장의 균형이 맞지 않을 경우 가(짜)목적어 it을 사용하고 긴 진(짜)목적어는 뒤로 보냅니다.

- My father made me **a medical doctor.** (me = a medical doctor)
  목적격보어
  아버지께서는 나를 의사로 만드셨다.

- We believe him **(to be) kind.** (him → kind)
  목적격보어
  우리는 그가 친절하다고 생각한다.

- I found **it** difficult **to be a good husband.**
  가(짜)목적어 진(짜)목적어
  나는 좋은 남편이 되는 것이 어렵다는 것을 알았다.

25

✛ 다음 문장에서 **틀린** 부분을 고치시오.

1. Jane gave to him a book.

2. He bought a birthday present to me.

3. I think to be a good professor difficult.

4. My mother made me to wash her car.

5. My mother got me wash her car.

자동사와 타동사의 구분

1. 자동사

1형식과 2형식 동사 모두 자동사가 맞기는 합니다. 하지만 그 둘 다를 같은 이름으로 부르면 혼동이 되겠지요. 2형식에서 주격보어가 쓰인 이유는 그것 없이는 문장이 불완전해지기 때문입니다. 그렇기 때문에 스스로 완전한 1형식의 동사를 '완전자동사,' 그와는 달리 보충어를 필요로 하는 2형식의 동사를 '불완전자동사' 라고 하는 것입니다.

2. 타동사

타동사 본연의 임무에 가장 충실한 동사는 3형식 동사입니다. 그래서 이를 '완전타동사' 라고 합니다. 목적격보어가 쓰인 동사는 5형식이죠? 주격보어가 사용된 2형식 동사를 불완전자동사라고 했듯이 5형식의 동사는 '불완전타동사' 라고 합니다. 4형식에 자주 쓰이는 give(주다), make(만들어 주다), buy(사 주다) 등은 모두 '～해 주다' 로 끝나는 것에 착안해서 '수여동사' 라고 부릅니다.

Yoga literally means union or joining. It is union of breath to the body, (A) <u>of the mind to the muscles</u>. Yoga is not a religion. It does not force you (B) <u>believe in a certain God or chant certain hymns</u>. It is an ancient science, which leads to health in the body, peace in the mind, joy in the heart and liberation of the soul. Yoga provides a complete system of self-transformation and self-realization, (C) <u>which are the ultimate goals</u> of human existence. Yoga has been proven as a scientific method for curing and preventing (D) <u>common as well as rare</u>, acute diseases.

1 (A)~(D) 중 어법상 잘못 사용된 것은?

a. (A)
b. (B)
c. (C)
d. (D)

2 다음 중 이 글에서 알 수 있는 내용이 <u>아닌</u> 것은?

a. 요가란 하나가 됨을 의미한다.
b. 요가는 종교가 아니다.
c. 요가는 조용한 구령을 필요로 한다.
d. 요가는 자신을 깨닫게 해 준다.

✜ **It is union of breath to the body, (and it is union) of the mind to the muscles.** 그것은 호흡이 신체에 일체되는 것이며, 마음이 근육에 일체되는 것이다.

괄호 안의 부분이 생략되어 있습니다. 영문법에서 생략(ellipsis)의 가장 큰 원칙은 '예측 가능한 부분을 생략한다'는 것입니다. 즉 독자가 뻔히 알 수 있는 내용은 생략하고 새로운 정보만을 전달하는 것입니다. 간결함(brevity)이야말로 영어의 아주 중요한 특징 가운데 하나입니다.

✜ **common as well as rare, acute diseases** 희귀할 뿐만 아니라 일상적인 급성 질환

궁극적으로 acute disease라는 명사구를 두 개의 형용사가 바깥에서 수식하려는 것입니다. 즉 common acute disease와 rare acute disease를 합쳐 놓은 것이라고 볼 수 있습니다. 그러므로 acute를 common, rare와 같은 단계의 수식어구라고 보면 잘못 해석하는 것입니다. 이것을 도식적으로 보면 다음과 같습니다.

🔘 common as well as rare, acute disease

Chapter 3

단어·구·절·문장
(Words, Phrases, Clauses, Sentences)

큰마음 먹고 문법 클래스에 등록을 했다고 합시다. 열의에 찬 얼굴들, 모두 경쟁자로 보이겠죠? 절대 뒤질 수 없다는 굳은 의지를 갖고 수업을 듣는 순간, '부사구, 형용사절, 명사구…'와 같이 알 것도 같고 모를 것도 같은 말들이 튀어나옵니다. 이런 용어들을 배제하고 진도를 나간다는 것은 아주 초보적인 수업이라는 뜻입니다. 어느 정도 중급 이상의 단계로 올라가기 위해서는 반드시 기본적인 용어들을 숙지하는 것이 좋습니다. 사실 Chapter 1과 Chapter 2, 그리고 이제 시작하려는 Chapter 3은 예비 학습이라고 할 수 있습니다. 즉, 수업을 알아들을 수 있는 최소한의 조건이라는 뜻이지요. 앞으로 편안하게 수업에 대비할 수 있다는 믿음으로 한번 시작해 볼까요?

단어, 구, 절, 문장 등 기본 용어의 정리는 특히 영문법 학습에서 필수적입니다. 다음 문장을 보며 이야기해 봅시다.

I like to study in the library, but Jane likes to study at home.
나는 도서관에서 공부하는 것을 좋아하지만 제인은 집에서 공부하는 것을 좋아한다.

이 예문에서 한 칸씩 띄어 쓴 낱말을 '단어(word)'라고 합니다. 그런데 때로는 이 단어들이 여러 개 모여 하나의 의미 단위(meaning unit) 구실을 할 때가 있습니다. 예를 들면, to study in the library, to study at home과 같은 것들이죠. 이것을 '구(phrase)'라고 합니다. 또, 더 멀리 보면 접속사 but을 기준으로 양쪽에 I like...와 Jane likes...라는 더 큰 단위가 있습니다. 이것을 '절(clause)'이라고 합니다. 단어의 집합이라는 면에서 '구'와 '절'은 비슷하지만 '절'은 '주어+동사'의 구조를 지니고 있고 '구'는 그렇지 않다는 차이가 있습니다. 이상의 모든 요소들이 결합하여 하나의 완결된 서술이 되고 마침표(period)로 종결을 지을 때 이것을 '문장(sentence)'이라 합니다.

1. 명사구와 명사절

· My mother made me a doctor.
어머니께서는 나를 의사로 만드셨다.

앞서 배운 내용에 의하면, 이 문장은 '주어+동사+목적어+목적격보어'로 이루어진 5형식 문장입니다. 그런데 문장 성분이 아니라 품사를 기준으로 보면 이 문장 속에는 My mother, me, doctor라는 세 개의 명사 또는 대명사가 있습니다. 여기서 명사 또는 대명사가 문장 내에서 주어, 목적어, 보어의 구실을 하는 것을 알 수 있습니다. 이렇게 '구'가 주어, 목적어, 보어의 역할을 하면 '명사구(noun phrase)'라고 불립니다. 그렇다면 단어의 집합체로서 '주어+동사'의 구조를 지닌, 이른바 '절'이 주어, 목적어, 보어의 역할을 한다면 무엇이라 할까요? 두말없이 '명사절(noun clause)'이라고 합니다. 다음 예문에서 a, b, c는 명사구의 예를, d, e, f는 명사절의 예를 보여 줍니다.

a. To err is human, to forgive divine. (주어)

　잘못을 범하는 것은 인간이요, 용서하는 것은 신이다.

· 명사구

b. He didn't like my going there. (목적어)

　그는 내가 거기 가는 것을 좋아하지 않았다.

c. This is what to do next. (보어)

　이것이 다음에 할 일이다.

d. That you did it is hard to believe. (주어)

　네가 그것을 했다는 것은 믿기 어렵다.

· 명사절

e. I wonder whether he did it or not. (목적어)

　나는 그가 그것을 했는지 안 했는지 궁금하다.

f. My strong belief is that he is always in my heart. (보어)

　나의 굳은 신념은 그가 언제나 나의 마음에 있다는 것이다.

2. 형용사구와 형용사절

Chapter 1에서 명사를 직접 수식하거나, 명사를 보충하는 보어가 되어 서술어로 쓰이는 품사를 형용사라고 분류했습니다. 따라서 이러한 역할을 하는 구와 절은 '형용사구(adjective phrase),' '형용사절(adjective clause)'이 됩니다.

· **There was a student studying English day and night.**

(a student를 수식하는 형용사구)

밤낮으로 영어를 공부하는 한 학생이 있었다.

· **This is the place where my wife and I met for the first time.**

(the place를 수식하는 형용사절)

여기가 나의 아내와 내가 처음으로 만난 곳이다.

✦ 빈칸에 가장 적절한 어구를 고르시오.

1. Last week_____ went fishing at the nearby lake.
   a. I
   b. Friday
   c. alive
   d. ago

2. The new security system _____ a variety of functions.
   a. has provides
   b. has
   c. in this office
   d. recently

3. The Han River _____ from the east to the west.
   a. it flowed
   b. flows
   c. flowing
   d. with flowing water

4. _____ museum are small but beautiful.
   a. The
   b. On the
   c. Having flowers
   d. The flowers of the

5. The major cause _____ the harmful gas from a lot of cars.
   a. the air pollution are
   b. of the air pollution is
   c. of the air pollution in this city
   d. the city's air pollution

문장의 종류(문장 형태에 따라)

1. 단문(simple sentence)

기본적으로 주어와 동사가 한 개씩 있는 문장입니다. 이러한 단문은 문장 성분의 배열 방식에 따라 다섯 가지가 있습니다. (문장의 5형식, chapter 2 참조)

- **You are** so beautiful to me.
  주어 동사

2. 복문(complex sentence)

명사절, 형용사절, 부사절 등을 포함한 문장입니다. 이러한 절은 문장 전체에 종속되어 있으므로 종속절(subordinate clause)이라고 합니다. 종속절보다 상위의 개념으로 이들을 포함하여 문장 전체의 중심이 되는 절을 주절(main clause)이라고 합니다.

- I can't believe **that you said so.**
  종속절(주절의 동사 believe의 목적어 역할을 수행하는 명사절)

3. 중문(compound sentence)

절이 두 개 이상 있다는 점은 복문과 같지만, 절 간의 관계가 어느 것이 중심이고 종속인지 우위를 따질 수 없는 서로 대등한 구조(등위절)로 되어 있는 경우입니다. 대부분 이러한 절은 등위접속사 and, but, or... 등으로 연결됩니다.

- I love Mary, **and** she loves Charles.
  등위절 1 등위접속사 등위절 2

3. 부사구와 부사절

앞에서 '부사는 동사, 형용사, 다른 부사 또는 문장 전체를 수식한다'라고 배웠습니다. 이러한 역할을 하는 구와 절을 각각 부사구(adverb phrase), 부사절(adverb clause)이라 합니다. 쉽게 생각해서 이미 언급된 '주어 · 목적어 · 보어의 구실을 하는 명사구[절]'와 '명사를 수식하는 형용사구[절]'을 제외한 나머지를 부사 구(절)이라고 생각하면 됩니다.

· **We must study hard in order not to disappoint our parents.**
(동사 study를 수식하는 부사구)

· **We must study hard so that we may not disappoint our parents.** (동사 study를 수식하는 부사절)
우리는 부모님을 실망시켜 드리지 않기 위해 열심히 공부해야 한다.

이러한 부사구[절]에는 그 의미에 따라 다양한 용법이 있습니다. 한 예로, 위의 예문은 '…하기 위해서'로 해석되는 'in order to...'와 'so that... may ∼'를 포함하고 있어서 '목적의 부사구[절]'이라고 합니다. 이외 에도 '때, 이유, 결과, 조건, 양보, 양태, 비교' 등으로 부사구[절]의 의미를 구분할 수 있습니다.

· **When I was in college, I studied very hard.** (때의 부사절)
나는 대학에 다닐 때 아주 열심히 공부했다.

· **I can't do it because I am busy now.** (이유의 부사절)
나는 지금 바쁘기 때문에 그것을 할 수 없다.

· **I was so happy that I didn't know what to say.** (결과의 부사절)
나는 너무나 기뻐서 무슨 말을 해야 할지 몰랐다.

· **If you lend me some money, I can buy a car.** (조건의 부사절)
네가 나에게 돈을 좀 빌려 준다면 나는 차를 한 대 살 수 있다.

· **No matter what she says, don't believe her.** (양보의 부사절)
그녀가 뭐라고 말하든 그녀를 믿지 마라.

· **As rust eats iron, so care eats the heart.** (양태의 부사절)
녹이 쇠를 갉아먹듯 근심은 사람의 마음을 갉아먹는다.

· **She is as pretty as you are.** (비교의 부사절)
그녀는 너만큼이나 예쁘다.

✤ 다음 문장에서 틀린 부분을 고치시오.

1. I went to Halla Mountain my family the day before yesterday.

2. I arrived at a resting place, I hurried to the rest room.

3. I cannot help you I am busy now.

4. My sister is as tall you are.

5. Turn on the light so that we cannot see the shape over there.

Further
Study 2

문장의 종류 (서술 방식에 따라)

1. 평서문(declarative sentence)
- 긍정문(affirmative sentence) – He **can speak** English very fluently.
- 부정문(negative sentence) – He **cannot speak** English very fluently.

2. 의문문(interrogative sentence)
- 의문사 의문문 – **Who(m)** do you like better between them?
- be동사 의문문 – **Are** you going to study French?
- 조동사 의문문 – **Did** you ever visit France?
- 간접의문문 – I don't know **who he is**. (의문사＋주어＋동사)

3. 명령문(imperative sentence)
- **Hurry up**, and you will catch the bus.
  (명령문＋and: …해라, 그러면~)
- **Hurry up**, or you will miss the bus.
  (명령문＋or: …해라, 그렇지 않으면~)

4. 감탄문(exclamatory sentence)
- **How** beautiful she is!
- **What** a wonderful world!

5. 기원문(optative sentence)
- **God bless** you! (bless가 원형으로 쓰임)
- **May** you love each other forever!

Do you know the exact definition of the word 'year' ? The revolution of the Earth (A) <u>around the sun</u> is how we define the year. A year is the time it takes to make one revolution — a little over 365 days. We all learn in grade school (B) <u>what the planets move</u> at differing rates around the sun. While Earth takes 365 days (C) <u>to make one circuit</u>, the closest planet, Mercury, takes only 88 days. Poor, ponderous, and distant Pluto takes 248 years for one revolution. (D) <u>Below is a table</u> with the revolution rates of all the planets.

1 (A)~(D) 중 어법상 잘못 사용된 것은?

a. (A)

b. (B)

c. (C)

d. (D)

2 다음 중 이 글에 이어질 내용에서 알 수 있는 정보는?

a. 우주의 생성 원리

b. 태양계 내 생명체 존재 여부

c. 화성에 물이 있는지의 여부

d. 토성의 태양 공전 주기

✤ **how we define the year** 우리가 연도를 정의하는 방식

이 구문은 다음과 같이 표현할 수 있습니다.

○ the way we define the year
○ the way that we define the year
○ the way in which we define the year
　그러나 the way와 how가 결합된 것은 문법에 어긋나므로 주의해야 합니다.
○ **the way how** we define the year (X)

✤ **Below is a table with ~.** 아래에 ~도표가 있다.

이게 바로 '도치(inversion)'라는 것입니다. 도치를 시키는 이유에는 여러 가지가 있지만 강조나 문장의 균형을 위한 것이 대부분입니다. 일부는 너무 자주 써서 아예 굳어진 표현들도 있습니다. 위 구문은 부사 Below를 앞에 위치시킴으로써 동사인 is와 주어인 a table이 도치됐습니다. 원래대로 하면 'A table with ~ is below(~도표는 아래에 있다)'와 같습니다. 그런데 주어가 너무 길지 않나요? 영어는 긴 주어를 싫어하는 경향이 있습니다(end-stress). 그래서 below를 앞으로 돌리고 주어는 뒤로 간 것이죠.

Chapter 4

시제
(Tense)

지금까지 문장이 어떻게 구성되어 있는가를 알아보았습니다. 사실 문법이라고 하면 이제부터가 시작입니다. 영어로 글을 쓰거나 간단한 말을 한다고 생각해 봅시다. 주어는 잘 아는 단어로 쉽게 결정할 수 있습니다. 그 다음에 뭘 결정해야 하지요? 네, 그렇습니다. 동사입니다. 그렇지만 동사의 선택으로 끝난 것이 아닙니다. 왜냐하면 어떤 동사를 쓸 것인지를 결정했다면 가장 먼저 그 동사의 시제부터 판단해야 하기 때문입니다. 그래서인지 외국의 유명한 문법책들에서는 이 시제를 가장 전면에 배치합니다. 그래서 우리도 본격적인 문법의 시작을 이제부터 하려 합니다. 우선 가장 일반적인 내용으로 영어에는 어떤 시제들이 있는지부터 알아보기로 합시다.

시제(時制)에서 시(時)라는 글자는 두말할 나위 없이 '때'를 나타내는 말입니다. 이번 강좌에서는 각 시제가 나타내는 의미를 정확히 이해해 봅시다. 우리는 '영어의 12시제'라는 말을 많이 들어 왔습니다. 그러나 사실 시제에는 현재·과거·미래의 3시제가 있고, 이 세 가지를 중심으로 펼쳐지는 여러 시제의 형태가 있을 뿐입니다.

1. 기본[단순]형(simple aspect)

'현재형, 과거형, 미래형'은 말 그대로 현재, 과거, 미래의 동작이나 상태, 상황을 일컫는 시제형입니다. 영어의 3시제인 현재, 과거, 미래 시제의 가장 기본적이고 단순한 형태입니다. 보다 엄밀하게는 단순현재형, 단순과거형, 단순미래형으로 불러야 맞지만 보통은 '단순'이라는 말을 빼고 간략히 부릅니다.

> **a. I study English.** (현재형) …한다
>
> **b. I studied English.** (과거형) …했다
>
> **c. I will study English.** (미래형)* …할 것이다

2. 완료형(perfect aspect) – '기간(period)'의 시제형

어떤 행위는 과거의 어느 시점에서 시작되고 현재 시점까지도 의미를 가지는 경우가 있습니다. '나는 3년 동안 영어를 공부해 오고 있다'는 3년 전 과거에 시작하여 현재 시점까지 지속되고 있는 동작의 계속을 표현하는 문장입니다. 이러한 표현에 쓰인 동사를 '현재완료형'이라고 하며 'have/has+p.p.(과거분사)'의 형태로 나타냅니다.

> · **I have studied English for 3 years.** (현재완료형)
> 나는 3년째 영어를 공부해 오고 있다.

위의 문장처럼 과거와 현재를 잇는 표현과는 달리, 과거보다 더 이전의 시점(대과거)과 과거를 잇는 문장도 있을 수 있습니다. 이것을 나타내는 동사를 '과거완료형'이라고 하며 'had+p.p.'로 표현합니다. 현재완료형보다 한 단계 더 과거로 거슬러 올라간 것이라고 볼 수 있지요. 어떤 학생이 과거 시점에 초점을 맞추고 그 이전을 회상하며 다음과 같이 말할 수 있습니다.

· I had studied English for 3 years before I went to America.
(과거완료형)
나는 미국에 가기 전까지 3년 동안 영어를 공부하고 있었다.

어느 한 시점에서 시작된 동작이 미래까지 연결될 수 있습니다. 이것을 '미래완료형'이라 부르며 'will+ have+p.p.'의 형태로 나타냅니다. 아직 고등학교를 졸업하지 않은 학생이 미래의 졸업 시점을 내다보며 다음과 같이 말할 수 있습니다.

· I will have studied English for 9 years when I graduate from high school. (미래완료형)
고등학교를 졸업할 때면 나는 9년 동안 영어를 공부한 셈이 될 것이다.

＊ 동사 자체의 어미 변화를 통해 시제를 나타내는 현재, 과거와는 달리, 미래는 조동사 will의 도움을 받기 때문에 3시제가 아닌 2시제로 주장하는 학자들도 있습니다. 그러나 문법을 배우는 단계에서는 이러한 분류 방식이 그리 효과적인 방법이라고 볼 수 없으므로 종전처럼 미래 시제를 인정하고 3시제의 틀에서 설명하도록 하겠습니다.

✦ 주어진 동사를 이용해 영작을 하는 데 가장 알맞은 시제형은 무엇인가?

1. 나는 보통 아침 6시에 잠이 깬다. (wake up)
   I _____ at 6 o'clock in the morning.
   a. woke up
   b. wake up
   c. will wake up
   d. have woken up

2. 하늘은 스스로 돕는 자를 돕는다. (help)
   Heaven _____ those who help themselves.
   a. help
   b. helps
   c. helped
   d. will help

3. 당신이 다음 달에 결혼한다고 들었습니다. (hear)
   I _____ that you will get married next month.
   a. heard
   b. will hear
   c. hear
   d. hears

4. 달은 지구의 둘레를 돈다. (go)
   The moon _____ round the earth.
   a. went
   b. go
   c. goes
   d. will go

5. 로마 제국은 도덕성의 결여됐기 때문에 멸망했다. (destroy)
   The Roman Empire _____ due to lack of morality.
   a. destroys
   b. destroy
   c. will be destroyed
   d. was destroyed

Will vs. Shall

중·고교 시절 의지미래라는 이름 아래, 말하는 사람의 의지, 듣는 사람의 의지에 따라 will과 shall을 구분해 외웠던 기억이 납니다. 하지만 현대 영어에서 shall은 다음의 두 경우를 제외하고는 거의 쓰이지 않습니다.

1. Shall I ~? 제가 ~할까요? (제안)

- **Shall I get you some coffee?** 커피 좀 갖다 드릴까요?

2. Shall we ~? 우리 ~할까요? (청유)

- **Shall we dance?** 같이 춤추실까요?

두 가지 경우 모두 1인칭에만 사용되었죠? Shall은 이렇게 1인칭의 의문문에만 사용되어 청자(hearer)의 의향을 기다리는 표현으로 굳어졌습니다.

기존 대부분의 문법책에서 shall은 화자(speaker)의 의지를 나타낸다고 했지만, 말하는 사람의 의지를 will로 나타낸 다음의 표현도 참고해 보세요.

- **You will pay for this.** 이것에 대해 반드시 대가를 치르게 될 것이다.

〈복수를 다짐하며〉

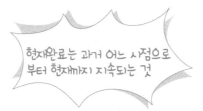

현재완료는 과거 어느 시점으로부터 현재까지 지속되는 것

3. 진행형(progressive aspect)

현재, 과거, 그리고 미래형을 'be+-ing'를 이용하여 '진행형'으로 만들 수 있습니다. 각 시점에서 동작이 계속 진행되고 있음을 나타냅니다.

a. I am studying English. (현재진행형) 나는 영어를 공부하고 있다.

b. I was studying English. (과거진행형) 나는 영어를 공부하고 있었다.

c. I will be studying English. (미래진행형) 나는 영어를 공부하고 있을 것이다.

4. 완료진행형(perfect progressive aspect)

현재완료, 과거완료, 그리고 미래완료형이 'be+-ing'와 결합하여 '완료진행형'을 만들어 냅니다. 완료형의 p.p. 자리에 be동사가 와야 하니 과거분사형인 been이 쓰이는 것을 알 수 있습니다. 완료형은 시간차가 있는 두 시점을 연결하는 것이라 했는데, 완결 시점에서 동작이 멈추지 않고 계속 진행되는 것을 완료진행형이라 하며, 완료형과는 미세한 차이가 있습니다.

a. I have been studying English for 3 years. (현재완료진행형)
나는 3년째 영어를 공부해 오고 있는 중이다.

b. I had been studying English for 3 years before I went to America (과거완료진행형)
나는 미국에 가기 전까지 3년 동안 영어를 공부하고 있던 중이었다.

c. I will have been studying English for 9 years when I graduate from high school. (미래완료진행형)
고등학교를 졸업할 때면 나는 9년째 영어를 계속 공부하고 있는 셈이 될 것이다.

지금까지의 설명을 요약하여 도표화하면 다음과 같습니다. 영어에서는 능동태를 기준으로 3개의 시제와 그것을 기준으로 12개의 양상이 있습니다. 그러니 현재진행시제, 현재완료시제와 같은 표현은 잘못된 것입니다. 현재진행형, 현재완료형이라고 말하는 것이 맞습니다.

〈3시제 12형〉

3시제	기본[단순]형	진행형	완료형	완료진행형
현재 시제	현재형	am/is/are+-ing	have/has+p.p.	have/has been+-ing
과거 시제	과거형	was/were+-ing	had+p.p.	had been+-ing
미래 시제	will+동사원형	will/shall be+-ing	will have+p.p.	will have been+-ing

✤ 주어진 동사를 이용해 영작을 하는 데 가장 알맞은 시제형은 무엇인가?

1. 나는 김 교수님을 오랫동안 알아 왔다.

I _____ Prof. Kim for a long time.

a. was knowing

b. will have known

c. have known

d. knew

2. 그는 지금 미국에 온 지 3년이 되었지만 그간 영어를 말하려고 시도하지 않았다.

He _____ in America for three years, but he has made no attempt to speak English.

a. was

b. has been

c. will have been

d. will have lived

3. 저는 3년째 영어를 배워 오고 있는 중입니다.

I _____ English for three years.

a. learned

b. have learned

c. have been learning

d. will have been learning

4. 기차가 도착했을 때 우리는 거의 2시간을 기다리고 있는 중이었다.

We _____ almost for two hours when the train arrived.

a. had been waiting   b. have been waiting

c. was waiting   d. will have waited

5. 내년 이맘때쯤이면 나는 이 회사에서 25년간 계속 일하고 있는 셈이다.

By this time next year, I _____ for this company for 25 years.

a. have been working   b. will have been working

c. will work   d. was working

기준점을 먼저 생각하라!

본 Chapter는 시제형 12개를 구분하여 활용하는 데 가장 큰 목적을 두고 있습니다. 현재 시제에 4가지, 과거 시제에 4가지, 그리고 미래 시제에도 4가지, 이렇게 도합 12가지가 있습니다. 여러분은 영어로 말을 하거나 글을 쓸 때, 먼저 이 12가지의 시제형 중에서 무엇을 쓸 것인가부터 결정해야 합니다. 그러고 나서야 동사 다음에 배치될 수 있는 목적어나 보어를 붙일 수 있지요.

(1) 우선 진술 시점, 다시 말해 동작이나 상태의 기준점이 현재, 과거, 미래 중의 어느 것인지 먼저 결정하세요. (2) 그리고 시점(point)이 떠오르면 단순형을 쓰고 기간(period)이 생각나면 완료형을 선택합니다. (3) 마지막으로, 계속의 느낌이 들어 있다면 'be+-ing'를 한 번 더 붙여 진행형을 만들어 주면 됩니다. 다소 시간이 걸리더라도 이 부분을 확실히 공부하고 다음으로 넘어가세요. 그렇지 않으면 뒤에서 배우는 것도 다 무용지물이 되고 맙니다. 한 문장만 더 연습을 해 보기로 하지요.

➡ **내일 아침이면, 너는 12시간 동안 연속해서 영어 공부를 하고 있는 셈이 될 것이다.**

    (1) 내일 아침: 기준점
       → 일단 미래 시제라는 것을 알 수 있음
    (2) 12시간: 기간
       → 완료형이라는 것을 알 수 있음
    (3) 연속해서: 진행
       → 최종적으로 미래완료진행으로 결정

➡ **By tomorrow morning, you** *will have been studying* **English for twelve hours.**

In the long history of the world, only a few generations (A) <u>were being granted</u> the role of defending freedom in its hour of maximum danger. I do not shrink from this responsibility — I welcome it. I do not believe that any of us would (B) <u>exchange places with</u> any other people or any other generation... And so, my fellow Americans: ask not (C) <u>what your country can do for you</u> — ask what you can do for your country. My fellow citizens of the world: ask not what America will do for you, but (D) <u>what together we can do</u> for the freedom of <u>man</u>.

(John F. Kennedy의 취임 연설문에서)

1 (A)~(D) 중 어법상 잘못 사용된 것은?

a. (A)
b. (B)
c. (C)
d. (D)

2 다음 중 밑줄 친 man과 같은 의미로 쓰인 것은?

a. There were two <u>men</u> and a woman in the car.
b. He was not the <u>man</u> enough to face up to his responsibilities.
c. All <u>men</u> are equal in the eyes of the law.
d. Why were there no protests from the <u>men</u> at the factory?

✤ only a few generations 단지 몇몇 세대들

only a few는 '얼마 안 되는, 극히 소수의, 조금밖에 없는' 의 뜻으로 but few와 비슷한 의미입니다. 같이 알아 두어야 할 표현으로 quite a few와 not a few라는 말이 있는데, 이것은 본문의 only a few와는 반대의 개념으로 '상당한, 아주 많은' 의 뜻을 지닙니다.

✤ exchange places with ~ ~와 자리를 바꾸다

자리를 바꾸려면 2개의 자리가 움직이므로 places는 복수형이 돼야 합니다. 이러한 것을 '상호 복수(plural of reciprocity)' 라고 합니다. 다음에 몇 가지의 예를 제시해 놓았습니다. 목적어로 쓰인 명사가 모두 복수형인 것에 유의해 주십시오.

- ◯ change cars 차를 갈아타다
- ◯ take turns 교대하다
- ◯ shake hands 악수하다
- ◯ make friends with ~와 친구가 되다

✤ ask not A, but B A를 요구하지 말고 B를 요구하십시오

'not A but B(A가 아니라 B이다)' 의 구문입니다. 그런데 본문에서는 마지막에만 이 구문을 쓰고 그 위쪽에서는 but 대신 '대시(dash, —)' 라는 구두점(punctuation)을 사용하고 있습니다. 다음은 본문에 등장한 내용들입니다. 앞서 한 진술에 대한 일종의 '첨언' 이라고 할 수 있습니다.

Chapter 5

미래를 표현하는 여러 가지 방법
(Other Ways of Expressing the Future)

보통 미래를 표현하기 위해서는 will을 사용합니다. shall의 경우는 사용 빈도가 극히 제한적이므로 별로 신경 쓸 필요가 없습니다. 그런데 이 '미래'를 꼭 will을 사용해 나타내는 것은 아닙니다. 내용상 미래를 함축하여 표현할 수도 있고, 아예 특정 어구를 써서 미래를 나타내기도 합니다. 비슷한 의미를 나타내기 위해 여러 가지의 표현방식이 존재한다는 것은 그만큼 우리 인간의 사고가 다양하기 때문이 아닐까요? 때로는 미세한 뉘앙스의 차이가 큰 감흥을 불러일으키기도 하니까 말이죠.

흔히 미래를 나타낼 때는 조동사 will과, 극히 일부의 경우 shall을 사용하기도 합니다. 이 외에도 미래를 표현하는 방식에는 여러 가지가 있는데 이들 사이에는 약간 의미상의 차이가 있습니다. 어떤 방식이 있고 서로간의 뉘앙스상의 차이는 무엇인지 알아보겠습니다.

1. 현재·현재진행형을 이용한 미래 표현

과거 많은 문법서들에 의하면 이른바 '가고, 오고, 출발하고, 도착하다'의 왕래발착(往來發着) 동사 go, come, leave, arrive 등은 will을 사용하지 않고 현재형이나 현재진행형으로 미래를 나타낼 수 있다고 합니다.

· **The children come back home tomorrow.**

그 아이들은 내일 집으로 돌아온다.

· **I am leaving this terrible place tonight.**

나는 오늘 밤 이 끔찍한 곳을 떠날 거야.

그러나 이러한 문법 사항들이 반드시 왕래발착 동사에만 국한되는 것은 아닙니다. 정황상 왕래발착의 의미가 미래와 연결될 가능성이 많기 때문입니다. 왕래발착의 의미가 아닌데도 현재형과 현재진행형이 사용된 미래 표현이 있습니다. 현대 영어에서는 현재진행형의 경우에 이러한 쓰임새가 보편적으로 사용되는 추세입니다.

· **The exhibition opens at 9 o'clock on Monday morning.**

전시회는 월요일 아침 9시에 개장된다.

· **Professor Lee retires next year.**

이교수는 내년에 퇴직한다.

· **We are spending next summer in Korea.**

우리는 내년 여름을 한국에서 보낼 예정이다.

· **What are you doing this coming Saturday?**

이번 토요일에 무엇을 할 예정인가?

그렇다면 어째서 이러한 미래 표현이 가능할까요? 위의 문장을 살펴보면 모두 미래를 짐작하게 해 주는 미래 표시의 부사(구)가 나옵니다. 이처럼 왕래발착 동사뿐 아니라 기타 의미의 동사들도 '예정, 계획' 등을 현재형이나 현재진행형을 이용하여 나타낼 수 있습니다. 어떤 경우에는 이러한 미래 표시 부사(구)가 아예 보이지 않을 때도 있습니다.

· I hope he **gets** the job he has applied for.
나는 그가 지원한 일자리를 갖게 되길 바란다.

여기서 동사 get은 실상 will get의 의미로 쓰이고 있는데 이것이 가능한 것은 바로 주절의 동사 hope 때문입니다. 즉, '희망한다'는 말이 종속절의 내용을 미래의 의미로 만드는 것입니다. 미래를 표시하는 부사(구)가 없지만 동사 하나만으로 미래의 의미를 함축할 수 있습니다. 정리하면 "문장 내에 미래를 나타내는 동사나 어구가 있으면 현재형이나 현재진행형을 사용하여 예정이나 계획 등의 미래를 나타낼 수 있습니다."

현재형이나 현재진행형으로도
미래를 나타낼 수 있다.

✚ 괄호 안에 알맞은 말을 고르시오.

1. They (are arriving, will be arrived) in Boston this evening.

2. She will not be here because it (is raining, will be raining) heavily tomorrow.

3. (Does, Will) the concert start at 8:00 or at 9:00?

4. Samsung Lions (plays, will play) well tonight.

5. I (hoped, hope) that he passes the entrance examination.

Further
Study 1

1. 현재형·현재진행형 vs. 미래조동사 will

현재 시제로 미래를 나타내려면 그 내용 — 일정, 계획, 예정 등 — 에 대한 실행 여부가 확실하게 판단돼야 합니다. 즉, will에 비해 다분히 확정적인 상황이죠. 이에 반해 will은 그저 단순히 미래의 추측을 의미합니다.

- It rains tomorrow. (X)   It is raining tomorrow. (X)
- It **will rain** tomorrow. (O)   It **will be raining** tomorrow. (O)

비가 오는 것은 추측의 문제이지 그렇게 되도록 설정하거나 계획하고 있는 것이 아닙니다. 그러므로 특수한 상황을 제외하고는 현재 시제를 써서 표현할 수 없습니다.

2. 현재형 vs. 현재진행형

거의 확정적인 미래를 나타내는 이 두 형에는 약간의 차이가 있습니다. 현재형으로 미래를 표현한다는 것은 주어 이외의 다른 사람이 개입하여 계획된 것으로 '~하게 되어 있다'와 같은 시간표상의 고정된 계획(fixed schedule)을 나타냅니다. 또, 현재진행형으로 미래를 나타낸다는 것은 주어 자신의 개인적 예정(personal arrangement)을 의미합니다. 그러므로 현재형이 현재진행형보다는 변경의 가능성이 더 적다고 볼 수 있습니다.

- We **leave** Seoul next month. 우리는 다음 달에 서울을 떠나기로 되어 있다.
- We **are leaving** Seoul next month. 우리는 다음 달에 서울을 떠날 거야.

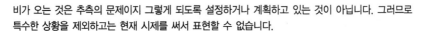

2. 미래를 표현하는 대용 어구

미래의 의미를 함축한 어구를 이용해 현재형이나 현재진행형을 나타내는 미래 표현 말고도 미래를 나타낼 수 있는 방법이 또 있습니다. 숙어(idiom)처럼 사용되는 관용적 표현을 이용하는 방법입니다. 엄밀히 따지면, 숙어라기보다는 일종의 고정된 표현(fixed expression)이라고 보는 것이 옳습니다. 숙어는 조합된 단어의 의미만으로는 도저히 뜻을 가늠하기 어려운 것들도 많으니까요. 이에 반해 고정된 표현은 의미를 충분히 짐작할 수 있는 말들의 조합을 의미합니다.

다음의 표현들은 모두 미래를 의미하는 공통점이 있습니다. 각각의 쓰임새에 미세한 차이가 있을 수 있으니 해당 표현이 쓰이는 문맥이나 상황을 통해 정확한 의미를 잘 알아 놓도록 합시다. 이제부터 고정된 표현은 하나의 단어처럼 덩어리로 익히고 활용해야 하겠습니다. 보면 아는데 막상 쓰려면 생각나지 않는 것들이니 조심하세요.

- **Look! The film is about to begin.**
  봐! 영화가 막 시작하려고 해.

- **The players are on the point[verge] of starting.**
  선수들이 막 출발하려는 참이다.

- **They are to meet in Seoul next Tuesday.**
  그들은 다음주 화요일 서울에서 만날 예정이다.

- **The Korean Airline 737 is due to arrive at 13:00.**
  대한항공 737편이 13시에 도착할 예정이다.

- **I am going to invite lots of people to my birthday party.**
  나는 내 생일파티에 사람들을 많이 초대하려 한다.

- **You are supposed to go there tomorrow.**
  너는 내일 그곳에 가기로 되어 있다.

- **They are expected to pass this point this afternoon.**
  그들은 오늘 오후에 이 지점을 통과할 것으로 예상된다.

- **He is sure[bound, certain] to win the game.**
  그는 반드시[틀림없이] 그 경기에서 이길 것이다.

- **The president of this company is likely[liable, apt, prone] to resign.**
  이 회사의 회장은 사임할 것 같다.

- **We are ready[willing] to give our cooperation.**
  언제든지 기꺼이 협력하겠습니다.

✤ 괄호 안에 알맞은 말을 고르시오.

1. He is (due, to due, on due) to graduate in June.

2. You are not (supposed, supposing, in supposition) to park here.

3. The train was about (leave, leaving, to leave) the station when we arrived.

4. The airplane was on the point (to take off, of take off, of taking off) the airport when we reached the airport.

5. He's not (possible, probable, likely) to betray his sincere English teacher.

Further
Study 2

be going to vs. will

이 두 표현은 서로 대체가 가능하기도 하지만 경우에 따라서는 어느 한 쪽만 가능한 경우가 있습니다. 둘 사이의 가장 중요한 차이점은 '결정의 순간(time of decision)' 이라고 할 수 있습니다. be going to는 어떤 행동의 결정이 말하는 순간에 이미 내려진 의도된 사항을 진술하는 데 반해, will은 말하는 그 시점에서 결정이 미리 계획된 것은 아닌 것이 보통입니다. 다음의 두 예문을 통해 이를 확인해 보기로 합니다.

a. Sumi and I have decided to have a party. We are going to invite lots of friends.
    수미와 나는 파티를 열기로 결정했다. 우리는 많은 친구들을 초대할 예정이다.

b. "Why don't we have a party?" "That sounds great. We will invite lots of friends."
    "파티를 여는 게 어떨까?" "그거 좋은데. 친구도 많이 초대할 거야."

위의 두 예문을 보면 a 예문은 이미 마음속으로 많은 친구를 초대할 생각을 하고 있는 미리 계획된 의도인데 반해, b 예문은 이제 파티를 열기로 합의한 상황에서 친구들을 많이 초대할 것이므로, 미리 생각하지 않은 그 순간의 결정을 나타내고 있습니다.

Reading Practice

Today we are (A) _____ to differentiate between the two expressions 'soccer' and 'American football.' The word 'soccer' actually comes from England, where the modern version of the game originated. In England, there were two types of football: rugby football and association football. The slang term for rugby football was 'rugger,' and the slang term for association football was 'assoc.' The word 'assoc' gradually evolved into 'soccer,' which was much easier to say. When association football was introduced to North America, gridiron football (the type played by the NFL and in the Super Bowl) was already well established. To avoid (B) _____, Americans adopted the British nickname 'soccer' for the new sport.

1 다음 중 빈칸 (A)에 들어갈 말로 가장 알맞은 것은?

a. prone
b. tendency
c. supposed
d. responsible

2 다음 중 빈칸 (B)에 들어갈 말로 가장 알맞은 것은?

a. gridiron football
b. confusion
c. establishment
d. interest

✤ **differentiate between the two expressions** 두 표현들을 서로 구분하다

어휘의 선택과 어울림은 아주 자연스러워야 합니다. 일단 '구분하다' 라는 뜻의 자동사 differentiate는 전치사 between과 잘 어울립니다. 이처럼 독해를 한다는 것은 비단 단순한 해석만이 아니고 각 어휘의 선택과 어울림에 대한 구체적인 용법을 익히는 것도 됩니다. 우리의 궁극적인 목표라고 할 수 있는 영작은 일단 남이 쓴 글을 흉내 내는 것으로 시작하니 말입니다.

✤ **much easier to say** 말하기에 훨씬 더 쉬운

여기서 much는 바로 다음에 나오는 비교급인 easier를 강조하는 것으로 '훨씬' 이라는 말로 해석하면 무난합니다. 이와 같은 비교급 강조어로는 much 이외에도 still, (by) far, even, a lot, a great deal, ever 등이 있습니다.

✤ **gridiron football (the type played by the NFL and in the Super Bowl) was ~**

NFL과 Super Bowl에서 행해지는 형태인 미식축구는 ~였다

---

gridiron football을 '괄호' 안의 내용이 추가로 설명하고 있습니다. 이러한 식의 표현은 다른 구두점을 사용해서 다음과 같이 써도 됩니다.

⊙ gridiron football, the type played by the NFL and in the Super Bowl, was ~
(comma 사용)
⊙ gridiron football—the type played by the NFL and in the Super Bowl—was ~
(dash 사용)

Chapter 6

현재완료형의 의미와 용법
(Present Perfect)

현재완료형을 별도의 Chapter로 다루는 것은 그만큼 중요하기 때문입니다. 이미 대략적인 설명은 했지만 다시 한 번 집중적으로 공부할 필요가 있습니다. 현재완료는 과거형처럼 해석되지만 그것은 오히려 현재시제 중의 하나라는 것을 이해해야 합니다. 그런 단계가 되면 현재완료를 부담 없이 받아들이고 그러다가 어느 순간 자신도 모르게 현재완료가 입에서 자연스럽게 튀어나오고 또한 글로 옮겨지게 되는 경험을 할 수 있을 겁니다. 영어를 잘한다는 것은 이 현재완료를 자연스럽게 받아들이고 사용하는 관문을 통과하는 것이라고 해도 과언이 아닙니다. 과거완료와 미래완료보다도 압도적으로 눈에 많이 띄는 것이 이 현재완료이니까요.

현재완료형은 과거형과 연관시켜 학습하는 것이 가장 효과적입니다. 그리고 지금껏 막연하게 생각하고 별생각 없이 해석해 왔던 현재완료형에 대해 확실한 이해를 다질 필요가 있습니다. 의외로 내용을 이해하면 지금껏 무조건 외우려 했던 것들이 쉽게 해결될 수 있습니다. 자, 이제 하나씩 살펴보기로 합시다.

1. 현재완료형 vs. 과거형

흔히들 보아 왔음직한 다음의 쉬운 예문을 사용해 보기로 합시다.

> **a.** I **have lost** my watch.

> **b.** I **lost** my watch.

위 두 문장을 해석해 보니 '나는 시계를 잃어버렸다' 로 똑같습니다. 그럼 두 문장의 차이는 어떻게 이해해야 할까요? 그러면 다음의 예를 생각해 봅시다.

> **c.** I **have lived** here for five years.

> **d.** I **lived** here for five years.

완료형(perfect)이란 기본적으로 어느 두 시점을 잇는 동사의 형태입니다. 그러므로 현재완료형은 과거가 '현재' 로 연결되어 있는 것이라고 할 수 있습니다. 예문 c는 '5년 전에 이곳에 살기 시작하여 지금까지도 살고 있다' 라는 의미를 갖고 있으며, d는 '과거에 5년 동안 이곳에 살았지만 지금은 살고 있는지의 여부가 확실하지 않다' 는 의미의 문장입니다. 즉, 현재완료형은 과거의 사실과 더불어 현재의 상태에 초점을 두고 있으나, 과거형은 단순히 과거에 있었던 사실에만 초점을 두고 있습니다. 사실 현재완료가 현재 시제의 한 가지라는 사실을 상기한다면 당연한 얘기라고 할 수 있습니다. 그렇다면 예문 a, b도 같은 맥락에서 이해할 수 있습니다. 즉, a는 '과거에 시계를 잃어버렸고 그로 인해 현재는 시계가 없다' 는 의미까지 있는 반면, b는 '시계를 잃어버렸다' 는 과거의 사실만을 나타내고 있는 것입니다. 결론적으로, 과거형은 과거에만 한정된 '시점(point)' 의 시제, 그리고 현재완료형은 과거의 사실과 현재의 의미를 동시에 지닌, '선(line) 혹은 기간 (period)' 의 시제로 이해할 수 있습니다.

2. 현재완료형의 네 가지 용법

현재완료형은 '과거와 현재의 연결이며 초점은 현재에 있다' 라는 의미를 축으로 다음의 네 가지로 구분할 수 있습니다.

- She **has** never **eaten** a sliced raw fish before. **Have** you ever **eaten** it?

  그녀는 생선회를 먹어 본 적이 없습니다. 당신은 그것을 먹어 본 적이 있나요?

- I **have been to** the barber's.

  나는 이발소에 갔다 왔다.

- He **has** never **been to** England, but he speaks English fluently.

  그는 영국에 가 본 적이 없는데도 영어를 유창하게 말한다.

- He **has gone to** America.

  그는 미국에 가 버렸다. (그 결과 현재 여기 없다.)

- I **have lost** my key.

  나는 열쇠를 잃어버렸다. (그래서 현재 열쇠가 없다.)

- I **have** just **finished** doing my homework.

  나는 막 숙제를 끝마쳤다. (현재 숙제가 끝난 상태)

- I **haven't passed** the driving test yet.

  나는 아직 운전면허 시험을 통과하지 못했다. (현재 면허증이 없음)

- I **have** already **passed** the driving test.

  나는 이미 운전면허 시험을 통과했다. (현재 면허증이 있음)

- He **has** not **been** home since he was a ten-year-old boy.

  그는 열 살 소년일 때부터 줄곧 집에 있지 않았다. (현재도 집에 없음)

- I **have been** ill for five years.

  나는 5년 동안 투병중이다. (현재도 아픈 상태)

✚ 다음 문장에서 틀린 부분을 고치시오.

1. The Koreans have invented printing.

2. I drive a car for 3 years so far.

3. Michael is back home from vacation now. He has gone to Italy.

4. Michael is away on vacation. He has been to Spain.

5. I haven't seen Tom since three days.

현재완료형의 이해

다시 한 번 강조하건대 현재완료형은 현재시제의 한 부분입니다. 어쩔 수 없이 종래의 방식을 따라 현재완료형을 네 가지로 나누기는 하였지만, 어떻게 해석되건 간에 — 과거형과 비슷하게 해석될 때가 많기는 합니다만 — 현재와 이어지는 연결 고리를 꼭 염두에 두기 바랍니다. 문법 문제를 포함한 독해를 한다고 칩시다. 과거에 대한 진술이 주류를 이루고 있는 마당에 느닷없이 현재완료가 등장하였다면 한 번쯤 의심의 눈초리를 보낼 필요가 있습니다. 틀린 경우가 많기 때문입니다. 과거에 필요한 완료형은 과거완료인 'had p.p.'가 있지 않습니까? 되풀이되는 말이지만 현재완료형은 '과거의 정보를 포함한 현재의 진술'인 것입니다. 출제자가 가장 많이 노리는 부분이 바로 이 현재완료를 과거와 혼동하는 것이라는 사실을 잊지 마세요.

3. 현재완료형의 주의할 용법

a. 과거를 의미하는 어구와 어울리지 않는다.

이제는 확실하게 아시겠지만 현재완료는 현재 시제가 나타낼 수 있는 하나의 양상(aspect)에 불과합니다. 앞서 말한 대로 현재 시제라는 개념 아래 '단순현재형, 현재진행형, 현재완료형, 현재완료진행형'이라는 4가지 구체적인 양상이 있는 것입니다. 즉, 현재완료형은 현재 시제의 한 부분이므로 명백히 과거를 나타내는 말과는 함께 쓰일 수 없습니다. 또한 과거를 나타내는 어구가 없다 하더라도 문맥상 현재와의 연결 고리가 차단되어 있다면 현재완료를 쓸 수 없습니다.

- **The weather has been nice yesterday. (X)**
  ➡ **The weather was nice yesterday.**
  어제는 날씨가 좋았다.

- **How many plays has Shakespeare written? (X)**
  ➡ **How many plays did Shakespeare write?**
  셰익스피어는 얼마나 많은 희곡을 썼습니까?

예를 들어 위의 두 번째 문장에서 셰익스피어는 현존 인물이 아니므로 현재완료형을 쓰는 것이 불가능합니다. 현재와의 연결 고리가 차단되어 있는 상태란 바로 이를 두고 하는 말입니다. 그러나 다음과 같은 문장은 얼마든지 가능합니다. 나의 형은 현재 생존해 있는 인물이니까요.

- **My brother is a writer. He has written 17 books so far.**
  나의 형은 작가이다. 형은 지금까지 열일곱 권의 책을 썼다.

b. 시간의 한 시점(point)을 나타내는 말과 어울리지 않는다.

또한 현재완료형은 '기간(period)'을 나타내기 때문에 어느 한 순간에 초점이 맞추어진 말과는 같이 쓰일 수 없습니다.

- **When have you visited Busan? (X)**
  ➡ **When did you visit Busan?**
  언제 부산을 방문하셨습니까?

머릿속에 시간의 직선을 그리고, 거기에다 when이라는 말을 한번 표현해 보세요. 점이 찍혀지나요? 아니면 선이 그려지나요? 당연히 점이 찍힐 겁니다. 그런데 현재완료는 선의 개념이므로 when과 같은 말과는 어울리지 않게 되는 겁니다. 이렇듯 우리가 그저 막연히 외워 왔던 문법 사항에는 다 나름대로의 원칙이 있습니다.

✚ 다음 문장에서 **틀린** 부분을 고치시오.

1. I don't know when it has begun to rain.

2. What time have you finished the work?

3. They have arrived four hours ago.

4. How many years do you learn to speak English thus far?

5. I have finished my homework just now.

다음 글은 어느 자서전의 일부입니다. 표시된 부분이 왜 틀렸는지 어떻게 고쳐야 하는지 생각해 보세요. 이 과정을 못 넘어가면 영어는 크게 늘지 않습니다.

▪ I remember standing beside the theater stage. The stage manager, who <u>has seen</u> me sing a song before Mother's friends, decided to let me go onto the stage.

나는 극장 무대 옆에 서 있었던 걸로 기억합니다. (전에) 엄마의 친구들 앞에서 노래 부르는 것을 보아 왔던 무대 감독은 나를 무대 위로 올리기로 결정하였습니다.

과거를 회상하는 글입니다. 동사 decided를 볼 때 과거로 기준점이 잡혔으므로, 대과거에서 지금 회상하고 있는 과거의 장면으로 연결되는 과거완료 had p.p.가 필요한 상황입니다. 따라서 현재완료 시제 has seen은 어울리지 않습니다. had seen으로 바꾸어야 하겠지요. 글의 내용이 현재를 무대로 하느냐, 과거를 무대로 하느냐에 따라 현재완료와 과거완료가 구별되어 쓰인다는 것을 절대 잊지 마세요.

A professor (A) <u>has been seated</u> next to a student. The student said to the professor, "I'll ask you a question. If you don't know the answer, (B) <u>you should pay me $50</u>. Then you can ask me a question and if I don't know the answer, I'll pay you $5." And then the student (C) <u>asked a very hard question</u>. The professor thought about it for 20 minutes but could not think of a solution. He got out his wallet and paid the student $50. The professor said, "Okay. What's the answer?" The student (D) <u>did not say a word</u> but got out his wallet and handed $5 to the professor.

1 (A)~(D) 중 어법상 잘못 사용된 것은?

a. (A)
b. (B)
c. (C)
d. (D)

2 다음 중 본문에 대한 설명으로 가장 알맞은 것은?

a. humorous
b. gloomy
c. unbelievable
d. frightful

✤ If you don't know the answer 만일 정답을 모른다면

조건의 부사절에서 현재가 미래를 대신하고 있습니다. 이에 대한 자세한 설명은 시제에 대한 기타 중요 내용을 다룬 바로 다음의 Chapter 7을 참고하기 바랍니다.

✤ think of a solution 해결책을 생각해 내다

think of는 '~을 생각해 내다'라는 뜻입니다. 이에 반해 타동사로 쓰이는 think는 '~라고 생각하다'라는 의견(opinion)을 나타내는 표현입니다. 그때그때 상황에 맞는 표현을 잘 골라 써야 하겠습니다.

◐ I think you are wrong. 나는 네가 틀렸다고 생각한다.

✤ get out wallet 지갑을 꺼내다

여기서는 '지갑' 얘기를 한 번 해 봅시다. 많이들 착각하고 있는 것 같은데 purse는 보통 여성의 핸드백을 지칭합니다. wallet은 남녀의 구분 없이 보통 신용카드나 지폐 등을 보관하는 지갑을 이르는 것입니다. 그러므로 purse에 wallet를 가지고 다닌다는 것은 충분히 가능한 표현이 됩니다. wallet이나 purse를 그저 단순히 '지갑'이라고만 암기한다면 정확한 상황에 쓰기는 어렵지 않을까요? 이런 문제는 보통 영영사전이 많이 해결해 줍니다. 우리 독자들도 어느 정도 수준이 쌓이면 꼭 영영사전을 함께 이용할 것을 권하고 싶네요.

Chapter

7

시제에서 주의할 기타 용법
(Tense – Some Other Points)

모든 공부를 하다 보면 본질적인 흐름이 있고, 또 거기에 부수적으로 따르는 내용들이 있게 마련입니다. 가령 앞에서는 영어의 시제를 공부하면서 시제의 개념과 특히 완료형을 중심으로 시제를 분석한 것이 필수적인 얘기였습니다. 그러나 이것만 가지고는 좀 부족합니다. 약간의 빈 공간을 채워 줄 그 무엇이 있어야 하겠지요. 이제 그런 것 몇 가지를 알려 드리고자 합니다. 이상하게도 출제자들은 이런 내용을 좋아합니다. 절대로 무시할 수 없는 잡동사니들… 끝까지 확실히 챙겨 완벽을 기하기 바랍니다.

영어 문법 시간에 한번쯤은 밑줄을 긋고 별표를 달아 보았을 내용들만을 모아 보았습니다. 이러한 내용들이 기타 사항으로 들어가 있다는 것은 학습자에게 시사하는 바가 큽니다. 물론 시험에 잘 나오는 것이기는 합니다만 그렇다고 이러한 내용이 앞에서 다룬 기본적인 개념보다 우선할 수는 없습니다. '부사절'이 무엇인지도 잘 모르면서 무조건 '시간과 조건의 부사절' 운운하는 것은 아무런 의미가 없을 테니까요.

1. 시간과 조건의 부사절

시간과 조건의 부사절에서는 현재 시제가 미래 시제를 대신합니다. 이때 주목할 점은 '부사절'일 때만 그렇다는 사실입니다.

> a. <u>When he comes</u>, tell him that I want to see him tonight.
> (시간의 부사절)　　　　　　　그가 오면 제가 오늘 밤 그를 보고 싶어한다고 전해 주십시오.

> b. If it <u>rains</u> tomorrow, we will not go on a picnic. (조건의 부사절)
> 만약 내일 비가 오면 우리는 소풍을 가지 않을 것이다.

> c. Do you know <u>when he will come</u>? (know의 목적어인 명사절)
> 그가 언제 올지 아십니까?

위의 세 문장 모두 미래의 내용을 포함하고 있습니다. 접속사를 포함한 종속절을 분석해 볼 때, a의 when절과, b의 if절은 각각 시간과 조건을 나타내는 부사절인 반면, c의 when절은 동사 know의 목적어가 되는 명사절입니다. 그러므로 a와 b에서는 현재 시제가 미래 시제를 대신한 반면, c에서는 그대로 미래 시제를 사용하고 있습니다.

2. 대과거

우리말에도 '…했었다'라는 표현을 가끔 듣게 됩니다. 이 표현에서는 분명히 과거 이전의 사실을 기술하고 싶은 화자의 의도를 엿볼 수 있습니다. 영어에도 이러한 시제형이 있으며 형태상 과거완료, 즉 'had+p.p.'로 나타내고, 이것을 '대과거'라 합니다.

> • I gave her the book that my mother **had bought** for me.
> 나는 어머니께서 나에게 사 주신 책을 그녀에게 주었다.

예문에서 어머니께서 나에게 책을 사 주신 것은 내가 그녀에게 책을 준 것보다 시간적으로 먼저 일어난 일이므로 'had+p.p.'를 써서 과거 이전의 사실을 나타내고 있습니다. 그런데 위의 예문에서 had를 살짝 지우고 한번 읽어 보세요. 즉, 대과거가 아닌 단순과거로 말이죠. 이해하는 데 전혀 지장이 없죠? 대과거는 필수적인 문법 사항이라고 보기는 어렵습니다. 일반적으로 문맥상 전후 관계가 명백한 경우에는 대과거와 단순과거를 굳이 구분하지 않고 섞어 쓰는 경향이 있습니다. 보다 자세한 것은 Further Study I 에서 다루기로 하지요.

Practice 1

✛ 다음 문장에서 틀린 부분을 고치시오.

1. I will be back before you will leave.

2. I would like to know when you leave.

3. I wonder if they come to the conference tonight.

4. It's raining hard. We'll get wet if we will go out.

5. Was Sara at the party when you arrived? — No, she went home.

Further Study 1

대과거 vs. 단순과거

'과거보다 더 과거'라는 원칙에만 입각한다면 학습자들은 큰 혼선에 빠질 수가 있습니다. 다음의 예문을 한번 보시지요.

> **"I came, I saw, I conquered."** Julius Caesar declared.

여기에는 세 가지의 동작이 나옵니다. 가장 나중은 conquered가 되겠지요. 그러면 saw는 대과거로, came은 대과거보다 앞선 동사로 표현해야 하지 않을까요? 그런데 그렇지가 않습니다. 이것은 다음의 두 예문으로 설명해 보겠습니다.

> a. When the police arrived, the thief ran away.
> b. When the police arrived, the thief had run away.

a는 '경찰이 도착한 것을 보고 도둑이 도망갔다'는 뜻이고, b는 '경찰이 도착했을 때 도둑은 이미 도망가고 없었다'는 의미입니다. 다시 말해, 예문 a에서는 arrived와 ran이 순서상 인접한 과거의 사건인 반면, 예문 b의 경우 had run과 arrived 사이에는 시간상의 공백이 있는 구조입니다. 즉, 대과거는 시간상의 공백을 분명히 나타낼 때 쓰며, 이를 필요로 하지 않는 상황 — 순서상 인접한 과거의 사건들을 묘사하거나 전후 관계를 명백히 알 수 있는 상황 — 에서는 단순과거와 혼용할 수도 있습니다. 그렇다면 앞서 나온 Julius Caesar의 말도 이해가 가실 겁니다.

3. 진행형으로 쓸 수 없는 동사들

진행형은 본래 동작(action)의 계속성을 강조하기 위해 쓰는 표현입니다. 그러므로 의미상 동작과는 무관한 '지각·인지·사고' 등을 나타내는 소위, 상태 동사(state verb)들은 이미 그 의미 속에 계속성을 포함하고 있으므로 진행형을 쓰지 않고 단순형으로 표현합니다.

- I am hungry. I **want** something to eat.
  나는 배가 고프다. 먹을 것을 원한다.

- Do you **understand** what I **mean**?
  제 말을 이해하시겠습니까?

- Stephen doesn't **seem** to be very happy this time.
  스티븐은 이번에는 그다지 행복해 보이는 것 같지 않다.

- We **have** a wonderful climate in Korea.
  한국은 기후가 아주 좋다.

- Do you **see** the man over there?
  저기 있는 저 남자가 보입니까?

그러나, 이러한 상태 동사도 본연의 동작성이 강조될 때에는 진행형이 가능합니다. 진행형이 불가능하다고 알려진 동사들이 상태(state)가 아닌 동작(action)을 나타낼 때는 진행형으로 사용됩니다.

- The dog **was smelling** the rotten fish.
  그 개는 썩은 물고기의 냄새를 맡고 있었다.

- I **am thinking** of going abroad to study more.
  (= am considering)
  저는 공부를 더 하기 위해 유학을 고려하고 있습니다.

- I burned myself while I **was tasting** the food.
  나는 그 음식의 맛을 보는 동안에 화상을 입었다.

4. be being + 형용사

일반적으로 형용사가 진행형에 덧붙여지면 비문법적인 표현이 됩니다. 'It's hot today' 라고 말하지 'It's being hot today' 라고 하지는 않지 않습니까? 그러나 동작의 뉘앙스를 많이 포함한 일부 형용사는 진행형과 함께 쓰이기도 하는데, 이때 being은 acting 내지 behaving의 의미로 이해하면 됩니다.

- He's **being** selfish. (= He's **acting** selfishly.)
  그는 이기적으로 행동하고 있다.

- He's **being** sarcastic. (= He's **behaving** sarcastically.)
  그는 빈정거리는 식으로 행동하고 있다.

✤ 다음 문장에서 틀린 부분을 고치시오.

1. I am thinking that you are wrong.

2. Are you seeing the peak over there?

3. This car is belonging to you.

4. Our family is having two houses.

5. She is being beautiful.

진행형 불가 동사 – 나열식 암기의 위험성

앞에서 진행형 불가 동사는 고정되어 있다기보다는 그때그때의 문맥에 따라 달라질 수 있다는 것을
보았습니다. 한 가지 뜻으로만 외운다는 것은 위험천만한 일입니다. 분류와 나열이 깔끔한 느낌은 있
지만 항상 그렇지 않을 수 있다는 점을 받아들일 때 우리의 학습 능력은 한 단계 성숙하는 것입니다.
예를 들어 지각동사의 대표격이라 할 수 있는 동사 see는 진행형 불가 동사로, 사전을 찾아보아도
진행형 불가라는 말이 언급되어 있습니다. 그렇지만 see는 '보다'라는 의미가 아닌 다른 뜻으로 진
행형이 얼마든지 가능합니다. 결국, 영문법에서 예외없는 법칙은 없습니다.

- I was seeing the sights of New York.
  나는 뉴욕 관광을 하고 있었다. (visit)
- We are seeing about your getting the license plate.
  당신이 허가증을 받을 수 있도록 강구하겠습니다. (arrange)
- You try to get some sleep. I am seeing to the children's
  breakfast. 잠을 좀 주무세요. 아이들 아침은 제가 챙길게요. (deal with)
- At that time, I was seeing my girlfriend to her house.
  그 시간에 나는 여자 친구를 집까지 바래다주고 있었다. (escort)

Legend has it that one night while he (A) <u>was praying</u>, a voice told him to escape from the farm, and find a ship that (B) <u>was waiting</u> for him two hundred miles away. Patrick got to the ship, sailed to Europe, and <u>disembarked</u> in what is now probably France. He led several of the ship's crew through a dangerous forest, (C) <u>praying all the time</u>. Neither Patrick nor any member of his crew was captured. When some of the men were about to die of starvation, at the very moment from nowhere, wild animals (D) <u>had been appeared for them</u> to eat.

1 (A)~(D) 중 어법상 잘못 사용된 것은?

a. (A)
b. (B)
c. (C)
d. (D)

2 다음 중 밑줄 친 disembark의 의미를 유추해 볼 때 가장 알맞은 것은?

a. to get off a ship or craft
b. to leave for somewhere
c. to hit something with your foot
d. to sail across the ocean

✤ **legend has it that ~** 전설에 의하면 ~이다, ~라는 전설이 있다 (= according to legend)

legend와 has와 it과 that 그 자체는 별로 부담스럽지 않은 어휘들입니다. 하지만 이 네 단어가 모여 만드는 표현은 외워 두지 않으면 안됩니다. 영어를 잘한다는 것은 곧 고정된 표현을 많이 알고 있다는 것입니다. 이와 유사한 표현으로 다음과 같은 것들이 있습니다. 함께 정리해 두기로 합시다.

⊙ **The word has it that** the two companies are planning a merger. (~라는 말이 있다)
  = **The word is that** the two companies are planning a merger.
  = **People are saying that** the two companies are planning a merger.
⊙ **Rumor has it that** he's getting married again. (~라는 소문이 있다)

✤ **a voice told him to escape** 어떤 목소리가 그에게 탈출할 것을 말했다

동사 tell은 to부정사 구문이나 that절을 수반할 때 반드시 말을 듣는 대상이 명시되어야 합니다. 잘못 쓰인 예를 한 번 봅시다.

⊙ He told to obey his rules.(X) → He told **me** to obey his rules.(O)
⊙ He told that I should obey his rules.(X) → He told **me** that I should obey his rules.(O)

✤ **Neither Patrick nor any member of his crew was captured.**

패트릭과 그의 선원들 중 어느 누구도 잡히지 않았다.

'neither A nor B'의 구문으로 A와 B가 모두 아니라는 양자 부정의 뜻입니다. 양자 긍정은 'both A and B'를 그리고 양자 택일은 'either A or B'의 구문을 이용합니다. 주의할 것은 이 경우 모두 A와 B의 형태가 서로 대등해야 한다는 것입니다. 본문에서도 Patrick과 any member of his crew라는 명사(구)가 대등하게 나열되어 있습니다. 잘못 쓰인 예를 하나 봅시다.

⊙ He is **either** a teacher **or** *artistic*.
  명사인 a teacher와 형용사인 artistic은 병렬 구조를 이루지 못하므로 artistic을 an artist와 같은 명사로 바꾸어 주어야 합니다.

71

Chapter 8

부정사 · 동명사 · 분사
(Infinitive . Gerund . Participle)

준동사는 대개 문법책에서 아주 중요하게 다루는 부분입니다. 우리도 여기에서 예외일 수는 없습니다. 말하자면 영문법의 큰 고비 하나를 넘어가는 셈이죠. 하지만 무조건 외우려 하지 말고 왜 그럴까 하는 식으로 이해를 해 보시기 바랍니다. '동사가 벌이는 다양한 품사적 변화,' 이것이 바로 '준동사' 라고 불리는 '부정사 · 동명사 · 분사' 입니다. 일반적으로 부정사를 다 공부하고 동명사로 넘어간 후 분사를 배우는 것이 보통의 학습법이지만 세 가지를 동시에 묶어 '기본 개념 → 의미상의 주어 → 시간 개념 → 부정과 관용표현' 의 순서로 살펴보도록 하겠습니다. 함께 비교해야 할 부분이 너무나 많기 때문입니다.

우리말의 '놀다' 라는 동사는 '노는 아이' 와 같이 명사를 수식하는 형용사처럼 쓰일 수도 있고 '놀기를 좋아하지 마라' 는 식으로 명사화해서 주어로 쓰일 수도 있습니다. 아니면 '놀려고 왔다' 와 같이 동사를 수식하는 부사처럼 쓰이기도 합니다. 즉, 동사의 형태가 변해 기능이나 품사가 달라집니다. 영어에서도 마찬가지로 동사가 여러 형태로 활용되어 품사적 변화가 일어나는데 이것을 준동사(quasi-verb)라고 부릅니다. 준동사에는 부정사, 동명사, 분사가 있습니다.

1. 부정사(infinitive)

쉽게 말해 'to+동사원형' 을 'to부정사' 라고 합니다. 그러면 왜 부정사라고 부를까요? live라는 동사는 수(number)와 인칭(person)과 시제(tense)에 따라 'I live in Seoul.' / 'He lives in Seoul.' / 'He lived in Seoul.' 과 같이 적절히 변화를 합니다. 이런 동사를 정상적인 형태라는 뜻으로 정형동사(定形動詞, finite verb)라고 합니다. 그러나 똑같은 동사 live를 to부정사로 만들어 to live가 되면 수와 인칭과 시제에 관계없이 항상 똑같은 모습이 됩니다. 이것은 비정상적인 형태가 아닙니까? 그러니 이것은 정형동사의 반대 개념인 부정형동사(不定形動詞)가 되는 셈입니다. 여기에서 바로 '부정사' 라는 용어가 나오게 됩니다. 그럼, 부정사의 구체적인 쓰임새를 알아보도록 하겠습니다. '품사적 변화' 에 초점을 두면서 말이죠.

a. 명사로의 변화

'to live(사는 것)' 는 다음의 문장에서 각각 주어 · 목적어 · 보어의 역할을 하고 있습니다. 이렇게 명사 역할을 하는 부정사의 용법을 '부정사의 명사적 용법' 이라고 부르게 됩니다.

· **To live in peace is difficult.** (주어 역할)
평화롭게 사는 것은 어렵다.

· **We want to live in peace.** (목적어 역할)
우리는 평화롭게 사는 것을 원한다.

· **Our wish is to live in peace.** (보어 역할)
우리의 소원은 평화롭게 사는 것이다.

b. 형용사로의 변화

다음의 예문들에서 to eat는 something을, to say는 nothing을 각각 꾸며 줍니다. 그런데 something 과 nothing의 품사는 대명사입니다. 명사나 대명사를 꾸며 주는 것은 형용사의 역할입니다. 이러한 부정사의 용법을 '부정사의 형용사적 용법' 이라 합니다.

· I want something **to eat** now.
나는 지금 먹을 것을 원한다.

· I have nothing **to say** about that.
나는 그것에 대해 할 말이 없다.

c. 부사로의 변화

아래의 예문들에서 to부정사는 주어·목적어·보어의 역할을 하지도 않고, 명사나 대명사를 꾸며 주지도 않습니다. 즉 명사적 용법도 형용사적 용법도 아닌 것입니다. 이러한 용법을 '부정사의 부사적 용법' 이라 합니다. 앞에서 명사절과 형용사절을 제외한 나머지를 부사절로 불렀던 것과 같은 이치입니다. '목적' 이니 '판단의 근거' 니 하는 분류는 문장을 해석하는 과정에서 파악하게 되므로 공식처럼 외울 필요는 없습니다.

· I came here **to see** you. (…하기 위해: 목적)
나는 너를 보기 위해 여기에 왔다.

· I woke up one fine morning **to find** myself in a strange place.
(…하게 되다: 결과)
어느 맑은 날 아침, 잠에서 깨어 보니 내가 이상한 장소에 있는 것을 발견하게 되었다.

· He must be a fool **to believe** in UFOs. (…하다니: 판단의 근거)
UFO를 믿다니 그는 바보임에 틀림없다.

Practice 1

✚ to부정사의 용법에 유의해서 다음 문장을 해석하시오.

1. Jane was looking for a way to earn money.

2. He shouted to get our attention.

3. Her ambition is to be a famous actress.

4. Mr. Lee went to America in order to buy a new machine.

5. He lacked the strength to resist.

Further Study 1

be + to부정사

to부정사가 be동사 뒤에서 주어를 설명하는 보어로 쓰인 경우를 말합니다. 다음과 같은 여러 가지 의미가 있으므로 상황에 맞추어 잘 해석해야 하겠습니다.

- **He is to stay here till I come back.** 〈의무〉
  그는 내가 돌아올 때까지 여기 있어야 한다.

- **The President is to make a speech tomorrow.** 〈예정〉
  대통령은 내일 연설을 할 예정이다.

- **Nothing is to be obtained without hard work.** 〈가능〉
  노력 없이는 아무것도 얻을 수 없다.

- **From then on, they were never to meet again.** 〈운명〉
  그때부터 그들은 다시는 만나지 못할 운명이었다.

- **If you are to succeed, you must work hard.** 〈의도〉

2. 동명사(gerund)

이름에서 짐작할 수 있듯 동명사는 동사가 명사로 품사 변화를 한 준동사입니다. 명사라는 것은 앞서 배웠듯 문장에서 주어·목적어·보어의 역할을 합니다. 동사원형에 -ing를 붙여 만드는 이 동명사 역시 동사를 명사화한 것이므로 문장 내에서 주어·목적어·보어의 역할을 하게 됩니다.

· **Living** in peace is difficult. (주어)
   평화롭게 사는 것은 어렵다.

· We enjoy **living** in peace. (목적어)
   우리는 평화롭게 사는 것을 즐긴다.

· Our wish is **living** in peace. (보어)
   우리의 소망은 평화롭게 사는 것이다.

부정사에서 보았던 예문을 동명사로 바꾸어 놓았습니다. 그러면 여기서 하나의 의문이 생깁니다. 부정사에도 명사적 용법이라는 것이 있어 주어·목적어·보어로 사용할 수 있는데 왜 동명사라는 것을 또 만들어서 이중으로 쓸까 하는 것입니다. 부정사와 동명사가 목적어로 쓰인 다음의 두 예문을 비교해 보면 그 궁금증이 일부 풀립니다.

· We want <u>to live</u> in peace.

· We enjoy <u>living</u> in peace.

위의 예문에서 타동사 want와 enjoy는 명사화된 목적어를 선택적으로 취합니다. 즉 want는 to부정사 형태만을 취하고, enjoy는 동명사 형태만을 취합니다. 우리말의 '얼다' 라는 동사를 명사로 바꾸어 다음 예문의 빈칸을 채워 보십시오. 서술어는 명사화된 준동사를 선택적으로 취하지 않습니까? 이와 똑같은 이치입니다.

· (동사) 얼다 → (명사) 얼기, 얼음…

   나는 _____을 좋아한다. (얼음)
   날이 추워서 강이 _____가 쉽다. (얼기)

✤ 다음에서 틀린 부분을 찾아 바르게 고치시오.

1. Love a woman full of vanity needs a lot of money.

2. I look forward to hear from you soon.

3. At this time of the day, I usually enjoy to read novels.

4. It was so late, so I decided taking a taxi.

5. In classifying things means that they are divided into several groups.

to부정사 vs. 동명사

부정사와 동명사를 모두 목적어로 취할 수 있는 동사들도 있습니다. 그런데 이때 중요한 것은 의미가 달라진다는 것이지요. to부정사는 '미래적'으로, 동명사는 '과거적'으로 해석합니다. 다음의 동사 세 가지를 기억해 두십시오.

- **remember, forget, regret** + to V (미래) / V-ing (과거)

그런데 재미있는 것은 이러한 속성이 위의 세 동사뿐만 아니라 다른 동사들에게도, 다는 아니지만, 대체적으로 적용된다는 사실입니다. 문제에서 언급했던 동사들을 다시 보겠습니다.

- **wish, hope, want, decide... + to V**
  ~할 것을 바라다, 희망하다, 원하다, 결정하다 (아직 하지 않은 내용)
- **finish, give up, mind, enjoy... + V-ing**
  ~한 것을 끝내다, 포기하다, 꺼리다, 즐기다 (이미 한 일이거나 과거의 경험 혹은 성향에 기초한 내용)

3. 분사(participle)

한 어린이가 앉아서 TV를 보고 있다고 가정해 봅시다. 그런데 프로그램이 너무 재미가 없어서 계속 하품만 하고 있다면 TV의 관점에서는 어린이를 지루하게 하는 것이고(능동), 어린이의 입장에서는 TV때문에 지루해진 것입니다(수동). '지루하게 하다' 라는 뜻을 지닌 타동사 bore를 사용하여 각각 TV와 아이를 수식하도록 형용사화해 보면 다음과 같습니다.

> • 지루하게 하는 TV: **a boring TV** (능동 – TV는 bore라는 동작을 하고 있음)
> 지루해진 아이: **a bored child** (수동 – child는 bore라는 동작을 받고 있음)

위의 예에서 boring과 bored는 각각 TV와 child를 꾸미는, 다시 말해 명사를 수식하는 형용사의 역할을 하고 있습니다. 바로 이것을 분사라고 합니다. 그러니까 분사는 동사가 형용사로 품사적 변화를 일으킨 것입니다. 그러나 boring과 bored는 현재분사와 과거분사라는 이름으로 서로 구별되고 그 의미도 다릅니다.

a. 현재분사(present participle)

a boring TV에서 boring과 같이 동사의 원형에 -ing가 붙어 능동의 의미를 가지며 형용사 기능을 하는 것을 '현재분사' 라 합니다.

비록 동명사와 그 형태가 같기는 하지만 동명사는 명사적으로 쓰이고 현재분사는 형용사적으로 쓰인다는 점에서 다릅니다. 아래의 예를 비교해봅시다.

> • **That bus is used for carrying students.** (전치사 for의 목적어로 쓰인 동명사)
> 저 버스는 학생들을 실어 나르기 위해 사용된다.

> • **There are two buses carrying students.** (buses를 수식하는 현재분사)
> 학생들을 실어 나르는 버스가 두 대 있다.

b. 과거분사(past participle)

bore-bored-bored 혹은 break-broke-broken등에서 같은 동사 변화의 세번째 단계(bored, broken)에 해당하는 것으로, 수동의 의미를 가지며 형용사 역할을 하는 것을 '과거분사' 라 합니다. 우리는 흔히 과거분사를 p.p.라고 부르기도 하는데 이것은 과거분사의 영어 명칭인 past participle의 앞글자를 딴 것입니다.

> • **Spoken words cannot be revoked.**
> 한번 내뱉은 말은 취소할 수 없다.

> • **He had a broken arm.**
> 그는 부러진 한 팔을 가지고 있었다. (그는 한 팔이 부러졌다.)

c. 분사의 다른 용법

'a beautiful woman'과 'The woman is beautiful'에서처럼 형용사 beautiful은 명사를 꾸며 줄 수도 있고 서술어의 일부가 되어 구체적으로 상태를 설명해 줄 수도 있습니다. '동사가 형용사화'한 형태인 분사도 마찬가지입니다. 아래의 예는 명사를 직접 수식하지 않고 서술적으로 쓰인 분사들의 예입니다.

- **I am considering changing my job.** (진행형)
  나는 직업을 바꾸는 것을 고려 중이다.

- **My father was killed in the Korean War.** (수동태)
  아버지께서는 한국전쟁에서 돌아가셨다.

- **I have loved her for such a long time.** (완료형)
  나는 그녀를 정말이지 오랫동안 사랑해 왔다.

d. 자동사의 분사형

타동사의 능동과 수동에만 집착하다 보니 자동사도 분사가 있다는 사실을 모르는 학습자들이 많이 있습니다. 자동사란 동작을 행할 대상인 목적어가 없으므로 능동과 수동이라는 개념으로 접근해서는 안 됩니다.

- **falling leaves** (떨어지고 있는 나뭇잎)

- **fallen leaves** (떨어져 버린 나뭇잎 = 낙엽)

위의 예에서 보듯 자동사의 현재분사는 동작의 진행, 그리고 과거분사는 동작의 완료를 의미합니다. 이로써 우리는 현재분사에는 '능동'과 '진행'의 의미, 과거분사에는 '수동'과 '완료'의 의미가 있다는 것을 알 수 있습니다.

✤ 다음 문장에서 틀린 부분을 고치시오.

1. He is a very interested man.

2. The company offer the lowest prices will have the most customers.

3. The car listing in this magazine has already been sold out.

✤ 빈칸에 가장 적절한 어구를 고르시오.

4. The first commercial film _____ in California was completed in 1907.
   a. made   b. was made
   c. to make   d. making

5. You had better have that tooth _____.
   a. pulling out   b. to pull out
   c. pulled out   d. pull out

Further
Study 3

1. 명사+ -ed

분사는 동사로부터 만들어지는 것이 원칙이나, 간혹 명사도 과거분사와 같은 형태를 가질 때가 있습니다. 이것은 어떤 성질이나 속성을 나타내는 깃이라고 보면 됩니다.

- a good-natured man 성격이 좋은 남자
- a narrow-minded man 마음이 좁은 남자

2. 전치사로 쓰이는 분사

분사가 관용화되어 전치사의 기능을 하는 것을 말합니다. 암기를 통해 자연스럽게 익히는 것이 가장 좋은 방법입니다.

- **Considering** her age, it is too early for her to get married.
  나이를 고려할 때, 그녀는 결혼하기에는 너무 어리다.
- **Please send me more detailed information regarding this matter.** 이 문제에 관한 보다 자세한 정보를 보내 주시기 바랍니다.

(A) <u>Competition for zoo jobs</u> is tough, so you'll want to be prepared and get a good education. Zoos recommend that you get good grades in school and take lots of science and biology classes in high school and college. You'll need a college degree in (B) <u>an animal-relating field</u> like biology, zoology, botany, ecology, conservation science, or animal behavior. The San Diego Zoo suggests (C) <u>you practice being a zookeeper</u> with your own pets — creating the right environment for an animal and recording its behavior is (D) <u>a big part of a zookeeper's job</u>.

1 (A)~(D) 중 어법상 잘못 사용된 것은?

a. (A)
b. (B)
c. (C)
d. (D)

2 다음 중 본문의 제목으로 가장 적절한 것은?

a. How to Become a Zookeeper
b. The Advantage Of Becoming a Zookeeper
c. San Diego Zoo Looking for a Part-timer
d. The Right Environment for an Animal

✤ Zoos recommend that you (should) get good grades ~

동물원에서는 당신이 좋은 성적을 받을 것을 권한다

recommend의 영향으로 that절에 should가 생략되어 있다.

✤ take lots of science and biology classes

많은 과학과 생물학 수업을 듣다

수업을 수강한다는 의미로 'take class'를 쓰고 있습니다. 서로 어울리는 표현들을 잘 기억해 두도록 합니다. 영작과 회화의 기본은 기본동사를 잘 쓰는 데 있습니다.

✤ — creating the right environment for ~

~을 위한 적절한 환경을 조성하는 것

자신이 기르는 애완동물을 이용해 사육사가 되기 위한 예비훈련을 할 것을 권하며, 그 이유를 구두점(punctuation) 중의 하나인 '대시(dash, —)'를 이용해 설명하고 있습니다.

Chapter 9

분사구문과 준동사의 의미상의 주어
(Participial Construction & Sense Subject)

원어민 아이들이 자신들의 모국어인 영어를 배울 때, 두 개 이상의 절(clause)을 연결하는 과정을 보면 참 재미 있습니다. 어렸을 적에는 and, but 등의 접속사를 사용합니다. 그러다 좀 표현이 늘면 who, which와 같은 관계대명사를 쓰더니, 이윽고 세련된 표현인 분사구문을 사용하게 됩니다. 문어체 영어의 꽃이라고도 할 수 있는 이 분사구문을 넘어가지 못하면 영어를 사용하는 데 상당한 제약이 생깁니다. 영어를 배우는 것은 성인 수준의 영어를 구사하기 위한 것이지 어린아이의 영어를 사용하려는 것은 아니기 때문입니다. 왜 분사구문이 그렇게 까다로울까요? 그건 아마도 용법을 기계적으로 암기하고 문장 전환과정을 공식처럼 외우려 했기 때문일 것입니다.

'…구문'이라는 말은 영어를 공부하는 사람들에게는 언제나 부담으로 다가옵니다. 하지만 제목을 잘 보세요. '분사구문'은 뭐가 있는 구문이겠습니까? 그렇지요. 바로 분사가 있는 구문입니다. 또한 앞 장에서 분사의 쓰임새를 이미 배웠으니 거의 절반 이상은 한 셈입니다. 걱정하지 말고 과감하게 덤벼 봅시다.

1. 분사구문

다음의 예문을 보며 왜 분사구문이라는 말이 생기게 되었는지, 그리고 어떻게 접근해야 할지를 생각해 봅시다.

· **When I stood on the bridge, I could see her.**

다리 위에 서 있을 때 나는 그녀를 볼 수 있었다.

'When I stood on the bridge'는 부사절입니다. 그런데 특히 문어체 영어(written English)에서는 문장의 경제성을 살리기 위해 예측 가능한 부분을 생략한 채 말을 간결하게 줄이는 경향이 있습니다. 그 중의 한 가지 방법이 바로 분사구문을 활용하는 것입니다. 부사절을 분사구문으로 바꾸려면, ① 접속사를 생략하고, ② (동일한) 주어를 생략한 후, ③ 동사를 분사의 형태로 바꿉니다. 그러면 결국 분사만 남게 되는데, 이를 '분사구문'이라고 부릅니다. 이러한 과정을 거쳐 위의 문장을 분사구문으로 전환하면 다음과 같이 됩니다.

· **Standing on the bridge, I could see her.**

문제는 이렇게 바뀐 분사구문을 다시 부사절로 전환할 때 일어납니다. '다리 위에 서 있다'라는 내용이 '그녀를 볼 수 있다'라는 내용과 연관하여 한 가지로만 해석되는 것은 아니기 때문입니다. '다리 위에 서 있을 때' 그녀를 볼 수도 있고, 경우에 따라서는 '비록 다리 위에 서 있지만' 그녀를 볼 수도 있습니다. 그뿐입니까? '다리 위에 서 있다면' 그녀를 볼 수도 있는 것입니다. 즉, 위의 분사구문을 다시 부사절로 고치는 데는 여러 가지 가능성이 있습니다. 결국 이 예문을 이해하는 가장 안전하고도 확실한 방법은 콤마(,)를 중심으로 두 개의 의미단락으로 끊어서 차례로 이해하는 것뿐입니다.

· **Standing on the bridge / I could see her**

다리 위에 서 있었지요 / 나는 그녀를 볼 수 있었습니다

이러한 불명확성 때문에 분사구문과 주절, 두 의미 단락 사이의 관계를 확실히 해놓기 위해 애초에 분사구문을 쓸 때 접속사를 생략하지 않고 그대로 남겨 두는 경우가 많습니다.

· Although they attend the same school, they seldom greet each other.

➡ **Although** attending the same school, they seldom greet each other.

비록 같은 학교에 다니지만 그들은 좀처럼 인사를 하지 않는다.

· While he is absorbed in video games, he cannot pay attention to anything else.

➡ **While** absorbed in video games, he cannot pay attention to anything else.

비디오 게임에 몰두하는 동안 그는 어떤 것에도 신경을 쓸 수 없다.

결론적으로 분사구문이란 분사가 있는 구문이며, 의미를 명확하게 해 주는 접속사가 있을 수도 있고, 없을 수도 있습니다. 해석할 때는 '능동과 진행'이라는 현재분사의 의미, 그리고 '수동과 완료'라는 과거분사의 의미'에 충실하여 앞에서부터 차례대로 의미를 파악하면 됩니다. 보통 문법책에서 말하는 분사구문의 다섯 가지 의미인 '때, 이유, 조건, 양보, 부대상황'은 의미가 파악된 후에 붙일 수 있는 용법이지 의미를 미리 결정해 주는 것이 아닙니다. 그러므로 용법상의 분류에는 그리 신경을 쓰지 않아도 됩니다. 정말 중요한 것은 분사의 '능동, 수동' 그리고 '진행, 완료'의 의미입니다.

접속사 생략 →주어 생략 →
분사형태로 변형

✤ 다음 문장에서 틀린 부분을 고치시오.

1. Being fine, we went on a picnic.

2. I was standing at the Han River with my arms crossing.

3. Having read the book, it was returned to the library.

✤ 빈칸에 가장 적절한 어구를 고르시오.

4. Ted Wilson, _____ born in America, has lived and taught English in Korea.
   a. was   b. he was
   c. although   d. who he was

5. _____ , glasses can correct most of sight defects.
   a. When well fitted   b. Well fitted if
   c. Well fitted when   d. If well fitted when

분사구문의 위치와 해석법

분사구문은 주절의 앞, 중간, 뒤에 모두 올 수 있습니다. 아래 세 문장의 해석을 눈여겨보아 두세요. 이전보다 **훨씬** 세련된 해석법이 나옵니다.

- **Standing on the bridge, I could see her.** 〈앞〉
  다리 위에 서 있던 나는 그녀를 볼 수 있었습니다.

- **I, standing on the bridge, could see her.** 〈중간〉
  나는 다리 위에 서 있었는데 그녀를 볼 수 있었습니다.

- **I could see her, standing on the bridge.** 〈뒤〉
  나는 그녀를 볼 수 있었습니다, 다리 위에 서 있었거든요.

분사구문에서 접속사가 빠졌다는 것은 주절과의 관계를 굳이 명시하지 않겠다는 의도로 받아들일 수 있는 겁니다. 그리고 주어가 없다는 것은 어차피 알게 되거나 이미 알고 있는 행위가 있다는 뜻입니다. 물 흐르듯이 편하게 번역하는 연습을 해 두세요. 그러다 보면 어느새 자신도 모르게 분사를 쓰고 있게 될 것입니다.

2. 준동사의 의미상의 주어

준동사(부정사, 동명사, 분사)의 뿌리는 동사입니다. 동사가 주어를 가지는 것처럼 준동사도 그 속에 있는 동사의 주체를 가질 수 있습니다. 그렇지만 문장 전체의 주어는 아니고 준동사 자체만의 주어이므로 '의미상의 주어' 라고 부릅니다.

a. 부정사의 의미상의 주어

① I want <u>to live</u> where I can do anything. (주어 I가 to live의 의미상의 주어)
나는 무엇이든 할 수 있는 세상에서 살고 싶다.

② I want **you** <u>to live</u> where you can do anything. (목적어 you가 to live의 의미상의 주어)
나는 네가 무엇이든 할 수 있는 세상에서 살기를 바란다.

③ It will be interesting <u>to participate</u> in the meeting. (의미상의 주어가 드러나 있지 않음)
그 모임에 참가하는 것은 흥미로울 것이다.

문장 ③에서 to participate의 의미상의 주어는 ①, ②와는 달리 문장 내에 나타나 있지 않습니다. 이런 경우는 to participate의 주체가 특정인에게 한정된 것이 아니라 모두에게 보편적으로 적용되는 경우라서 굳이 나타내지 않은 것으로 볼 수 있습니다. 하지만 경우에 따라서 아래의 예문처럼 to participate만의 주체를 구체적으로 명시할 때가 있습니다. 이럴 때에는 'for+목적격'을 사용하여 부정사의 의미상 주어를 나타낼 수 있습니다.

· It will be interesting **for us[you / them]** <u>to participate</u> in the meeting.
우리가[여러분이/그들이] 그 모임에 참가하는 것은 흥미로울 것이다.

그러나 사람의 성질이나 성격을 묘사하는 말이 있을 경우에는 전치사 of를 사용하여 의미상의 주어를 나타냅니다. 아래의 예문들에서 전치사 of가 사용된 것은 각각 그 앞의 형용사 kind와 foolish 때문입니다.

· It's very *kind* **of you** <u>to say</u> that.
그렇게 말씀하시니 당신은 매우 친절하시군요.

· It's so *foolish* **of you** <u>to make</u> the same mistake.
똑같은 실수를 저지르다니 너는 참 어리석다.

b. 동명사의 의미상의 주어

· I am proud of <u>being</u> a member of this student club.
나는 이 학생 클럽의 회원이 된 것을 자랑스럽게 생각한다.

예문에서 동명사 being의 의미상의 주어는 문장의 주어인 I입니다. 그런데 만일 my son이 동명사의 주체라면 어떻게 표현할까요? 소유격인 my son's를 being 앞에 붙이는 것이 원칙이나 실제로는 앞에 있는 전치사 of의 영향을 받아 목적격인 my son을 쓰기도 합니다.

· I am proud of my son's [my son] <u>being</u> a member of this student club.
나는 내 아들이 이 학생 클럽의 회원이 된 것을 자랑스럽게 생각한다.

c. 분사의 의미상의 주어

독해를 하다 분사를 만나면 두 가지에 유의하면 됩니다. 우선 현재분사와 과거분사가 각각 지니는 능동과 수동, 진행과 완료의 뜻을 구분하고, 둘째로 분사의 주체인 의미상의 주어를 파악하는 것입니다.

· I was reading a novel <u>listening to music</u>.
나는 음악을 들으면서 소설을 읽고 있었다.

여기서 listening은 현재분사이므로 능동과 진행의 느낌을 갖고 있으며 그 내용상 주체는 I입니다. 소설을 읽는 주체와 음악을 듣는 주체(주어)가 동일하므로, 분사의 주어를 다시 쓰지 않는 것입니다. 그러나 만일 분사구문의 주어와 주절의 주어가 다를 때에는 분사구문의 주어를 별도로 명시해 주어야 합니다. 그렇지 않으면 주체를 찾을 길이 없기 때문입니다. 이렇게 주체가 구체적으로 명시된 분사구문을 '독립분사구문' 이라고 합니다.

· I was running across the Garden Square and my dog was running beside me.

➡ I was running across the Garden Square, (with) my dog running beside me.
나는 가든 스퀘어를 달리고 있었고 나의 개는 내 옆에서 뛰고 있었다.

독립분사구문에서는 의미상 주어 앞에 전치사 with를 쓰기도 하는데 이것을 'with 부대상황' 이라 하며 좀 더 묘사적으로 표현하는 뉘앙스를 줍니다. 원래 my dog과 running은 주어와 동사의 관계였으므로 with 다음의 두 요소에 주술관계(주어와 서술어의 관계)가 성립하는 것은 당연합니다. 'with A B' 에서 'A와 B는 주술관계이다' 라고 정리해두기 바랍니다.

✤ 다음 문장에서 틀린 부분을 고치시오.

1. It's very stupid for you to go after such a bad-tempered lady.

2. It will be convenient to me of you to come to my office at three o'clock.

✤ 빈칸에 가장 적절한 어구를 고르시오.

3. John admitted that it's always difficult _____.
   a. for him being on time   b. being on time for him
   c. for him to be on time   d. on time for him

4. "Is he sick?" "Actually, _____ all night in the rain caused him to catch a cold."
   a. he worked   b. him to work
   c. he working   d. his working

5. She would often sit there silently _____ .
   a. with her eyes closing   b. with her eyes closed
   c. her eyes closing   d. and her eyes closed

부정사의 의미상 주어 : ' for + 목적격' vs. ' of + 목적격'

부정사의 의미상 주어로 쓰이는 전치사를 무조건 외우려는 학생들이 있습니다. 외우는 것도 중요한 학습법이지만 그러기 전에 원리부터 생각해 보는 습관을 가져야 합니다. 우선 다음의 두 예문을 보도록 합시다.

a. It is <u>difficult</u> for her to help him.
b. It is <u>kind</u> of her to help him.

지금 예문 a와 b는 형용사와 전치사만 빼고는 모두 동일합니다. 그렇다는 것은 바로 형용사에 따라 전치사가 선택된다는 뜻이 됩니다. 그렇다면 어떻게 구별할까요? 아주 간단합니다. '사람의 성질이나 성격' 이라는 말을 다시 생각해 보시기 바랍니다. a의 경우 'her → difficult' 의 관계가 성립하지 않는 반면, b의 경우는 'her → kind' 의 관계가 성립합니다. 바꿔 말해 a에서 difficult한 것은 '그녀' 가 아니지만, b에서는 kind한 것이 '그녀' 가 될 수 있습니다.

I am 30 years old and have been married for four years. I have known (A) <u>since I was a teenager</u> that I never wanted (B) <u>for me to have children</u>. My husband was well aware of this when we met, dated and married. His sister gave birth to a baby boy last summer, and suddenly my husband has changed his mind and wants children too. I know I am not parent material. I am impatient with children and generally uncomfortable (C) <u>around them</u>. I do not want my life to be defined by children, nor do I want to give up the lifestyle I enjoy (D) <u>to raise them</u>.

1 (A)~(D) 중 어법상 잘못 사용된 것은?

a. (A)
b. (B)
c. (C)
d. (D)

2 이 글의 주된 내용은 무엇인가?

a. 시댁 식구들과의 불화
b. 아이 출산의 문제
c. 결혼 생활의 파경
d. 남편과 만나게 된 배경

✤ ~ have been married for four years

결혼한 지 4년 되었다

have been married for four years는 4년 동안 결혼의 상태를 유지했다는 것이므로 '결혼한 지 4년 되었다' 는 뜻입니다. 참고로 아래의 예문은 해석할 때 주의가 필요합니다.

○ Frank is my husband and we have not been married for one year.
프랭크는 나의 남편입니다 그리고 우리는 결혼한 지 1년이 안 되었습니다.

분명히 Frank가 남편이라고 말했으므로 결혼한 사실은 확실합니다. 그러므로 글자 그대로 해석하여 '우리는 1년 동안 결혼을 해 오지 않았다' 로 해석하면 논리적으로 맞지 않게 됩니다.

✤ ~ nor do I want to give up the lifestyle I enjoy to raise them

그리고 나는 아이들을 키우기 위해 내가 즐기는 삶의 방식을 포기하고 싶지도 않습니다

nor는 'and not(그리고 ~도 아닌)'의 의미이며, 강조를 위해 문두에 올 경우 후속하는 주어와 동사가 순서를 바꾸게 됩니다(도치). 그러나 조동사가 없거나 be동사가 아닌 경우에는 본문에서처럼 do가 필요합니다. 그리고 '동사 enjoy 다음에 어떻게 to부정사가 왔을까' 라고 생각했다면 내용 파악이 되지 않은 것입니다. 여기에서 to raise them은 enjoy의 목적어가 아니고 '~하기 위해' 로 해석되는 부사적으로 쓰인 부정사입니다.

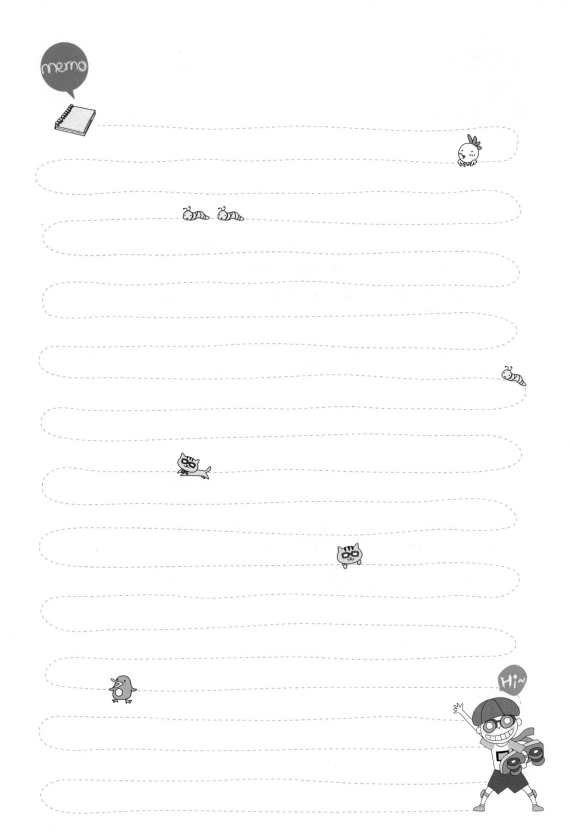

Chapter 10

준동사의 시간 개념
(Simple & Perfect Quasi-Verbs)

준동사는 동사가 품사 변화를 하여 명사, 형용사, 부사로 쓰이는 것이지만 동사에 뿌리를 두고 있다는 점에서 시간 개념을 나타낼 수 있습니다. 준동사는 'to+동사원형, 동사원형+-ing' 등과 같은 형태상의 제약이 있습니다. 이로 말미암아 준동사의 시간 개념을 나타내는 방법은 일반적인 동사의 경우와는 많은 차이를 보입니다. 그러면 어떻게 해야 할까 굉장히 궁금해지죠? 호기심을 가지고 적극적으로 임한다면 그리 어렵지는 않을 겁니다.

기본적으로 동사에 뿌리를 두고 있다는 점에서 준동사는 속성상 동사의 기능을 가지고 있기도 합니다. 자신의 주체인 의미상의 주어를 가질 수 있는 것과, 목적어를 취하고 부사의 수식을 받을 수 있다는 것, 또 시간의 개념을 나타낼 수 있다는 것도 그러합니다. 세 가지 준동사를 모아서 공부하면 서로 간의 차이를 알 수 있어 실수하는 일이 적어질 것입니다.

1. 부정사의 시간 개념

일단 평이한 예문을 하나 들어서 설명을 해 보겠습니다. '시간 표현'과 '형태상의 제약'이라는 두 가지의 측면에서 함께 공부해 보기로 합시다.

· He seems to be rich.
그는 부유한 것 같다.

위의 문장은 본동사 seems의 시제도 현재이고 부정사 to be도 현재로 해석됩니다. 그렇다면 seems의 시제는 현재로 고정시켜 둔 채 '부유하다'라는 내용만 과거로 고쳐 '그는 부유했던 것 같다'로 표현하려면 어떻게 해야 할까요?

to 다음에 동사원형이 와야 한다는 형태상의 제약이 있고, 그러면서도 내용상으로는 과거를 나타내야 합니다. 결국, 과거와 현재를 모두 담고 있는 'have+p.p.'를 활용하여 위에서 언급한 '형태상 원형+내용상 과거'를 모두 만족시킨 아래의 예문을 만들어 낼 수 있습니다.

· He seems to have been rich.
그는 부유했던 것 같다.

위와 같이 표현함으로써 seems는 현재를 나타내고 to have been은 그보다 하나 앞선 과거를 나타낼 수 있습니다.

이상의 내용을 종합하면 'He seems to be rich'에서 부정사 to be는 본동사 seems와 동일한 시간 개념을 나타내며(이를 '단순부정사'라고 함), 'He seems to have been rich'에서 부정사 to have been은 본동사 seems보다 하나 앞선 시간 개념을 나타냅니다(이를 '완료부정사'라고 함).

그리고 이러한 원리는 본동사 seems를 과거형인 seemed로 바꾸어도 동일하게 적용됩니다. 그러니까 본동사가 과거일 때, 단순부정사는 본동사와 같은 시간 개념이므로 과거를 나타내고, 완료부정사는 본동사보다 하나 앞선 시간 개념이므로 과거 이전의 사실 즉, 대과거(had+p.p.)를 나타내게 됩니다. 이렇듯 부정사의 시간 개념은 고정되어 있지 않고 본동사의 시제에 따라 영향을 받는 '상대적 시간 개념'이라는 것을 알 수 있습니다. 동명사, 분사의 경우도 이와 똑같습니다.

지금까지 설명한 부정사의 시간 개념을 제대로 파악했다면 부정사를 포함한 구(phrase)를 절(clause)로 변환할 수 있습니다. 네 가지의 경우를 정리해 봅시다.

· **He seems to be rich.** = **It seems** that **he is** rich.
그는 부유한 것 같다.

· **He seems to have been rich.** = **It seems** that **he was / has been** rich.
그는 부유했던 것 같다.

· **He seemed to be rich.** = **It seemed** that **he was** rich.
그는 부유한 것 같았다.

· **He seemed to have been rich.** = **It seemed** that **he had been** rich.
그는 예전에 부유했었던 것 같다.

✦ 다음 문장을 to부정사를 포함한 단문(simple sentence)으로 고치시오.

1. It seems that he is honest.

2. It seemed that he had been handsome in his youth.

3. It seemed that she was sick then.

✦ 빈칸에 가장 적절한 어구를 고르시오.

4. "What did you hear at that time?" "I seemed _____ someone call my name."
   a. hear   b. to have heard
   c. to hear   d. having heard

5. He acted as if he were my guardian angel. Maybe he seems to _____ me.
   a. have loved   b. loved
   c. would love   d. loving

Further Study 1

wished, hoped, intended, meant + to have p.p.

위에 제시된 '소망'이나 '의도'의 동사 과거형은 완료부정사와 어울려 '과거에 실현되지 않은 것'을 나타냅니다. 또한 이러한 동사의 과거완료형을 쓰면 단순부정사를 이용해도 같은 뜻이 됩니다.

- I hoped/wished to have seen him there.
  나는 거기서 그를 만나기를 바랐다.
  = I had hoped/wished to see him there.
  = I hoped/wished to see him there, but I couldn't.

- I intended/meant to have continued this research.
  나는 이 연구를 계속하려고 했었다.
  = I had intended/meant to continue this research.
  = I intended/meant to continue this research, but I couldn't.

한 가지 더 추가하면, be동사의 과거형인 was나 were 다음에 완료부정사를 써도 '과거에 이루어지지 않은 계획이나 예정'을 나타낼 수 있습니다.

- I was to have finished the homework but it is still only half done. 나는 그 숙제를 마쳐야 했지만 아직도 절반만 되어 있다.

2. 동명사의 시간 개념

형태를 '동사원형＋ing'의 꼴로 표현하는 동명사도 준동사이므로, 상대적 시간 개념을 표현하는 원리는 부정사와 동일합니다. 다음 네 가지의 예에서 '단순동명사' being은 본동사 is/was와 동일한 시간 개념을 '완료동명사' having been은 본동사 is/was보다 하나 앞선 시간 개념을 나타냅니다.

· He is proud of being rich.
= He is proud that he is rich.

그는 부유한 것을 자랑스러워한다.

· He is proud of having been rich.
= He is proud that he was / has been rich.

그는 부유했던 것을 자랑스러워한다.

· He was proud of being rich.
= He was proud that he was rich.

그는 부유한 것을 자랑스러워했다.

· He was proud of having been rich.
= He was proud that he had been rich.

그는 부유했던 것을 자랑스러워했다.

3. 분사구문의 시간 개념

부정사, 동명사와 같이 단순분사는 본동사와 같은 때를, 완료분사는 본동사보다 하나 앞선 때를 나타냅니다.

· Living near a seaport, I have lots of opportunities to eat sliced raw fish.
= As I live near a seaport, I have lots of opportunities to eat sliced raw fish.

항구 근처에 살기 때문에 나는 회를 먹을 기회가 많다.

· Having lived near a seaport, I abstain from meat like beef or pork.
= As I (have) lived near a seaport, I abstain from meat like beef or pork.

항구 근처에 살았기 때문에 나는 소고기나 돼지고기 같은 육류를 멀리한다.

그러나 이러한 단순분사와 완료분사의 시제 원칙이 실생활에서 언제나 정확하게 지켜지는 것은 아니며 아래의 예처럼 내용상 전후 관계가 명백할 때는 단순분사가 완료분사의 의미로 쓰이는 경우가 많습니다.

· Finishing the chapter, we moved on to the next.
= Having finished the chapter, we moved on to the next.

우리는 그 장을 끝내고 다음으로 넘어갔다.

✦ 두 문장의 의미를 같게 할 때, 밑줄 친 문장에서 틀린 부분을 고치시오.

1. I am sure that he studied very hard when he was in high school.
   = <u>I am sure of his studying very hard when he was in high school.</u>

2. As he was idle in his youth, he has little money to support his family now.
   = <u>Being idle in his youth, he has little money to support his family now.</u>

3. Seeing the film, I was quite disappointed.
   = <u>After I see the film, I was quite disappointed.</u>

✦ 다음을 단문으로 고치시오.

4. I am sure that we have some hope.

5. I am ashamed that I loved such a woman.

공식이냐 내용상 응용이냐

다음의 문장을 절(clause)로 고쳐 보기로 합시다.

- I am sure of his **arriving** in time.

단순동명사가 사용되었으니, 이제껏 배운 대로 동명사의 시제가 본동사와 동일하다면 종속절에는 he arrives가 와야 하겠지요? 하지만 내용을 보면 그가 아직 오지 않았으므로 다음과 같이 미래형으로 고쳐 주는 것이 좋습니다.

- I am sure that he **will arrive** in time.

또 다른 기본 패턴의 응용을 예로 들어 볼까요? 분사구문의 내용이 이전부터 지금까지 계속 이어져 오는 것이라면 얼마든지 완료진행형 분사를 쓸 수도 있습니다.

- **Having been studying** all day long, I have nothing to do tonight.

Susan is said (A) <u>to love her husband</u> with more than ordinary devotion. Even her brothers and sisters (B) <u>used to rally</u> her upon her almost girlish affection and solicitude for Thomas. It was her habit, whenever it was time (C) <u>for him to come back</u> from his work, to leave the house to meet him on his way home. If he failed to return (D) <u>at the time indicated</u>, she grew anxious; and if his stay was prolonged, she oftentimes passed the night in tears. If Thomas had not been killed in the war, at around this time of the day, Susan would leave her house to meet her husband.

1 (A)~(D) 중 어법상 잘못 사용된 것은?

a. (A)

b. (B)

c. (C)

d. (D)

2 다음 중 본문의 내용과 일치하지 <u>않는</u> 것은?

a. 남편의 이름은 토마스이다.

b. 수잔은 형제자매가 있다.

c. 토마스는 이제 세상에 없다.

d. 수잔은 지금도 남편을 마중 나간다.

✥ **with more than ordinary devotion** (보통의 아내들이 가질 수 있는) 평범한 헌신 이상으로

직역하여 우리말로 옮기면 해석이 많이 어색할 경우가 있습니다. 이럴 때는 괄호 안의 부분처럼 문맥을 완성할 수 있는 내용을 끼워 넣어 생각하면 도움이 됩니다.

✥ **used to rally her upon ~** ~에 대해 그녀를 놀리곤 하였다

used to는 보통 '과거의 규칙적인 습관'이라고들 많이 알고 있지만, 그것보다는 '과거에는 했으나 지금은 안 하는 것'으로 이해하는 편이 더 정확한 것입니다. 다음의 예문을 보면 확실히 이해가 갈 것입니다.

◐ A: Don't you love me anymore? 나를 더 이상 사랑하지 않나요?
◐ B: I used to. 예전에는 그랬죠. (지금은 아니에요.)

✥ **If ~ had not been killed ~ , ~ would leave her house ~ .**
만일 죽지 않았더라면 집을 나설 것이다.

조건절은 가정법 과거완료로, 주절은 가정법 과거로 이루어진 이른바 '혼합 가정법'의 문장입니다. 문맥이 허락하는 한 가정법은 이처럼 섞여서 쓰일 수도 있습니다. 물론 아직은 안 나왔으니 자세한 내용은 이 책의 가정법 편을 봐야 하겠지요.

준동사의 부정과 관용적 표현
(Negative & Idiomatic Expressions
of Quasi-Verbs)

모든 공부를 하다 보면 공통적인 특성이 있는 것 같습니다. 맥을 짚는 중심 내용이 있는 반면 약간은 주변 내용인
것도 같지만 결코 무시할 수 없는 것들이 있습니다. 당연히 중심 내용을 먼저 익히며 개념을 확실히 파악하는 것이
선행되어야 하겠지요. 하지만 시험을 염두에 두고 하는 공부는 항상 주변 내용도 신경을 써야 합니다. 출제자의 입
장에서는 개념 파악 문제로 기본 실력을 확인하고 꼭 주변의 내용으로 시험의 변별력을 높이려는 경향이 있습니다.
모두 다 아는 내용과 일부만 아는 내용이라고나 할까요? 이 장에서는 준동사와 관련된 그러한 내용들을 모아 놓았
습니다. 이해하기보다는 자주 보며 관용표현으로 외우는 것이 바람직하다고 생각합니다. 소리 내어 예문을 읽어 보
며 익숙하도록 만들어 놓기 바랍니다.

Chapter 11에서는 준동사를 부정하는 방법을 알아보겠습니다. 이어서 각 준동사의 관용적 용법을 정리해 보겠는데요, 주어진 여러 단어들의 뜻을 잘 살려 해석을 해 보면 대부분 쉽게 이해가 될 것입니다. 하지만 관용적 용법은 여러 단어가 어울려 함께 쓰이는 것이므로 덩어리째 암기해 놓도록 합시다.

1. 준동사의 부정

준동사를 부정할 때는 준동사의 바로 앞에 부정어 'not, never' 등을 놓으면 됩니다. 부정어의 위치와 관련된 문제가 자주 출제되므로 주의할 필요가 있습니다.

· I tried **not** <u>to be</u> late. (부정사)
나는 늦지 않으려고 노력했다.

· I am angry about **not** <u>having been</u> invited to the party. (동명사)
나는 그 파티에 초대받지 못했던 것에 대해 화가 난다.

· **Not** <u>knowing</u> what he wanted to do, I just kissed him. (분사)
그가 뭘 하고 싶어 하는지 몰랐던 나는 그냥 그에게 키스했다.

2. 부정사의 관용적 표현

관용적 표현이란 용례가 굳어져 일상생활에서 숙어처럼 쓰이는 구문들입니다. 잘 따져 보면 뜻이 짐작되는 경우도 많지만 일일이 단어의 조합을 생각해 내는 것보다는 마치 하나의 단어처럼 쓰는 것이 편리합니다.

a. 독립부정사

부정사의 의미상의 주어가 특정인을 지칭하지 않고 일반인에 해당되므로 굳이 명시할 필요가 없는 경우를 말합니다.

· **To be honest[frank/candid/plain] (with you)**, I don't like my **English teacher.** (솔직히 말하면: to tell the truth, straightforwardly, frankly, candidly, plainly, honestly, open-heartedly)
솔직히 말하면 나는 나의 영어 선생님을 좋아하지 않는다.

- **To begin[start] with**, let me introduce my English teacher.
  (우선: first (of all), above all, in the first place)
  우선 저의 영어 선생님을 소개해 드리겠습니다.

- **To make matters worse**, I lost my wallet.
  (설상가상으로: to add to one's misery, on top of all other misfortunes, as if to rub salt in[into] the wound)
  설상가상으로 나는 지갑을 잃어버렸다.

- We were served Kimchi, **not to mention** boiled rice.
  (~은 말할 것도 없고: to say nothing of, not to speak of, let alone)
  우리는 밥은 말할 것도 없고 김치도 제공받았다.

- **To be sure**, the hot weather bothers him.
  (확실히: surely, undoubtedly, certainly, definitely, doubtlessly, unquestionably)
  확실히, 더운 날씨는 그를 괴롭힌다.

- You are, **so to speak**, a fish out of water.
  (말하자면: as it were, in a manner (of speaking), in a way[sense/kind/sort], say)
  너는 말하자면 뭍에 오른 물고기와 같다.

b. 형용사적 용법의 관용 표현

to부정사가 앞의 명사를 수식하는 것을 말합니다. 그렇게 따져 보면 의미 해석에 고개가 끄덕여질 겁니다. 하지만 꼭 하나의 표현으로 통째로 익히기 바랍니다.

- I **have something to do with** that matter. (~과 관계가 조금 있다)
  나는 그 문제와 조금 관계가 있다.

- I **have nothing to do with** that matter. (~과 관계가 전혀 없다)
  나는 그 문제와 전혀 관계가 없다.

- I **have much to do with** that matter. (~과 관계가 아주 많다)
  나는 그 일과 관계가 아주 많다.

- That's the **way to go**. (옳지!) 바로 그렇게 하는 거야.

- Our English teacher **is the last person to** deceive us.
  (절대로 ~할 사람이 아니다) 우리 영어 선생님은 절대로 우리를 속일 사람이 아니다.

- He **had the kindness to** show me the way to the station.
  (친절하게도 ~하다) 그는 친절하게도 나에게 역으로 가는 길을 알려 주었다.

✤ 다음 문장에서 **틀린** 부분을 고치시오.

1. In such a situation it is important to not worry.

2. I regret having not bought the house last year.

✤ 우리말 문장과 일치하도록 빈칸에 가장 적절한 말을 쓰시오.

3. To _____ the truth, I don't like her way of speaking.

솔직히 말하자면 나는 그녀의 말투가 싫다.

4. To make _____ worse, it began to rain.

설상가상으로 비가 오기 시작했다.

5. I believe he is the _____ person to tell a lie.

나는 그가 절대로 거짓말을 하지 않을 사람이라고 믿는다.

원형부정사(bare infinitive)

지금 우리가 준동사 편에서 배운 부정사는 정확히 to부정사입니다. 이와 구별하여 원형부정사라는 것이 있는데 일단 쉽게 동사의 원형이라고 알아 두면 무난합니다. 원형부정사를 쓰는 경우는 크게 다음의 두 가지가 있습니다.

1. 사역동사(let, have, make)의 목적보어로 쓰일 때

- Please let me go on without interruption.
- Then, have him come at five o'clock.
- My English teacher made me polish his shoes.

2. 지각동사(see, hear, feel)의 목적보어로 쓰일 때

- I saw him enter the store.
- I heard my son play the guitar.
- I felt my heart beat violently.

하지만 한 가지 주의할 것은 목적보어는 목적어와 주술 관계가 성립해야 하는 것이 우선이므로 때로는 목적보어로 수동의 의미를 지닌 과거분사가 쓰일 수도 있다는 점입니다.

- He can make himself understood in five languages.
- At that time, I heard my name called.

3. 동명사의 관용적 표현

a. to가 전치사로 쓰인 경우

다음 표현들의 뒤에 나오는 to는 전치사이므로 다음에 오는 동사의 형태는 반드시 동명사가 되어야 합니다. 출제자들이 가장 좋아하는 유형이기도 합니다.

· **What do you say to** taking a walk? (∼하는 게 어때?)
산책을 하는 게 어떨까요?

· **I'm looking forward to** seeing you again. (∼을 기대하다, 고대하다)
다시 만나게 되길 바랍니다.

· **I do object to** women('s) smoking in public places. (∼에 반대하다)
나는 여자들이 공공장소에서 담배 피우는 것을 반대한다.

· **I am used[accustomed] to** appearing on the stage. (∼에 익숙하다)
나는 무대에 서는 것에 익숙하다.

· **I was so angry that I came close to** hitting my wife.
(하마터면 ∼할 뻔하다)
나는 너무 화가 나서 하마터면 아내를 때릴 뻔했다.

b. 기타 관용 표현

· **It's no use** crying over spilt milk. (∼해도 소용없다)
= It's of no use to cry over spilt milk.
= There is no use crying over spilt milk.
엎질러진 물이다.

· **There is no** accounting for tastes. (∼하는 것은 불가능하다)
= It's impossible to account for tastes.
각자의 취향을 설명할 길은 없다.

· **I cannot help[stop]** laughing at the sight. (∼하지 않을 수 없다)
= I cannot (help/choose) but laugh at the sight.
= I have no choice[alternative] but to laugh at the sight.
나는 그 모습을 보고 웃지 않을 수 없다.

· I don't **feel like** go**ing** abroad to study physics. (～하고 싶다)
= I don't feel inclined to go abroad to study physics.
나는 물리학을 공부하기 위해 외국으로 가고 싶은 생각은 별로 없다.

· **It goes without saying that** honesty is the best policy.
(～은 두말할 필요도 없다)
= It is needless to say that honesty is the best policy.
정직이 최선의 방책이라는 것은 두말할 나위가 없다.

· This book **is worth** read**ing** at least once. (～할 가치가 있다)
= It is worthwhile to read this book at least once.
이 책은 최소한 한 번은 읽을 가치가 있다.

· **On[Upon]** hear**ing** the news, she nearly lost her consciousness. (～하자마자)

= As soon as she heard the news, she nearly lost her consciousness.

= The moment she heard the news, she nearly lost her consciousness.

= No sooner had she heard the news than she nearly lost her consciousness.

= Hardly[Scarcely] had she heard the news when[before] she nearly lost her consciousness.
그 소식을 듣자마자 그녀는 거의 의식을 잃었다.

✤ 우리말 문장과 일치하도록 빈칸에 가장 적절한 말을 쓰시오.

1. Because he does his best in everything, I cannot _____ respecting him. (그가 모든 일에 최선을 다하기 때문에 나는 그를 존경하지 않을 수 없다.)

2. I really don't _____ like saying anything at this moment.
(나는 지금 이 순간 정말 아무것도 말하고 싶지 않다.)

3. It goes _____ saying that she is the most beautiful woman in this town. (그녀가 이 마을에서 가장 아름다운 여자라는 것은 말할 필요도 없다.)

4. _____ seeing the police, the thief ran away.
(경찰을 보자마자 도둑은 달아났다.)

5. Our freedom is _____ fighting for.
(우리의 자유를 위해 싸울 가치가 있다.)

원형부정사의 관용적 표현

동사원형을 이용하는 관용적 표현으로 기억해 두어야 할 몇 가지를 예문으로 나열해 보도록 하겠습니다. 외우기만 하면 된다는 점에서는 쉽지만 분량이 많은 점이 흠입니다. 한번에 다 외우려 하지 말고 짧게 자주 반복하는 것이 외국어 학습에는 좋은 방법입니다.

- **You had better** <u>give up</u> my girlfriend.
(~하는 게 좋다, 강한 경고성 표현)

- He **may well** <u>be</u> proud of his works of art.
(~하는 것도 당연하다, 충분히 그럴 수 있다)

- We **may as well** <u>go</u> home. There's nothing more to do.
(~하는 게 낫겠다)

- I **would rather** not <u>do</u> a thing at all **than** <u>do</u> it badly.
(…하느니 차라리 ~하겠다)

- She **does nothing but** <u>cry</u> all day long. (~하기만 한다)

- I **could not (choose/help) but** <u>go</u> there. (~하지 않을 수 없다)

4. 분사의 관용적 표현

의미상의 주어가 특정인에게 한정되지 않고 일반적인 사람들을 지칭하므로 주절의 주어와 맞출 필요가 없는 구문입니다. 소위 '무인칭 독립분사구문'으로, 앞서 배운 부정사로 치면 독립부정사에 해당하는 것들입니다.

- **Generally speaking,** it's difficult to enter a university in Korea.
  (일반적으로 말해서)

  일반적으로 말해서 한국에서는 대학에 들어가기가 어렵다.

- **Strictly speaking,** all kinds of studies are parts of philosophy.
  (엄밀히 말해)

  엄격히 말해서 모든 종류의 공부는 철학의 일부이다.

- **Roughly speaking,** I earn $10,000 a month. (대략적으로 말해서)

  대략적으로 말해서 나는 한 달에 만 달러를 번다.

- **Judging from[by]** his accent, he's from South Carolina.
  (~로 판단해 볼 때)

  억양으로 판단해 볼 때 그는 사우스 캐롤라이나 출신이다.

- **Seeing (that)** there is not much time left, we must hurry up.
  (~이므로)

  시간이 별로 남지 않았으니 우리는 서둘러야 한다.

- **All things considered,** he's not qualified for that position.
  (모든 것을 고려해 볼 때)
  = **Taking all things into consideration,** he's not qualified for
    that position.

  모든 것을 고려해 볼 때 그는 그 자리에 자격이 없다.

- **Speaking[Talking] of** money, have we paid our credit card
  bills yet? (~말이 나왔으니 말인데)

  돈 얘기가 나왔으니 말인데 우리 신용카드 대금은 지불했던가요?

- **Compared to[with]** people living a few generations ago, we
  have greater opportunities to have a good time. (~와 비교해 보건대)

  몇 세대 전에 살았던 사람들과 비교해 보면 우리는 좋은 시간을 보낼 기회가 더 많다.

- **Granting[Granted/Grant] (that)** the car is old, I still want to
  buy it. (설령 ~라고 하더라도)

  설사 그 차가 오래되었다고 하더라도 나는 그것을 사고 싶다.

· **Supposing[Suppose] (that)** it were true, what would happen?
(만약 ~라면)
만일 그게 사실이라면 무슨 일이 생길까?

· **Given (that)** the conflict is inevitable, we need to do
something about it. (만약 ~이 주어진다면)
갈등을 피할 수 없다면 무슨 조치를 취해야 한다.

· **Provided[Providing] (that)** you finish your homework, you
can go out to play. (만일 ~라면)
숙제를 마친다면 나가 놀아도 된다.

Practice 3

✿ 우리말 문장과 일치하도록 빈칸에 가장 적절한 말을 쓰시오.

1. Generally _____ , boys are better at math than girls.
   (일반적으로 남자 애들이 여자 애들보다 수학을 잘한다.)

2. _____ all things into consideration, he is the only person to do the
   job. (모든 것을 고려해 볼 때 오직 그만이 그 일을 할 사람이다.)

3. _____ of him, I really don't like his way of behaving.
   (그 사람 얘기가 나왔으니 말인데 나는 정말로 그가 행동하는 방식이 마음에 안 든다.)

4. _____ that it is 10 o'clock, we will wait no longer.
   (10시니까 더 이상은 기다릴 수 없다.)

5. Compared _____ China, Korea is much more developed in
   electronics industry. (중국과 비교해 보면 한국은 전자 산업에서 훨씬 앞서 있다.)

Most people know that normal body temperature is (A) <u>approximately 98.6 degrees</u> Fahrenheit (37 degrees Celsius). Anything higher is considered a fever. (B) <u>Small changes in body temperature</u> are usually not serious. Temperature can fluctuate depending on the time of day or one's level of activity. In the case of illness, a moderate rise in temperature may (C) <u>help the body fight</u> some types of infection. Above a certain level, however, temperature must be controlled. A fever of 106 degrees Fahrenheit or higher in adults is extremely serious and demands immediate medical attention. In short, body temperature (D) <u>has nothing to do with</u> our health.

1 (A)~(D) 중 어법상 <u>잘못</u> 사용된 것은?

a. (A)
b. (B)
c. (C)
d. (D)

2 다음 글의 제목으로 가장 알맞은 것은?

a. Some information on fever
b. Various ways to prevent fever
c. Fever of adults and children
d. Modern medicine and fever

✤ **98.6 degrees Fahrenheit (37 degrees Celsius)** 화씨 98.6도 (섭씨 37도)

온도 읽는 법을 잘 기억해 두도록 합니다. 우리 생활과 밀접하게 연관되어 있지만 막상 쓰려면 잘 생각이 나지 않습니다. 뭐니뭐니해도 어휘와 표현은 주어진 글 속에서 활용되는 예문을 보며 외우는 게 최선입니다.

✤ **depending on the time of day or one's level of activity**

하루 중 시간과 활동 정도에 따라

depending on ~에 따라(= according to)

✤ **In the case of illness** 병에 걸린 경우에는

in (the) case of ~의 경우에는(= in time of, in the event of)

✤ **help the body (to) fight ~** 몸이 ~와 싸우도록 도와주다

help는 목적보어로 to부정사와 원형부정사를 모두 취할 수 있습니다. 이 경우, 사역동사의 용법과 비슷하기 때문에 help를 '준사역동사'라고 부르기도 합니다.

Chapter 12

가정법의 기본 개념(가정법 과거와 단순 조건문)
(The Basic Concept of the Subjunctive)

'개념'이라는 말, 참 거창하게 느껴질지도 모르겠습니다. 하지만 공부를 한다는 것, 나아가 학문을 한다는 것은 바로 그 '개념'에 접근하는 것이라고 해도 과언이 아닙니다. 그것은 많은 하위 개념을 거느리게 되는데 자칫 잘못하다가는 나중에 모든 것이 엉켜 버리기도 합니다. 그 엉킨 실타래를 풀고 마구잡이로 흩어져 있는 내용들을 깨끗하게 정리하기 위해서 개념을 세울 수밖에 없습니다. 아주 기초적인 접근이지만 가정법에서도 용례와 용법 속에 숨어 있는 원리를 발견하려고 합니다. 시제를 무엇보다도 먼저 다룬 것은 법(mood)을 이해하는 아주 중요한 요소가 바로 이 시제이기 때문입니다.

'주어 플러스…, 주어 플러스…' 하는 식으로 가정법을 공식화하여 외웠던 기억이 나는군요. 그것이 꼭 잘못된 것은 아니지만 원리를 알고 접근했더라면 더 좋았을 것이라는 생각이 듭니다. 영어를 모국어로 하는 화자는 사실의 반대를 표현할 때 '시제'의 개념을 이용한답니다. 전혀 무슨 소리인지 생소하시다고요? 이제부터 그게 무슨 말인지 한번 살펴보기로 합시다. 그리고 그게 얼마나 중요한 개념인지 느껴 보시기 바랍니다.

1. 가정법의 기본개념 – 시제의 변동 개념을 이용한 접근

아래의 예문 a, b, c에서 동사들의 시제에 유의하여 공통점을 한 가지 찾아봅시다. 이상하게도 각 문장의 동사들은 형태가 과거형인데, 해석은 현재로 돼 있습니다. 현재의 진술을 어째서 과거형을 이용해서 표현할까요?

a. If I **were** a little bit taller, I **could** become a policeman.
내가 키가 조금만 더 크면, 경찰관이 될 수 있을 텐데.

'내가 조금만 더 크면, 경찰관이 될 수 있을 텐데'라는 것은 '사실은 키가 조금 모자라 경찰이 되지 못한다'라는 의미로 실현될 수 없는 현재의 사실에 대한 반대의 상상입니다. 현재의 내용을 한 시제 앞으로 당긴 과거로 표현함으로써 '현재 사실의 반대'라는 의도를 나타내고 있습니다.

b. **Would** you mind opening the window?
창문 좀 열어 주시겠어요?

똑같은 현재의 진술이긴 하지만 Will you 대신 Would you를 사용함으로써 보다 공손한 느낌을 주고 있습니다. 이 역시 현재를 과거로 표현함으로써 가능해집니다.

c. It **might** be true that he loves me.
그가 나를 사랑하는 것은 사실일지도 모른다.

It may be true…로 표현해도 될 것을 현재형인 may 대신 과거형인 might를 사용함으로써 말하는 사람의 사실 여부에 대한 확신을 대폭 떨어뜨립니다. 즉 may보다 might가 보다 불확실한 추측이 되는 셈입니다.

이렇게 시제를 현재에서 과거로 바꿈으로써 있는 그대로의 직접적이고 사실적인 진술(직설법)을 a. 현재 사실의 반대 b. 보다 공손한 표현 c. 추측의 불확실성 등과 같은 의미로 표현할 수 있습니다. 이와 같은 시제를 바꾼 표현법을 넓은 의미로는 모두 가정법이라고 할 수 있지만 일반적으로 예문 a처럼 사실의 반대를 상상하는 경우만을 '가정법'이라고 부릅니다. 그리고 형태상 과거형을 썼기 때문에 가정법과거라고 하는 것입니다. 예전에 문법책에서 공식처럼 암기했던 가장 기본적인 형태의 가정법 과거를 이제 쉽게 이해할 수 있을 것입니다.

If ~ 과거형 동사 ~ , ~ would/could/should/might + 동사원형 ~ .
A   B

➡ 가정법 과거: 만일 A라면, B일 텐데. (과거로 표현된 현재의 반대 상상)

✛ 괄호 안의 동사를 적절한 형태로 고치시오.

1. If I _____ more money, I would be able to help the poor more systematically. (have)

2. If I were offered that position, I _____ it. (accept)

3. If I _____ the lottery, I could buy a sports car. (win)

✛ 빈칸에 가장 적절한 어구를 고르시오.

4. If I had the opportunity, _____ to tell them why.
   a. I like   b. I had liked
   c. I liked   d. I'd like

5. I would ask Daniel to lend me some money if I _____ him.
   a. am knowing   b. have known
   c. knew   d. know

법(mood)

화자의 심적 상태가 동사의 어형 변화로 표현되는 것으로 가정법(subjunctive mood)말고 다음의 두 가지가 더 있습니다. 그냥, 문법 용어라고 생각하고 알아 두면 편리합니다.

1. 직설법(indicative mood)

동작이나 상태를 그대로 진술하는 것을 말합니다. 우리가 보통 보는 평범한 문장들을 말합니다. 평서문, 의문문, 감탄문이 여기에 해당합니다.

- I teach English at several colleges. (평서문)
- Have you ever eaten this food? (의문문)
- What a wonderful world! (감탄문)

2. 명령법(imperative mood)

보통은 2인칭인 you에 대한 명령을 나타내는 것으로, 주어를 생략하고 동사원형으로 시작하지만 you를 명기하여 강조를 할 때도 있습니다. 그리고 명령문이 '비록 ~하더라도' 의 뜻을 지닌 양보의 의미를 나타낼 수도 있습니다.

- (You) Do your homework right now. (직접 명령)
- Let him do the homework right now. (간접 명령 – 1, 3인칭에 대하여)
- Be it ever so humble, there is no place like home. (양보 명령)

2. 가정법 과거와 단순 조건문

다음 a와 b의 문장은 둘 다 '아버지가 근무 중이면 잠깐 사무실에 들르겠다' 라는 내용입니다. 그러면 두 문장의 차이는 무엇인지 한번 살펴봅시다.

a. 가정법 과거 (시제 변동 있음)

· If my father **were** at work, I **would** stop by his office.

'아버지가 안 계셔서 사무실에 들르지 않는다' 는 현재 사실의 반대를 가정법 과거로 나타내고 있습니다. 이 경우 화자는 아버지가 안 계시다는 사실을 확실히 알고 그 반대로 표현하는 것입니다.

b. 단순 조건문 (시제 변동 없음)

· If my father **is** at work, I **will** stop by his office.

이 예문에서 화자는 아버지가 아직 사무실에 계신지의 여부를 확실히 알지 못합니다. 즉 아버지는 아직 근무 중일 수도 있고 아닐 수도 있습니다. 다시 말해 화자는 '아버지가 근무 중이면 들를 것이고, 근무 중이 아니라면 들르지 않겠다' 라고 말하고 있는 것입니다. 이 문장은 비록 접속사 if가 붙어 있더라도 가정법이 아니고, 확실하지 않지만 가능성 있는 사실을 조건을 달아 진술하는 직설법의 '단순 조건문' 입니다.

여기서 우리가 깨닫게 된 중요한 사실은 가정법의 성립 요건으로 접속사 if가 필수적인 것은 아니라는 점입니다. 즉, if가 붙어 있다고 무조건 가정법이 아니고, 또 if가 없더라도 시제의 개념을 달리하여 사실의 반대를 상상한다면 가정법일 수도 있다는 것입니다. (이후 Chapter 14에서 학습하게 될 'I wish (that) 가정법' 이 대표적인 그것입니다.)

직설법의 단순 조건문은 다음과 같이 명령형으로 자주 표현되기도 합니다.

· **Do your best, and** they will pay you.
최선을 다해라. 그러면 너에게 이익이 돌아갈 것이다.
= **If you do your best**, they will pay you.

· **Stop eating sweets, or** all of your teeth will decay.
단것을 그만 먹어라. 그렇지 않으면 이가 전부 썩을 것이다.
= **If you don't stop eating sweets**, all of your teeth will decay.

Practice 2

✤ 밑줄 친 부분에서 틀린 것을 고치시오.

1. Make haste, <u>and you will miss the train</u>.

2. <u>Hurry up, or</u> you will catch the train.

3. <u>If it rained</u>, we'll have to go indoors.

✤ 빈칸에 가장 적절한 어구를 고르시오.

4. A: I failed in the entrance exam.

   B: _____ next time, and you will succeed.
   a. Work hard   b. To work hard
   c. Working hard   d. Hardworking

5. Start right away, _____ you will be late.
   a. or   b. so
   c. then   d. and

Further Study 2

가정법과 시제 변동 개념

중·고교 시절 가정법을 배우며 흔히 접했던 예문이 있습니다.

- **If I were a bird, I could fly to you.**
  (가정법 과거: 내가 새라면 너에게 날아갈 텐데.)

이 문장을 다시 보면 오직 were하고 could만이 그렇게 부각되어 보일 수가 없습니다. 왜 분명 현재로 해석되는 것을 과거형으로 표현할까? 그것을 다음과 같이 이해해 봅시다.

"현실의 영역에서 허락된 표현법에 따라 나는 지금 마음대로 움직일 수 없는 구속의 상태에 놓여 있다. 다만 생각뿐이라도 이 구속의 현실을 벗어나고 싶다. 그러나 이곳의 시간 표현법은 나의 모습을 있는 그대로 그려 낼 뿐이다 (직설법). 그래서 나는 이곳을 벗어난 다른 영역의 시간 표현법을 써서 잠시나마 내 현실의 반대를 상상해 본다 (가정법)."

요컨대, 시간 영역의 지정된 시제 표현법에서 벗어나 반대로 하는 상상이 바로 '가정법'인 것입니다.

In some ways, every person's blood might be the same. But, (A) <u>when analyzed</u> under a microscope, distinct differences are visible. In the early 20th century, an Austrian scientist classified blood according to those differences. He was awarded the Nobel Prize for his achievements. If two different blood types (B) <u>were mixed together</u>, the blood cells may begin to clump together in the blood vessels, causing (C) <u>a fatal situation</u>. Therefore, it is important that blood types (D) <u>be matched</u> before blood transfusions take place. In an emergency, type O blood can be given because it is most likely to be accepted by all blood types.

1 (A)~(D) 중 어법상 잘못 사용된 것은?

a. (A)

b. (B)

c. (C)

d. (D)

2 다음 중 본문의 내용과 일치하지 <u>않는</u> 것은?

a. 모든 사람의 혈액은 기본적으로 동일하다.

b. 혈액형을 최초로 분류해 낸 사람은 상을 받았다.

c. 서로 다른 혈액형의 융합은 위험한 상황을 초래할 수 있다.

d. O형은 모든 혈액형에게 주어질 수 있다.

✤ **when analyzed under a microscope** 현미경 아래에서 분석되었을 때

접속사 when 다음에는 우리가 이미 알고 있는 주어 it과 be동사 is가 생략되어 있습니다. 접속사 다음에서 내용상 중복된 주어와 be동사는 흔히 생략되는 경향이 있기 때문입니다.

✤ **He was awarded the Nobel Prize** 그는 노벨상을 받았다

award는 4형식 동사로 쓰였습니다. 그래서 수동태를 만들어도 직접목적어인 the Nobel Prize가 그대로 남아 있게 되는 겁니다. 이런 것을 '보류목적어'라고 합니다. 능동태로 굳이 고치려 하지는 마십시오. 행위의 주체를 구태여 밝히지 않으려는 필자의 의도를 훼손할 필요가 뭐 있겠습니까?

✤ **it is important that blood types be matched before ~**

~하기 전에 혈액형이 일치되는 것은 중요하다

that절의 주어 blood types 다음에는 조동사 should가 생략되어 있습니다. important라는 말은 that절에 당위성을 부과합니다. 그 당위성이 that절에 should라는 말로 나타나게 되는데, 이것이 생략되면서 이어지는 동사를 원형으로 썼습니다. 이런 것을 바로 '가정법 현재'라고 합니다.

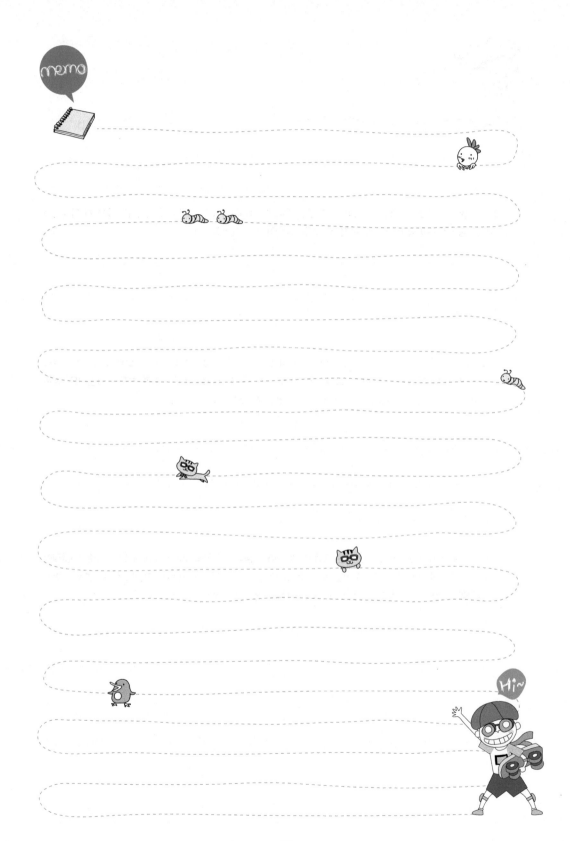

Chapter 13

가정법 과거완료, 가정법 현재, 가정법 미래
(Subjunctive Past Perfect, Subjunctive Present, Subjunctive Future)

가정법을 다룰 때 학생들이 알기 쉽도록 '깨진 시제'라는 말이 쓰이곤 합니다. 이 책에서는 '시제 변동 개념'이라는 말로 대신했습니다. 중요한 것은 가정법이라는 상위의 개념 하에 펼쳐지는 여러 가지 세부 항목들을 이해할 때 늘 염두에 두어야 할 개념이 바로 그 '시제 변동 개념'이라는 것입니다. 그렇게 본다면 가정법 과거완료는 크게 어렵지 않을 것입니다. 문제는 가정법 현재와 가정법 미래인데, 가르치는 방식도 다르고 학습자마다 이해하고 있는 개념이 천양지차라는 것입니다. 이제 확실히 오해를 접고 명쾌하게 이해해 보도록 합시다. 고수들끼리만 교통하며 쉬운 말로 잘 가르쳐 주지 않아 늘 마음 한구석이 허전하던 것들을 이제는 확실히 알게 될 것입니다.

우리는 시제 변동 개념의 원리를 적용하여 현재의 가정을 표현할 때는 과거로 진술한다는 것을 이미 앞에서 이해하였습니다 (가정법 과거). 그와 똑같은 원리로 과거의 가정을 표현할 때는 과거보다 앞서 있는 과거완료형을 씁니다 (가정법 과거완료). 그리고 가정법 현재와 가정법 미래는 개념 파악을 좀 다시 할 필요가 있습니다. 그럼 한번 살펴볼까요?

1. 가정법 과거완료

접속사 if가 이끄는 조건절에 과거완료형인 'had+p.p.'를 사용하여, 다음과 같이 가정법 과거완료 문장을 만들 수 있습니다.

- **If I had been taller, I would have become** a policeman.
  키가 좀 더 컸더라면 경찰관이 됐을 텐데.

- **If I had had more money, I could have bought** the car.
  돈이 더 있었으면 그 차를 살 수 있었는데.

위의 예문에서 조건절(if절)은 'had+p.p.'의 형태로 가정법 과거완료임을 분명히 보여 줍니다. 그런데 주절의 동사는 '과거형 조동사+have p.p.'의 형태입니다. 왜 그럴까요? '준동사의 시간 개념(Chapter 10)' 부분에서 완료부정사(to have+p.p.)를 배울 때 'have+p.p.'가 필요했던 것은 '형태상 원형, 내용상 과거'라는 두 가지 조건을 만족시키기 위해서였듯이, 가정법 과거완료의 주절에서도 조동사의 과거형 다음에 'have+p.p.'를 이용함으로써 과거완료를 나타낼 수 있게 되는 것입니다.

<u>If ~ **had+p.p.** ~, ~ **would/could/should/might+have+p.p.** ~.</u>
　　　　A　　　　　　　　　　　　　　　　　B
➡ 가정법 과거완료: 만일 A했다면, B했을 텐데. (과거완료로 표현된 과거의 반대 상상)

2. 가정법 현재

혹시 if절에서 다음과 같은 동사의 형태를 보신 적이 있나요?

- **If he be diligent, he will succeed** in the near future.
  부지런하다면 그는 가까운 장래에 성공할 것이다.

If절을 보면 he가 주어인데도 is가 아닌 동사원형 be가 쓰였습니다. 그렇지만 '현재 혹은 미래에 대한 단순한 가정, 상상 혹은 소망'을 나타내는 가정법 현재는 오늘날 적어도 if절 안에서는 거의 쓰이지 않습

124

니다. If he is diligent와 같이 직설법의 단순 조건문으로 표현하는 것이 일반적입니다.

그러나 주어에 관계없이 동사원형을 사용하던 용법이 완전히 사라지지 않고 현대 영어에 일부 남아 있습니다. 그것을 가정법 현재라고 부릅니다. 즉, 현대 영문법에서 '가정법 현재'란 주어에 관계없이 동사원형을 쓰는 몇몇 용례들을 가리키는 용어(term)가 된 것입니다. 그러니 시제변동 개념으로 접근하는 순수 가정법과는 다소 거리가 있다고 봐야 하겠지요.

a. 일부 that절 안에 should가 생략되고 동사원형만 남은 경우

아래의 예문에서 that절 내의 동사원형 remain, have를 보고 '가정법 현재'가 사용되었다 합니다.

· **The judge <u>commanded</u> that the thief (should) remain in prison for two years.**
  판사는 그 절도범이 교도소에서 2년간 복역할 것을 명령했다.

· **It is very <u>important</u> that every child (should) have the same education.**
  모든 아이들이 동일한 교육을 받아야 하는 것은 매우 중요하다.

이와 같이 가정법 현재는 that절 앞의 단어와 밀접한 관련이 있습니다. 그 내용은 대개 '명령·주장·제안·요구·중요·필요' 등을 의미하며, 후속하는 that절에 당위성을 부과합니다 (보다 자세한 내용은 Chapter 22 should편 참조).

b. 기원문이나 양보절에서

특히 양보절에서의 가정법 현재는 매우 문어적인 표현으로 일상 언어에서 자주 보기는 힘들지만 유명한 작가들의 에세이를 읽다 보면 심심찮게 등장하기도 합니다.

· **(May) God bless you!** (기원문)
  하나님의 은총이 계시길!

· **Be the matter what it may, you must take responsibility for it.** (양보절) **(= Whatever the matter may be, you must ~.)**
  그게 무슨 일이 됐건 너는 그것의 책임을 져야 한다.

· **Try as you may, you cannot do it for yourself.** (양보절) **(= However hard you may try, you cannot ~.)**
  아무리 열심히 노력해도 너는 그것을 혼자서 할 수는 없다.

✤ 다음 문장에서 틀린 부분을 고치시오.

1. I wasn't hungry at that time. If I was hungry, I would have eaten something.

2. I demanded that he apologized to the old gentleman right away.

✤ 빈칸에 가장 적절한 어구를 고르시오.

3. If he _____ the police honestly, he would not have been arrested.
   a. would have answered
   b. answered
   c. should answer
   d. had answered

4. If you had gone to the party last night,
   _____.
   a. you would meet John already
   b. you won't have missed John
   c. you will have met John
   d. you would have met John

5. I _____ that he follow my advice.
   a. suggest
   b. hope
   c. believe
   d. wish

조건절의 생략

가정법의 구성 요건에서 접속사 if가 필수적이지 않다는 것은 이미 짚어 보았습니다. 가정법이라는 것
이 시제 변동 개념이 적용된 반대 상황의 진술이라는 점을 이해한다면 조건절이 생략되고 남은 주절
의 형태만 보고서도 그것이 가정법이라는 것을 알 수 있을 것입니다.

- **You might at least have apologized to her.**
  너는 최소한 그녀에게 사과는 할 수 있었는데.
  (If you had been so minded, 생략)

- **I could have finished the work yesterday.**
  나는 어제 그 일을 끝낼 수도 있었는데.
  (If I had wanted to finish it, 생략)

우리가 흔히 외워 온 '과거에 이루지 못한 사실에 대한 후회나 유감'의 표현인 'should have+p.p.'
도 사실은 조건절이 생략된 가정법 과거완료의 주절에서 나온 표현입니다.

- **He should have studied harder.** 그는 좀 더 열심히 공부했어야 했다.

3. 가정법 미래

if절 내에 보통은 주절에서나 등장하는 should나 would, were to를 사용하는 것이 가정법 미래이며, 그 내용은 '실현 가능성이 희박한 일에 대한 가정'이라고 설명하는 문법책들이 많은데 반드시 그렇지만은 않습니다. 일부 문법학자들은 가정법 미래의 시제형을 보고 오히려 가정법 과거에 포함시키기도 합니다. 그렇다고 많은 책에서 다루고 있는 가정법 미래를 완전히 무시하기도 힘듭니다. 따라서 이러한 것들을 가정법 미래라는 범주에 두기는 하되 각각 하나씩 개별 용법으로 익히는 것이 훨씬 효과적일 듯합니다.

a. If ~ should ~

① If you **see** him, please give him my best regards.

② If you **should see** him, please give him my best regards.

위 두 문장의 의미는 둘 다 '그를 보면, 안부를 전해 주십시오'입니다. 그런데 문장 ②에서는 should를 씀으로써 단순 조건문 ①보다 그를 만날 가능성이 더 희박함을 나타냅니다. 이때의 should는 '만일에, 혹시라도'와 같은 의미로 번역하는 것이 좋습니다. 이러한 should는 '공손한 요청이나 제안'을 할 때 많이 사용됩니다.

b. If ~ were to ~

· If the boss **were to come** in now, we would be in real trouble.

If the boss **should come** in now, we would be in real trouble.

If the boss **came** in now, we would be in real trouble. (가정법 과거)
지금 상관이 들어오면 큰일이다.

기존의 문법책들은 주로 were to를 이용한 가정법이 현재나 미래의 전혀 있을 수 없는 일에 대한 상상에 쓴다고 설명하지만, 그건 좀 문제가 있습니다. 그러면 가정법 과거의 '내가 만일 새라면 너에게 날아갈 수 있을 텐데(If I were a bird, I could fly to you.)'는 있을 수 있는 일이란 말입니까? 사실 위의 세 문장은 의미의 차이가 매우 미묘합니다. 일부 서적에서는 were to가 가정법 과거에 비해 다소 비단정적(tentative)인 뉘앙스를 준다고 하지만 그것까지 지금 다룬다는 것은 너무 무리가 아닐까 싶습니다. 오히려 알아 두어야 할 것은 were to는 상태(state)를 의미하는 동사와는 함께 사용하지 않는다는 점입니다.

· If I **knew** her name, I would tell it to you.
그녀의 이름을 안다면 너에게 말해 줄 텐데.

· If I **were to know** her name, I would tell it to you. (X)
(know는 '알고 있는 상태'를 나타내므로 were to와 쓰지 않음.)

c. If ~ would ~

아무 때나 if절에 would를 쓰지는 않습니다. 주로 남에게 '무엇인가를 부탁' 하거나 '어떠한 일이 일어나기를 바랄 때' if절 내에 would를 씁니다.

· I would be grateful if you **would send** me your book as soon as possible.

가능한 빨리 책을 좀 보내 주시면 고맙겠습니다.

· If this **would happen** to our family, we would feel really happy.

이런 일이 우리 가족에게 일어난다면 정말 행복할 텐데.

✤ 빈칸에 가장 적절한 어구를 고르시오.

1. If anything _____ to me, please give this letter to my wife.
   a. is happening
   b. should happen
   c. will happen
   d. were happening

2. If his son _____ die before him, the property would be divided among his grandchildren.
   a. were to
   b. will
   c. have to
   d. shall

3. We would be grateful if you _____ send us more information.
   a. would
   b. will
   c. shall
   d. might

4. If you _____ see Jane, what would you tell her?
   a. are
   b. will be going
   c. must
   d. were to

5. If you _____ move your chair a bit, we could all sit down.
   a. can
   b. were to
   c. might
   d. will

If ~ should ~, 명령법·직설법·가정법

직설법이면 직설법, 가정법이면 가정법으로의 패턴이 어느 정도 맞추어진 여타의 구문과는 달리, 조건절에 should가 쓰였을 때는 주절에 법(mood)의 세 가지 형태가 모두 등장할 수 있습니다. 뜻의 차이를 정확히 구별한다는 것은 거의 어렵다고 봐야 합니다. 아래의 세 문장을 비교해 보십시오. 그리고 셋 모두 다 가능함을 기억해 두십시오.

- **If I should die, please offer my heart to someone who needs it.** (명령법)
  내가 죽으면 제발 내 심장을 필요로 하는 사람에게 기증해 주시오.

- **If I should die, I will offer my heart to someone who needs it.** (직설법)
  내가 죽으면 나는 심장을 필요로 하는 사람에게 기증하겠다.

- **If I should die, I would offer my heart to someone who needs it.** (가정법)
  내가 죽으면 나는 심장을 필요로 하는 사람에게 기증하겠다.

Many people went outside around August 27 this year to observe the close encounter between Earth and Mars. On August 27, when Mars were closer to Earth than ever in human history, the one-way travel time of light was just 3 minutes and 6 seconds. Thus, if you had turned a light toward Mars that day, (A) _____ Mars in 186 seconds. Mars was so bright that even the lights of the city didn't get in the way. If you (B) _____ this astronomical show, you're really out of luck. Mars will not be this close again until the year 2287.

1 다음 중 빈칸 (A)에 들어갈 내용으로 가장 알맞은 것은?

a. it had reached
b. it would have reached
c. it reached
d. it was reaching

2 다음 중 빈칸 (B)에 들어갈 내용으로 가장 알맞은 것은?

a. miss
b. missed
c. are missing
d. will miss

✚ **around August 27 / on August 27** 8월 27일경에 / 8월 27일에

around는 시간상의 근접을 나타내는 것으로 about, toward(s)와 같은 의미이며, on은 해당하는 날짜를 의미하는 것으로 서로 차이가 있습니다. 이와 같은 단어의 쓰임새는 문장 속에서 확인하는 것이 가장 오래 남고 정확하게 기억하는 방법입니다.

✚ **than ever in human history** 인류 역사상 어느 때보다

'(과거) 어느 때보다'를 의미하는 말로 잘 쓰이는 것이 바로 이 than ever입니다. 이와 유사한 표현으로는 than usual, than before와 같은 것이 있습니다.

✚ **Mars will not be this close again** 화성은 다시는 이렇게 가까워지지 않을 것이다.

여기서 쓰인 this는 뒤따르는 close를 수식하는 부사로 쓰였습니다. 이처럼 지시대명사 혹은 지시형용사로만 알고 있는 this가 부사로 사용될 수도 있습니다. 참고로 말하면 that의 경우도 이와 같습니다.

◑ My arm doesn't reach **that** far. 내 팔은 그렇게 멀리까지 닿지 않는다.

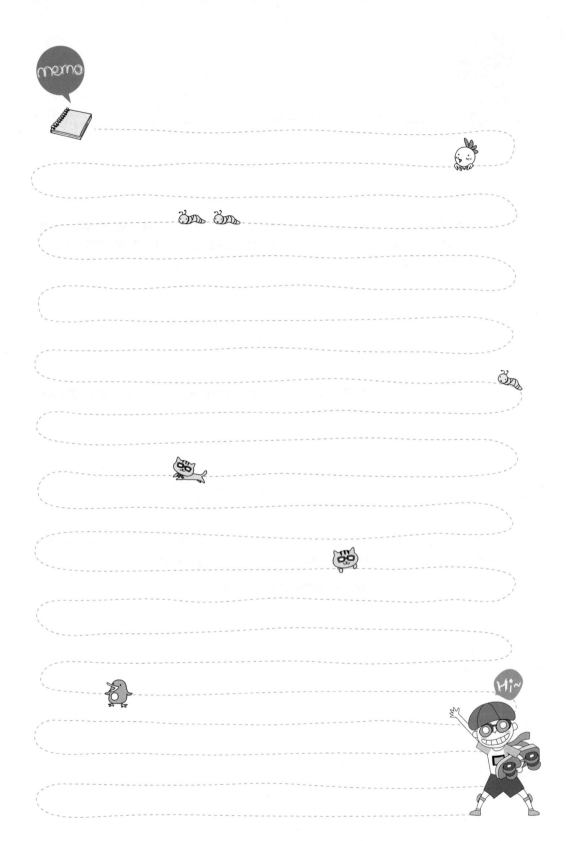

Chapter 14

기타 가정법 관련 구문
(Miscellanies of the Subjunctive)

모든 것이 배운 대로 딱딱 들어맞으면 좋겠지만 이 세상에는 그렇지 않은 경우가 더 많은 것 같습니다. 영어 문법도 이와 다르지 않습니다. 그러나 가만히 들여다보면 그 속에는 이해할 여지가 분명히 있습니다. 그리고 시간이 어느 정도 흐르면 그 복잡해 보였던 내용들이 서로 연결 고리를 가지고 있는 것이 나타나며, 문제가 있었던 것은 다름 아닌 자신의 편견이었음을 깨닫게 됩니다. 이제부터 다룰 가정법의 마지막 내용이 바로 그러한 것들입니다. 최대한 자세하게 설명을 해 보았으니 외우려 하지 말고 가급적 천천히 이해하며 읽으십시오. 이해가 다 된 것 같으면 반드시 '외우려고 노력하십시오.' 암기를 귀찮아해서는 어떤 공부도 잘할 수 없습니다. '이해 후 암기,' 이것 앞에서는 어떠한 시험도 무릎을 꿇게 될 것입니다.

'시간 개념'으로 접근했던 가정법의 개념은 어디에나 그대로 적용됩니다. 다만 이제부터는 그 개념을 좀 더 심도 있게 이해함으로써 보다 넓은 상위 개념의 원리를 찾아내고자 합니다. 필자의 경험으로는 학생들이 가장 까다로워하는 문법 중의 하나가 바로 이 부분이었습니다.

1. 혼합가정문

> · If I **had followed** your advice then, I **would** be better off now.
> 그때 너의 충고를 따랐더라면, 지금은 더 잘살 텐데.

다시 말해, '과거에 너의 충고를 받아들이지 않아 지금은 잘살지 못한다' 라는 뜻으로 if절은 과거 사실에 대한 반대의 상상이므로 가정법 과거완료를 썼고, 주절은 현재 사실에 대한 반대의 상상이므로 가정법 과거를 이용하여 표현했습니다. 이러한 종류의 문장을 '혼합가정문' 이라고 부릅니다.

2. if의 생략

조건절에서 if를 생략할 수도 있습니다. 이때는 주어와 동사의 위치가 바뀌는 '도치(inversion)' 현상이 일어납니다. 격식을 차린 문어체에서 흔히 볼 수 있습니다. were나 조동사 had, should 등을 문장의 앞으로 보내면 되고, 일반 동사의 경우에는 조동사 do의 과거형 did를 이용합니다.

· If he were my father, ...	➡	**Were** he my father, ...
· If I had known her name, ...	➡	**Had** I known her name, ...
· If you should see her, ...	➡	**Should** you see her, ...
· If I knew his address, ...	➡	**Did** I know his address, ...

3. if를 대신할 수 있는 표현

접속사 if의 의미를 나타낼 수 있는 표현들이 몇몇 있습니다. 물론 약간씩의 의미 차이는 있습니다. 그러한 표현들 뒤에는 if가 이끄는 절과 마찬가지로 직설법이 올 수도 있고 가정법이 올 수도 있습니다. 문법이라기 보다는 어휘를 늘린다는 개념으로 접근하면 가장 무난할 듯합니다. 분사로 된 일부 표현은 Chapter 11 중 '분사의 관용적 표현'에서 이미 보았던 것들도 있습니다.

- **Suppose[Supposing] (that) you were in my place, what would you do?** (만약 …이라면)
  당신이 내 처지라면 어떻게 하시겠습니까?

- **They will lend us their apartment on condition (that) we clean it.** (…라는 조건으로)
  그들은 아파트를 우리가 청소를 해 준다는 조건으로 빌려 줄 것이다.

- **You can borrow my book providing[provided] (that) you bring it back.** (…라는 조건으로)
  너는 내 책을 반환한다는 조건으로 빌려 갈 수 있다.

- **Grant[Granting, Granted] (that) the house is old, I still want to buy it.** (비록 …이라 하더라도)
  저 집은 오래되긴 했으나 그래도 사고 싶다.

- **You're welcome to stay with us as[so] long as you share the expenses.** (…하는 한)
  비용을 분담하는 한 우리와 함께 머물러도 좋습니다.

- **Imagine (that) we could all fly. Wouldn't that be fun?** (…을 가정해 보자)
  우리 모두가 날 수 있다고 가정해 보자. 재미있지 않을까?

- **In case (that) the house burns down, we'll get some money from the insurance company.** (…인 경우에는)
  집이 불에 탈 경우 우리는 보험회사로부터 약간의 돈을 받게 될 것이다.

- **Say[What if] he gets home before us and can't get in?** (…라면 어떡할까?)
  그가 우리보다 먼저 집에 도착해서 들어가지 못하면 어쩌지?

- **Come tomorrow unless I call you.** (만일 …하지 않는다면)
  (= Come tomorrow if I don't call you.)
  내가 전화하지 않으면 내일 오너라.

✤ 다음 문장에서 **틀린** 부분을 고치시오.

1. I would like to know could you help me repair my car.

2. He might be successful was he a little more willing to try.

3. If it had not rained last night, the road would not have been so muddy now.

✤ 빈칸에 가장 적절한 어구를 고르시오.

4. If our country had built more homes for poor people, the housing problems now _____ so serious.
   a. wouldn't be   b. will not have been
   c. wouldn't have been   d. would have not been

5. "He would go to see you." "_____ he cannot come?"
   a. What if   b. Where if
   c. What come   d. Why whether

were ↔ was

가정법 과거의 be동사는 주어에 관계없이 were를 사용한다는 것이 일반적인 학교문법(School Grammar)이긴 합니다만, 실제로는 were 대신에 was도 얼마든지 쓰입니다. 그래서 were가 맞는지 was가 맞는지 하는 시험 문제는 출제하기가 참 곤란합니다. 그런데 was가 were의 대용으로 허용이 안 될 때가 있습니다. 이미 문제 2번에서 보았듯 접속사 if가 빠지고 도치가 된 경우와 또 다음에 제시되는 것과 같은 고정된 표현들에서도 그렇습니다.

- **If I were (was) in your position**, I would accept their offer.
  내가 당신의 입장이라면 나는 그들의 제안을 수락할 것입니다.

- **If I were (was) you**, I would not do such a rude thing.
  내가 너라면 그렇게 무례한 짓은 하지 않겠다.

- **He is, as it were (was)**, a walking dictionary.
  그는 말하자면 살아 있는 사전이다.

- **If it were (was) not for** water, no fish could live.
  물이 없다면 물고기는 살 수 없을 것이다.

4. if절의 내용을 대신하는 표현

to부정사구, 분사구문, 명사구, 부사(구)등이 if절의 내용을 대신하는 표현으로 쓰일 수 있습니다. 문장 전환 (paraphrasing)에 너무 스트레스를 받는 학생들이 있는데 그럴 필요 없습니다. 각 표현의 의미를 천천히 음미해 보며 해석 연습을 하다 보면 문장을 서로 바꿔 쓸 수 있는 안목이 자연스레 생겨나게 됩니다.

· **To see her**, you would be surprised by her beauty.
  (= If you saw her, ...)
  그녀를 보게 되면 당신은 그녀의 미모에 놀랄 것입니다.

· **Born in better times**, I would have become a great musician.
  (= If I had been born in better times, ...)
  더 좋은 시대에 태어났더라면 나는 위대한 음악가가 됐을 텐데.

· **A clever man** would not make such a mistake.
  (= If he were a clever man, he ...)
  현명한 사람이라면 그런 실수를 하지 않을 것이다.

· I wrote a letter to him without delay; **otherwise**, he would
  have worried about me.
  (= ~ if I had not written a letter...)
  나는 지체 없이 그에게 편지를 썼다. 그렇지 않았다면 그는 나를 염려했을 것이다.

5. but for, without, with

but for, without과 with는 모두 가정법의 조건절을 대신할 수 있는 전치사(구)로서 if절로 바꾸어 쓸 때 주절의 형태를 보고 시제를 결정해야 합니다. 아래의 표현들은 하나의 고정된 표현으로 기억해 두어야 합니다.

· **But for** your help, I would not succeed. (…이 없다면)

  = **Without** your help, I would not succeed.

  = **If it were not for** your help, I would not succeed.

  = **Were it not for** your help, I would not succeed.

  너의 도움이 없다면 나는 성공하지 못할 것이다.

· **But for** your help, I would not have succeeded. (…이 없었다면)

  = **Without** your help, I would not have succeeded.

  = **If it had not been for** your help, I would not have succeeded.

  = **Had it not been for** your help, I would not have succeeded.

  너의 도움이 없었다면 나는 성공하지 못했을 것이다.

· **With** your help, I could start a new business. (···이 있다면)
= **If I had** your help, I could start a new business.
너의 도움이 있다면 나는 새로운 사업을 시작할 수 있을 것이다.

· **With** your help, I could have started a new business. (···이 있었다면)
= **If I had had** your help, I could have started a new business.
너의 도움이 있었다면 나는 새로운 사업을 시작할 수 있었을 것이다.

✤ 주어진 단어를 이용하여 제시된 우리말을 영작하시오.

1. 물이 없다면, 모든 생물은 곧 죽게 될 것이다.
(water, without, soon, all things, would, die)

2. 물이 없었더라면, 모든 생물은 죽었을 것이다.
(for water, had, it, would have, not been, all things, died)

✤ if 절을 이용하여 다음 문장을 다시 쓰시오.

3. To hear Mr. Lee speak, you would take him for an American.

4. But for the pension, he would starve to death.

5. With luck, we'll be there by Wednesday.

6. as if (마치 …처럼)

as if와 관련해서는 다음의 두 문장에서 알 수 있듯이 이 표현이 꼭 가정법에서만 쓰이는 것은 아니라는 점을 확인해 두어야 합니다. 습관적으로 'as if 가정법'이라고 말해서는 안 됩니다.

a. She talks as if she is rich.

b. She talks as if she were rich.

두 문장 모두 '그녀는 부자인 것처럼 말한다'로 해석됩니다. 그러나 종속절의 동사형을 보면, (a)에서는 직설법 동사가 사용되었고 (b)에서는 가정법 동사(가정법 과거)가 사용되었습니다. 즉 (a)의 경우 she는 실제로 부자인 반면, (b)의 she는 거짓으로 부자 행세를 하고 있는 것입니다. 이처럼 as if는 반대의 상상을 하는 가정법은 물론이려니와 있는 사실을 그대로 진술하는 직설법에서도 얼마든지 쓸 수 있는 표현입니다.

다시 가정법으로 돌아와 봅시다. 좀 전의 예문 (b)에서 종속절의 내용을 한 시제 앞으로 당긴 '그녀는 자기가 마치 부자였던 것처럼 말한다'는 어떻게 표현할까요? 네, 그렇습니다. 그것은 다음의 예문 (c)와 같이 조건절에 가정법 과거완료를 쓰면 됩니다.

c. She talks as if she had been rich.

이제까지는 앞서 배운 가정법 과거와 가정법 과거완료의 개념에 그대로 들어맞았기 때문에 이해하기에 크게 어렵지는 않았을 것입니다. 그런데 이 as if가 좀 까다로운 구석이 있습니다. 그것은 바로 주동사인 talks의 시제가 변할 수 있다는 것입니다.

d. She talked as if she were rich.

e. She talked as if she had been rich.

(d)에서 as if 다음에 가정법 과거가 사용된 것을 보고 단순히 현재 사실의 반대라고 생각하여 '그녀는 (현재) 부자인 것처럼 (과거에) 말했다'로 해석하면 논리적으로 어긋난 표현이 되고 맙니다. 잘 보세요. (d)와 (e)는 각각 다음과 같이 해석됩니다.

(d) 그녀는 자기가 마치 부자인 것처럼 말했다.
(e) 그녀는 자기가 마치 부자였던 것처럼 말했다.

왜 이런 일이 일어날까요? 그것은 지금껏 보아 왔던 독립된 가정법 문장들과는 달리, as if의 경우는 가정법이 종속절 내에 위치하고 있어서 주절에 있는 동사의 시제 변화에 영향을 받기 때문입니다. 따라서 b~e, 네 경우의 뜻을 정확히 파악하려면 다음과 같이 이해하는 것이 편합니다. "as if 다음의 과정법 과거는 본동사와 동일한 시제, 가정법 과거완료는 본동사보다 하나 앞선 시제로 해석한다." 이와 관련해 보다 폭넓게 이해한다면 Further Study 2를 참조하기 바랍니다.

7. I wish (that) (…면 좋을 텐데)

as if 다음에 직설법이 올 수도 있는 것과는 달리 I wish 다음의 that절에는 반드시 가정법이 쓰이고, 그 내용은 후회, 아쉬움, 있을 것 같지 않은 일을 나타냅니다.

· **I wish (that) I were rich.** (= I'm not rich.)
부자라면 좋을 텐데.

· **I wish (that) I had been rich.** (= I wasn't rich.)
부자였다면 좋을 텐데.

as if의 경우와 마찬가지로 본동사가 과거형인 wished로 바뀌는 경우에는 '가정법 과거는 본동사와 동일 시제, 가정법 과거완료는 본동사보다 하나 앞선 시제'의 원리를 적용하여 이해하면 됩니다.

· **I wished (that) I were rich.** (바라는 것도 과거, 부자인 것도 과거)
부자라면 좋았을 텐데.

· **I wished (that) I had been rich.** (바라는 것은 과거, 부자인 것은 그보다 앞선 대과거)
부자였었다면 좋았을 텐데.

Practice 3

✚ 다음 문장에서 **틀린** 부분을 고치시오.

1. Why is he looking at me as though he knows me? I've never seen him before.

2. He talks as if he went to America before. Actually he has never been there.

3. I wish today is Sunday.

✚ 빈칸에 가장 적절한 어구를 고르시오.

4. Don't act as if you _____ the only pebble on the beach.
   a. are   b. were
   c. have been   d. would be

5. It's so hot in this room. I wish _____ the window.
   a. you would open   b. your opening
   c. you will open   d. you shall open

예외가 아닌데…

가정법 과거는 현재 사실의 반대, 가정법 과거완료는 과거 사실의 반대, 이렇게 알고만 있다가 as if, I wish에 사용된 가정법을 보고 다소 의아스러웠을 것입니다. 그리고 많은 책들에서 이러한 가정법의 해석상 변화를 예외로 처리하고 있는 것이 사실입니다. 그러나 그것은 예외가 아니고 너무나 당연한 결과입니다. 문제는 현재 사실의 반대, 과거 사실의 반대와 같은 우리의 고정된 사고방식 때문이었습니다. 이렇게 이해해 보십시오. "가정법 과거는 언급되고 있는 그 순간에 대한 반대 상상, 가정법 과거완료는 언급되고 있는 순간 이전에 대한 반대 상상"으로 말입니다. 이렇게 보면 지금까지 배워 왔던 가정법은 모두 한 원리로 이해될 수 있습니다. Chapter 12의 Further Study 2를 보고 다시 아래의 예문을 보십시오.

1. 가정법이 독립된 문장으로 쓰인 경우

- **If I were a bird, I could fly to you.**
  가정법 과거 → 현재 사실의 반대 (언급 순간 현재)

- **If I had been a bird, I could have flown to you.**
  가정법 과거완료 → 과거 사실의 반대 (언급 순간 현재)

2. 가정법이 직설법 동사가 이끄는 종속절에서 쓰인 경우

- **I wish (that) I were a bird.**
  가정법 과거 → 현재 사실의 반대 (언급 순간 현재(wish)).

- **I wished (that) I were a bird.**
  가정법 과거 → 과거 사실의 반대 (언급 순간 과거(wished)).

- **I wish (that) I had been a bird.**
  가정법 과거완료 → 과거 사실의 반대 (언급 순간 현재(wish)).

- **I wished (that) I had been a bird.**
  가정법 과거완료 → 과거 이전의 사실에 대한 반대 (언급 순간 과거(wished)).

Are <u>electronic devices</u> becoming (A) <u>preferable to meeting</u> someone face to face? There was a guy who had had great online conversations with a woman in another city. Her charm and intellect made her a fascinating companion for years (B) <u>till she announced</u> that she was passing through the town and wanted to meet him. As all of you might guess, it was a terrible disaster. They hemmed and hawed and looked away (C) <u>as if they are stripped naked</u>. It took them several months to suppress that moment of reality and regain their (D) <u>elegant online personalities</u>.

1 (A)～(D) 중 어법상 잘못 사용된 것은?

a. (A)

b. (B)

c. (C)

d. (D)

2 다음 중 밑줄 친 electronic devices에 대한 설명으로 가장 적절한 것은?

a. 아주 편리한 수단이다.

b. 기대를 저버릴 수 있다.

c. 발전의 여지가 매우 많다.

d. 차라리 예전이 좋았다.

✤ preferable to ~ing ～하는 것보다 더 나은

이 구문에서는 두 가지를 조심해야 합니다. 첫째, to는 전치사이므로 뒤에는 (동)명사가 온다는 사실이며, 둘째, preferable은 이미 more desirable의 의미로 그 속에 비교의 뜻을 내포하고 있으므로 more preferable처럼 써서는 안 된다는 것입니다.

◯ till she announced she was passing through the town
　마침내 (그녀가 사는) 동네를 지나가게 되었다고 알려왔다

till을 '～까지'로 이해하여 해석을 뒤에서부터 하면 내용이 너무 복잡해지게 됩니다. 이러한 경우에는 till앞까지 먼저 끊고 나서, till을 '(그러다가) 마침내'로 해석하면 긴 문장도 자연스럽게 해석할 수 있습니다.

✤ It took them several months to suppress ~ 그들이 ～을 억누르는 데는 여러 달이 걸렸다

'～하는 데 …의 시간이 걸리다'의 가장 전형적인 표현입니다. 숙어(idiom)는 아니지만 늘 볼 수 있는 표현입니다. 나중에 가면 이와 같은 fixed expression을 누가 많이 알고 있느냐가 영어 실력의 분수령이 됩니다. '통으로 암기'하는 습관보다 더 좋은 외국어 학습법은 없습니다.

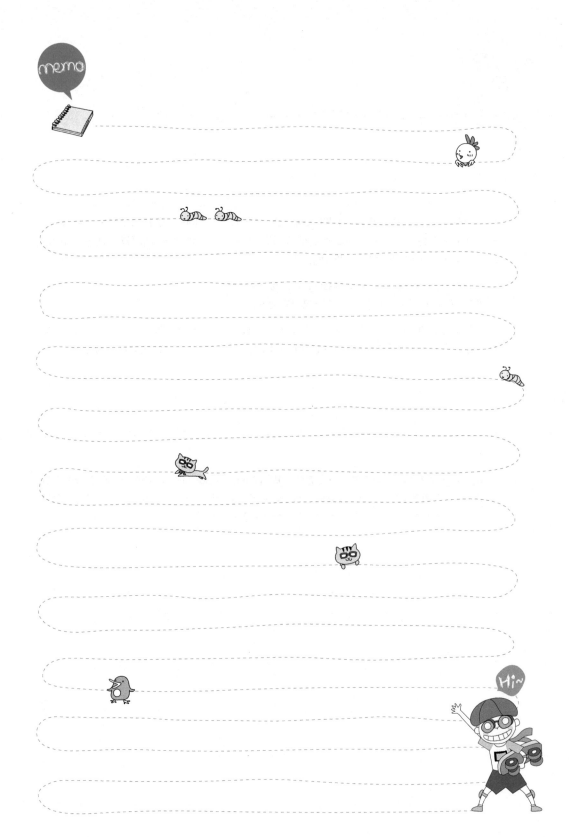

Chapter 15

수동태란 무엇인가?
(The Passive)

현상(phenomenon)은 항상 본질(essence)로 설명이 가능한 것이기에 언제나 그 본질을 찾아서 가르치려 애쓰고 있습니다. 수동태 역시 그러한 식으로 접근해야 할 것입니다. 즉, 어떻게 쓰느냐의 문제보다는 왜 이러한 것이 필요할까라는 것에 관한 대답이 선행되어야 할 것입니다. 사실, 과거에는 능동태를 수동태로 바꾸는 연습만 열심히 했던 것 같습니다. 우리말에도 '사동'과 '피동'이 있는 것처럼 영어에도 '능동'과 '수동'이라는 것이 있습니다. 쉽게 말한다면 '능동'과 '수동'은 '하다'와 '되다'의 문제라고 할 수도 있을 것입니다.

일단은 능동태를 수동태로 바꾸는 연습을 하겠습니다. 문장 바꿔 쓰기 연습이 안고 있는 문제는 학습자들에게 그 두 가지의 의미가 같다는 착각을 유발할 수도 있다는 것입니다. 그렇다고 반드시 그런 것도 아닙니다. 또 타동사의 경우, 언제나 수동태로 변형이 가능한 것도 아닙니다. 이제부터 자세히 알아보도록 하겠습니다.

1. 수동화(passivization)

다음 문장을 봅시다.

· I cooked the spaghetti.
내가 그 스파게티를 요리했다.

위 문장은 '주어+동사+목적어'로 이루어진 3형식의 능동태 문장입니다. 주어인 I는 요리를 하는 동작의 주체이고 the spaghetti는 그 동작을 받는 대상, 즉 객체가 됩니다. 여기서 동작을 받는 대상, 즉 목적어를 새로운 문장의 주어로 만들어 '그 스파게티는 나에 의해 요리되었다'라는 의미로 다음과 같이 바꾸어 쓸 수 있습니다.

· The spaghetti was cooked by me.

자, 어떠한 변화가 일어났습니까? 우선 동작의 객체이던 목적어가 주어로 변화되었습니다. 그리고 동사는 'be+p.p.'의 형태가 되었으며, 원래 문장의 주어는 'by+목적격'의 형태로 바뀌어 동작의 행위자를 나타냅니다. 이와 같이 능동태의 목적어를 주어로 만드는, 즉 객체를 주체화시키는 과정을 수동화라고 합니다. 이것이 바로 학교 문법에서 수동태(passive voice)라고 부르는 것입니다.

2. 수동태는 능동태의 단순한 변형이 아니다

수동태는 능동태로부터 시작되었으므로 능동태의 의미는 항상 수동태와 같고, 모든 능동태는 수동태로 고칠 수 있다고 생각하지만 실은 그렇지 않습니다. 수동태에 나름대로의 존재 목적이 있음에 유의해야 합니다.

a. 초점(focus)의 변화

앞의 수동태 문장에서 관심사는 '누가 요리를 했는가'가 아니고 '무엇이 요리되었는가' 입니다. 즉 "I cooked the spaghetti"에서 묘사의 초점이 I였다면, 수동태 문장에서는 그 초점이 요리의 대상인 spaghetti에 있습니다. 목적어를 주어로 만들어 부각시킨 것입니다.

b. 불확실한 능동문의 주어 – 수동태 표현의 불가피성

① **My grandfather was killed in the Korean War.**

나의 할아버지께서는 한국전쟁에서 전사하셨다.

② **Rome was not built in a day.**

로마는 하루아침에 이루어진 것이 아니다.

예문 ①을 보면 나의 할아버지가 전쟁 중에 돌아가신 것은 확실한데 누구한테 죽음을 당했는지는 알 수 없습니다. 또 예문 ②에서는 로마가 하루아침에 이루어지지 않은 것은 알지만 누가 그 행위자인지 알 수 없습니다. 사실상, 수동태로만 표현되는 이와 같은 문장들은, 능동태로 적고 싶어도 그 명확한 주어를 알 수 없거나 굳이 밝히고 싶지 않은 경우에 주로 쓰입니다.

c. 공고(formal notice), 보도(report) 등의 고정 표현

· **Passengers are requested to remain seated until the plane comes to a complete stop.**

비행기가 완전히 멈출 때까지 승객들은 착석해 주십시오(앉아 있도록 요구됩니다).

· **Trade Agreements (Were) Broken**

무역 협상 결렬

모든 능동태를 수동태로 고칠 수는 없다.

✚ 다음 문장에서 틀린 부분을 고치시오.

1. I was very interesting in the music.

2. The criminal has put in prison for ten years.

3. Most people don't enjoy being criticizing by others.

4. I don't want to criticized by other people.

5. Doctor Lee has liberal political opinions, which are reflection in his books.

Further
Study 1

1. be + -ing ↔ be + p.p.

문제 1번과 같은 현재분사와 과거분사의 혼동 문제는 출제자들이 가장 많이 노리는 유형 중의 하나 입니다. be동사는 수동태를 만들기 위해 과거분사와 결합할 수도 있지만, 진행형을 만들기 위해 현 재분사와 결합할 수도 있기 때문입니다.

- **He was calling her then.** (능동태 – 과거진행)
- **He was called by her.** (수동태 – 단순과거)

2. have + p.p. ↔ be + p.p.

또한 과거분사(p.p.)는 수동태뿐만 아니라 완료형을 만들 때도 사용되므로 더욱 각별한 주의를 요합 니다. 결국 수동태와 관련한 기본 사항은 문장의 정확한 의미를 파악하는 것이 무엇보다 중요하다고 할 수 있습니다.

- **The court has called me as a witness.** (능동태 – 현재완료)
- **I was called to court as a witness.** (수동태 – 단순과거)

3. 혼동하기 쉬운 수동태 – 개별 용법으로 접근

수동태는 쉽게 말해 능동문의 목적어가 주어로 변화된 형식의 문장입니다. 즉 수동태가 되기 위해서는 문장 속에 목적어가 필요합니다. 그러므로 수동태는 목적어를 취할 수 있는 동사, 즉 타동사(transitive verb)가 쓰인 문장에서만 가능합니다. 또 어떤 경우는 타동사라 하더라도 수동태가 되지 않을 때가 있습니다. 이러한 '수동태 불가 타동사'는 동작이 아닌 상태를 나타내는 '상태 동사(stative verb)'인 경우가 대부분입니다.

- · They **have** a nice house. (O)　A nice house **is had** by them. (X)
  그들에게는 멋진 집이 있다.

- · This shirt **doesn't fit** me. (O)　I am **not fitted** by this shirt. (X)
  이 셔츠는 나에게 맞지 않는다.

- · He **resembles** his father. (O)　His father **is resembled** by him. (X)
  그는 그의 아버지를 닮았다.

어떤 동사를 수동태로 표현할 수 없는가에 대한 단순 명료한 규칙은 없습니다. 타동사는 원칙적으로 수동태가 이루어지는 동사이지만, 의미가 부자연스럽다면 수동태로 쓰이지 않을 수도 있습니다. 구문과 의미가 항상 일정한 관계를 유지하는 것은 아니므로 언어를 학습할 때 상당한 융통성이 요구됩니다. 또한 이것은 경험적으로 습득되는 일종의 '감'의 문제이기도 합니다. 사실 많은 동사에 자동사와 타동사의 양면성이 있으며(예문 a, b), 또 자동사 자체에 수동의 의미를 포함하는 동사들도 상당수 있습니다(예문 c, d, e).

- a. The door **opened** (by itself). (자동사로서의 open)
  문이 열렸다. (저절로)

- b. The door **was opened** (by someone). (타동사로서의 open)
  문이 열렸다. (누군가에 의해)

- c. This floor **cleans** easily.
  이 바닥은 쉽게 닦인다.

- d. These clothes **wash** well.
  이 옷은 잘 빨린다.

- e. This wine **sells** quickly.
  이 와인은 빨리 팔린다.

4. by 이외의 전치사 구문

수동태 문장에서 과거분사(p.p.) 다음에 오는 전치사로 반드시 by만 쓰이는 것은 아닙니다. 과거분사가 거의 형용사화된 이런 경우는 아예 'be+p.p.+전치사'의 구조로 보고 한 단어처럼 기억하고 있는 것이 편리합니다. 자주 쓰이는 예를 몇 가지 들어 보겠습니다.

- **· I am really interested in the subject.**
  나는 그 주제에 정말 관심이 많다.

- **· I was surprised/astonished/startled at the news.**
  나는 그 소식에 놀랐다.

- **· My parents were satisfied/contented/gratified with my report card.**
  부모님께서는 나의 성적표에 만족하셨다.

- **· The peak of Mt. Everest is always covered with snow.**
  에베레스트 산 봉우리는 항상 눈으로 덮여 있다.

상태 동사는 여러 가지 약점을 가지고 있다.

152

✤ 다음 문장에서 **틀린** 부분을 고치시오.

1. Thanks to the new vaccine, the liver disease had now been disappeared.

2. I am closely resembled by my son.

3. He is known primarily for a political cartoonist.

4. All forms of genes in this world are composed from nucleic acid.

5. Linda got married by Bill last year.

Further
Study 2

be known + to/as/for/by

문제를 통해 슬쩍 다루었지만 아무래도 확실히 다 확인해 보는 것이 좋겠습니다. 타동사 know의 수동태와 그에 동반된 전치사의 형태를 묻는 문제는 매우 빈번합니다. 역시, 가장 중요한 것은 문맥에 의한 정확한 의미 파악입니다. 문장의 해석으로 어떤 전치사를 사용할 것인가가 결정되기 때문입니다.

- He is well known to students in this community.
  (∼에게 알려지다 – 대상)
  그는 이 지역 학생들에게 잘 알려져 있다.

- He is known as an English teacher and dramatist.
  (∼으로 알려지다 – 자격, 신분)
  그는 영어 선생이자 극작가로 알려져 있다.

- He is known for his vast knowledge of linguistics.
  (∼때문에 유명하다 – 이유)
  그는 언어학에 관한 그의 방대한 지식으로 유명하다.

- A man is known by the company he keeps.
  (∼에 의해 판단되다 – 기준)
  사람은 그가 사귀는 친구를 보면 알 수 있다.

Worldwide, about a million people (A) <u>are poisoning</u> by pesticides each year; ten thousand of these victims (B) <u>die from</u> such poisonings. The risks are greatest in developing countries. Ninety-nine percent of the deaths (C) <u>caused by</u> agricultural chemicals occur in those countries. Many farm workers cannot read the warning labels about careful use, because they do not know how to read or because the label is (D) <u>in a foreign language</u>. The farmers may be totally unaware of the dangers of handling these chemicals. Often they don't know that they should avoid reusing pesticide containers for food or water.

1 (A)~(D) 중 어법상 잘못 사용된 것은?

a. (A)
b. (B)
c. (C)
d. (D)

2 다음 중 본문의 제목으로 가장 알맞은 것은?

a. 농부의 고달픈 삶
b. 개발도상국의 과제
c. 화학약품의 안전한 처리
d. 농약의 위험성 및 실태

✿ ~ die from such poisonings 그러한 중독으로 인해 사망한다

자동사 die 다음에 전치사로 of와 from 중 어느 것을 써야 할지 참 헷갈릴 때가 있습니다. 사전이나 문법책에서 '병, 굶주림, 노령'에는 of를, '부상'에는 from을 쓴다고 설명하고 있기 때문입니다. 하지만 외국의 저명한 어법서나 사전에서는 이렇게 구분하지 않는 것 같습니다. 다음의 예를 한번 보세요. 암(cancer)은 병인데도 from을 쓰고 있지 않습니까?

◎ The animals **died of** starvation in the snow. 동물들은 눈 속에서 굶주림으로 죽었다.
◎ patients who are **dying from** cancer 암으로 죽어 가는 환자들

✿ the label is in a foreign language 표시가 외국어로 되어 있다

language(언어)와 수반되는 전치사는 in을 씁니다. 이외에도 표현의 방식이나, 종류, 매개체를 나타낼 때도 쓰입니다.

◎ **in** this way 이런 (방)식으로
◎ **in** three shades of blue 청색의 세 가지 색조로
◎ speak **in** French 프랑스어로 말하다
◎ sing **in** a loud voice 큰 소리로 노래하다

✿ they should avoid reusing ~ 그들은 ~을 다시 사용하는 것을 피해야 한다

avoid는 동명사를 취하는 타동사입니다. avoid to reuse ~로 쓰지 않도록 조심해야 합니다.

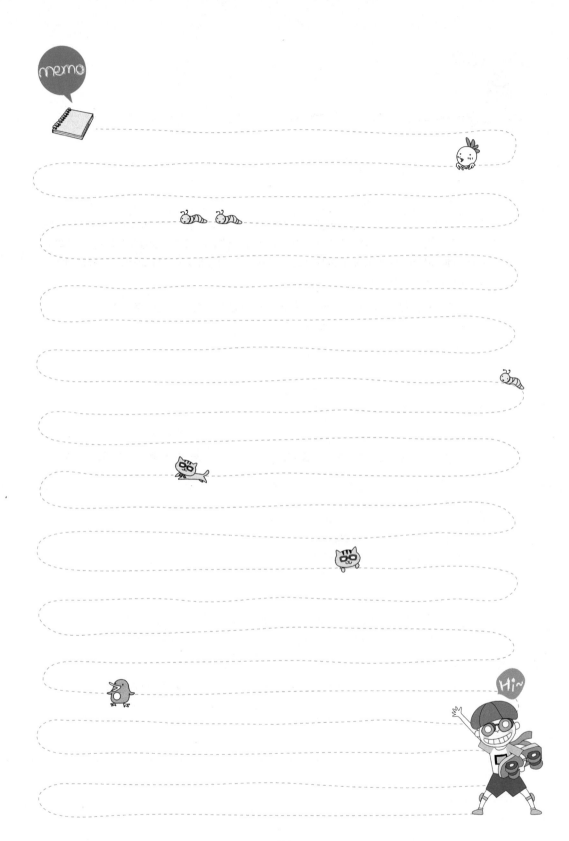

Chapter 16

4형식과 5형식의 수동태
(The Passive - 1. Verb with Two Objects
2. Verb with Objective Complement)

능동태 문장의 목적어를 주어로 한다는 수동태의 간단한 원리를 이용해 우리는 더 많은 것들을 시도해 볼 수 있습니다. 물론, 이미 Chapter 2에서 배웠던 4형식이니 5형식이니 하는 문장 형식이 중요한 개념으로 작용하겠습니다. 지금 이 시점에서 문장 형식을 혼동한다면 주저함 없이 다시 해당 부분을 꼼꼼하게 살펴보고 와야 합니다.

어떤 문장을 수동태로 바꾸기 위해서는 반드시 목적어가 필요하므로, 자동사로 이루어진 1형식과 2형식의 문장은 수동태로 바꿀 수가 없습니다. 아래의 예에서 보듯 자동사는 목적어가 없기 때문에 수동태의 주어로 삼을 대상이 없는 것입니다.

I went there by myself. (went는 1형식의 완전 자동사)
나는 거기에 혼자서 갔다.

She became the president of this club. (is는 2형식의 불완전자동사)
그녀는 이 클럽의 회장이 되었다.

그러나 3, 4, 5형식 문장에는 모두 목적어가 있기 때문에 수동태로 바꾸어 쓸 수 있습니다. 3형식 문장의 수동태는 이미 앞에서 학습했으므로 여기에서는 4형식과 5형식 문장의 수동태만 살펴보기로 합니다.

1. 4형식의 수동태

· He gave me a pen.
그는 나에게 펜을 하나 주었다.

우리가 흔히 수여동사라고 하는 동사가 들어 있는 4형식 문장은 '…에게'로 해석되는 간접목적어와 '…을[를]'로 해석되는 직접목적어를 가지고 있습니다. 목적어가 두 개라는 사실은 곧 수동태를 두 가지로 만들 수 있다는 뜻이 됩니다. 위의 문장을 수동태로 바꾸면 다음 두 문장이 가능합니다.

a. I was given a pen by him. (간접목적어 me를 주어로)

b. A pen was given (to) me by him. (직접목적어 a pen을 주어로)

그런데 b를 보니 남아 있는 간접목적어 me 앞에 전치사 to가 있는 것을 볼 수 있습니다. 이것은 4형식의 문장에서 간접목적어인 me와 직접목적어인 a pen의 위치를 바꿀 때의 위치가 수동태에 그대로 반영된 것이라 볼 수 있습니다. 즉 He gave me a pen을 He gave a pen to me의 3형식으로 바꾼 다음 다시 수동태로 바꾸다 보니 a pen이 주어로 나가고 to me는 was given 다음에 그대로 놓이게 되는 것입니다.

✤ 다음 문장을 수동태로 바꾸어 쓰시오.

1. They offered me the job.

2. I showed the policeman his picture.

✤ 다음 문장에서 틀린 부분을 고치시오.

3. That mountain has not been arrived so far by anybody.

4. The president of this club was become by her.

5. I was given for a pen by him.

4형식으로 쓰지 않는 타동사

어떤 동사들은 4형식으로 쓰이지 않습니다. 즉 간접목적어를 둘 수 없다는 뜻이지요. 외국의 권위 있는 문법책에서 가장 흔히 예로 드는 동사 세 개를 보도록 하겠습니다.

- I explained him the problem. (X)
  ➡ I explained the problem **to** him.
- He suggested me a good dentist. (X)
  ➡ He suggested a good dentist **to** me.
- He described us his wife. (X)
  ➡ He described his wife **to** us.

위 문장들의 수동태를 생각해 봅시다. 모두 3형식을 이루는 동사이므로 전치사 다음의 사람을 주어로 할 수 없고, 목적어 즉 타동사 다음의 말을 주어로 할 때 수동태가 성립할 수 있습니다.

- He was explained the problem. (X)
  ➡ The problem was explained to him.
- I was suggested a good dentist. (X)
  ➡ A good dentist was suggested to me.
- We were described his wife. (X)
  ➡ His wife was described to us.

2. 5형식의 수동태

a. 일반적인 5형식 동사

> · They elected Mr. Lee chairperson. 그들은 이 선생을 의장으로 선출했다.

위의 예문에서 elect라는 동사는 목적어와 그것을 보충해 주는 목적보어를 갖는 5형식의 불완전타동사로 사용되었습니다. 목적어는 Mr. Lee 하나밖에 없으므로 수동태는 다음 한 가지뿐입니다.

> · Mr. Lee was elected chairperson (by them).

원래 목적어와 목적보어의 관계였던 Mr. Lee와 chairperson은 Mr. Lee가 주어로 바뀌면서 주어와 주격보어의 관계로 바뀌게 됩니다. 즉, 5형식 문장을 수동태로 전환하면 주격보어를 가지는 2형식 문장으로 바뀝니다.

b. 지각동사, 사역동사가 쓰인 문장의 수동태

일단 '지각'과 '사역'의 의미부터 알아보아야 하겠습니다. 무엇인가를 '지각(知覺)한다'라는 말은 '깨닫는다'라는 의미입니다. 또 '사역(使役)'은 '시킨다'라는 뜻입니다. 그래서 지각동사는 'feel, notice, see, hear'처럼 느끼는 것과 밀접한 '느낌'이나 '감각'에 관련된 동사를 말하며, 사역동사는 주로 'let, have, make'처럼 '시키다'의 의미를 갖는 동사를 일컫습니다. 지각동사와 사역동사의 가장 큰 특징이라고 한다면 아래의 예문에서 보는 것처럼 목적보어로 동사원형을 취할 수 있다는 것입니다. 물론, 5형식동사의 목적어와 목적보어 사이에 성립되는 주술관계(nexus)를 전제로 해서 말이지요.

> · I saw him play the piano. (= I saw the piano played by him.)
> 나는 그가 피아노를 연주하는 모습을 보았다.

> · He made me polish his shoes. (= He made his shoes polished by me.)
> 그는 나에게 그의 신발을 닦도록 했다.

위의 예문들이 수동태로 될 때는 목적보어였던 동사원형이 to부정사의 형태로 변하게 됩니다. 그것은 목적보어인 동사원형이 수동태 문장으로 변형되는 과정에서 동사구인 'be+p.p.'와 나란히 붙으면 불안정한 형태가 되기 때문입니다. 이러한 동사(구)끼리의 충돌을 피하며 원형을 유지할 수 있는 단 하나의 방법은 동사원형 앞에 to를 붙이는 방법밖에는 없습니다. 위의 두 문장을 각각 목적어 him과 me를 주어로 바꾼 수동태 문장은 다음과 같습니다.

> · He was seen to play the piano (by me).
> 그가 피아노를 연주하는 모습이 보였다.

> · I was made to polish his shoes (by him).
> 나는 그의 신발을 닦도록 시켜졌다.

✤ 다음 문장을 수동태로 고치시오.

1. Queen Elizabeth considered him a genius.

✤ 다음 문장의 **틀린** 부분을 고치시오.

2. Please have my baggage carry to the hotel.

3. He had his only son to be killed in the war.

4. He was seen enter the room.

5. He was made washing his father's new car.

1. 목적보어가 to부정사인 경우

5형식 문장의 불완전타동사가 to부정사를 목적보어로 갖는 경우에 to부정사를 수동태 문장에서도 그대로 써 주면 됩니다.

- He asked me **to send** a doctor.
  ➡ I was asked **to send** a doctor.

- He told us not **to come** back.
  ➡ We were told not **to come** back.

2. want, like 등의 경우

'애호[선호]하다' 를 의미하는 일부 동사의 경우는 위와 같은 수동태형을 쓰면 틀립니다. 이유를 따지기 보다는 그냥 개별 동사의 용법으로 접근하는 편이 좋을 듯합니다. (상태동사의 관점으로 이해하면 되겠네요.)

- Everybody wanted me to be the president.
  ➡ I was wanted to be the president. (X)

- We like the faculty to teach what is practical.
  ➡ The faculty are liked to teach what is practical. (X)

In earlier days, baskets (A) <u>accompanied Indian people</u> throughout their lives. Babies were carried in baskets, meals were prepared and cooked in them, (B) <u>worldly goods</u> were stored in them, and people were buried in them. Many Native American people believe that baskets (C) <u>were not given on humankind</u> during the Creation, but had already been part of the world for many eternities. Even today, baskets (D) <u>serve as markers</u> of cultural pride and inheritance for them. Some are used on religious occasions. And hundreds of weavers make baskets for sale.

1 (A)~(D) 중 어법상 잘못 사용된 것은?

a. (A)
b. (B)
c. (C)
d. (D)

2 다음 중 본문의 제목으로 가장 적절한 것은?

a. Baskets and Indian People
b. The Usage of a Basket
c. The Creation and Baskets
d. How to Make a Basket

✤ **throughout their lives** 그들의 전 생애를 통하여

---

throughout은 '장소' 나 '시간' 의 목적어를 동반하여 그 장소와 시간의 처음부터 끝까지 전체를 나타낼 때 주로 쓰입니다. 그러므로 본문의 throughout their lives는 '그들의 전 생애를 통하여, 즉 태어나서 죽을 때 까지' 의 의미를 가집니다. 장소의 경우도 이와 마찬가지로 '빈틈없이 구석구석' 과 같은 의미를 나타냅니다.

◐ In 2006, I traveled **throughout** the country. 2006년에 나는 전국 방방곡곡을 여행하였다.

✤ **~ had already been part of the world** 이미 세상의 일부로 존재해 왔다

부사 already의 위치는 일반적으로 조동사, be동사, have동사의 뒤, 그리고 일반 동사의 앞입니다. 그래서 이 문장에서 already의 위치는 had와 been의 가운데가 되어야 하는 것입니다.

◐ It was **already** dark. 이미 어두워졌다. (be동사의 뒤에 위치)

✤ **serve as markers of cultural pride and inheritance**

문화적 자긍심과 유산의 상징으로서의 역할을 한다

---

serve as는 '~으로 사용되다, ~의 역할을 하다' 라는 뜻으로 즐겨 쓰이는 표현입니다. serve와 as를 따로 생각하면 이 표현을 자연스럽게 이해하고 쓰는 것이 불가능할 것입니다. 한 단어처럼 암기해 두도록 합니다.

◐ Their spare room also **serves as** an office. 그들의 남는 방은 사무실로도 사용되고 있다.

Chapter 17

그 밖의 여러 가지 수동태
(Other Forms of the Passive)

이제 수동태의 마지막 Chapter에 이르렀습니다. 그 동안 배울 때 내용 중 혹시 빼먹은 부분은 없는지, 설명이 이해가 잘 되진 않았는지, 뒤돌아 볼 시간입니다. 조금만 더 힘을 내십시오. 영문법에서 가장 중요하다고 할 수 있는 동사편이 이제 거의 끝나 가고 있습니다.

지금까지는 주로 동사의 형식 위주로 수동태를 살펴보았습니다. 이제는 마지막으로 구동사, 절(clause)로 된 목적어, be동사 이외의 연결 동사, 수동의 의미를 갖는 동명사, 이렇게 네 가지를 살펴보겠습니다. 정독을 통해 이해하고 그 다음에는 반드시 외우기 바랍니다. 결단코 암기 없는 외국어 정복은 없습니다.

1. 구동사(phrasal verb)의 수동태

- I **looked after** my younger brother. (…을 돌보다)
  나는 남동생을 돌보아 주었다.

- We must **put off** the meeting. (…을 연기하다)
  우리는 그 회의를 연기해야 합니다.

- People always **do away with** the old rules. (…을 폐지하다)
  사람들은 언제나 오래된 규칙을 폐지한다.

- I had to **pay attention to** my health. (…에 주의하다)
  나는 건강에 주의해야 했다.

위의 예문들에서 굵은 글씨로 표시된 부분은 두 개, 혹은 세 개의 단어가 어울려서 하나의 타동사 구실을 하고 있습니다. 이와 같은 것을 '구동사(phrasal verb)'라고 부르는데, 중요한 점은 구동사가 수동태로 될 때에는 전체를 하나의 단위로 간주한다는 것입니다. 즉, 수동태가 된다고 해서 구동사를 이루고 있는 어구들이 흩어지는 것이 아니라, 함께 뭉쳐서 같이 다닌다는 뜻이 됩니다. 수동태로 전환된 아래의 예를 보며 이를 확인해 보도록 합니다. 이 경우 해석이 다소 어색하지만 이해를 돕기 위해 직역으로 처리했습니다.

- My younger brother **was looked after** by me.
  남동생은 나의 돌봄을 받았다.

- The meeting must **be put off** by us.
  그 회의는 우리에 의해 연기되어야 한다.

- The old rules **are** always **done away with** by people.
  오래된 규칙은 언제나 사람들에 의해 폐지된다.

- My health had to **be paid attention to** by me.
  건강이 나에 의해 주목받아야 했다.

✚ 다음 문장을 수동태로 고치시오.

1. A gust of wind blew the tent down.

2. They sent for the doctor at once.

3. We should take good care of the baby.

✚ 다음 문장에서 틀린 곳을 찾아 바르게 고치시오.

4. She is well spoken by them.

5. He was laughed by them.

Further
Study 1

명령문의 수동태

아래에 주어진 문장 두 개를 각각 수동태로 한번 바꾸어 봅시다.

1. Do it at once.
   포인트는, 수동태로 바뀌어도 명령의 느낌이 지워져서는 안 된다는 것입니다. 일반적으로 명령문을 수동태로 바꿀 때에는 사역동사 let을 이용합니다.

   - **Let it be done at once.**

2. Don't open the window.
   이번에는 명령문이면서 동시에 부정문인 경우입니다. 명령과 부정의 느낌을 다 살리며 다음의 두 가지 경우를 생각해 볼 수 있습니다.

   - **Don't let the window be opened.** (don't let...을 이용하는 경우)
   - **Let the window not be opened.** (let... not을 이용하는 경우)

2. 목적어가 절(clause)인 경우의 수동태

- **He failed to pass the exam.** (직접적 언급)
  그는 시험에 떨어졌다.

- **They[People] say that** he failed to pass the exam. (우회적 언급)
  사람들은 그가 시험에 떨어졌다고 말한다.

'그가 시험에 떨어졌다'는 직접적인 언급을 다소나마 우회적으로 돌려 말할 때 위 예문의 두 번째 문장처럼 말하려는 내용을 that절 속에 넣고 일반인 주어인 they나 people을 이용하여 어디선가 들은 것처럼 표현할 수 있습니다. 그러면 say는 that절을 목적어로 갖게 되는데 이때는 다음 두 가지의 수동태가 가능합니다.

a. It is said that he failed to pass the exam. (가주어 It을 주어로)

b. He is said to <u>have failed</u> to pass the exam. (that절 안의 주어 He를 주어로)
    그가 시험에 떨어졌다고 얘기된다.

c. That he failed to pass the exam is said by them. (X)

여기서 주의할 것은 to부정사를 활용하는 문장 b에서, 말해지는 것은 현재이지만 그가 시험에 떨어진 것은 과거 사실이므로 한 시제 앞선 내용을 나타내기 위해 'to have+p.p.'의 완료부정사를 사용해야 한다는 점입니다. 또한 c와 같이 that절 전체를 수동태 문장의 주어로 사용하는 것은 논리상으로는 가능할 것 같지만 비문법적인 표현입니다. 여기서 혼동하지 말 것은 that절이 모든 문장의 주어로 쓰이지 못한다는 것이 아니라 수동태 문장의 주어로 that절을 쓰지 않는다는 점입니다.

3. be동사 대신 쓰이는 get, become

'be동사+과거분사'라는 수동태의 기본 형식에서 be동사 대신 get, become, grow 등이 사용될 수 있습니다. 이때 이러한 동사들은 be동사가 나타내는 '상태'의 의미보다는 '동작과 변화(…하게 되다, …해지다)'의 뉘앙스에 중점을 두고 있습니다.

a. I was tired of studying mathematics. (싫었다)
    I got tired of studying mathematics. (싫어졌다)

b. I was used to driving in Seoul. (익숙해져 있었다)
    I became used to driving in Seoul. (익숙해졌다)

4. need, want, deserve, require + -ing
: 수동의 의미를 가지는 동명사

보통 need, want, deserve, require 등의 동사 다음에는 to부정사가 오는 것이 일반적이지만 동명사형이 쓰일 때도 있습니다. 그렇지만 이때 동명사는 꼭 수동의 의미로 해석해야 합니다. 일부 문법책에서는 이것을 무조건 'to be+p.p.' 의 수동형 부정사로 다시 고칠 수 있다고 하는데 이건 좀 위험한 발상입니다. 동명사를 쓰는 경우는 부정사의 경우와 달리 주어가 동작에 대해서 어떤 의지력을 행사할 수 없을 때가 많습니다.

- **Your shoes need mending.**
  너의 신발은 고칠[고쳐질] 필요가 있다.

- **The car wants servicing.**
  그 차는 서비스 받을 필요가 있다.

- **I don't think his article deserves reading.**
  그의 기사는 읽을[읽힐] 가치가 있다고 생각하지 않는다.

- **The floor requires washing.**
  그 바닥은 청소할[청소될] 필요가 있다.

be 동사 대신 get, become, grow 등이 쓰이기도 한다.

✚ 다음 문장을 수동태로 고치시오.

1. They thought that she was a spy.

2. They say that he was a liar.

3. We consider that he is a hero.

✚ 빈칸에 가장 적절한 어구를 고르시오.

4. I _____ in 1997.
   a. did marriage   b. was married
   c. married   d. got married

5. The grass wants _____.
   a. cutting   b. being cut
   c. to be cutting   d. cut

의문문의 수동태

의문문도 수동태가 가능합니다. 의문문은 크게 'Yes/No 의문문'과 'Wh- 의문문'으로 나눌 수 있는데 이 경우 각각의 수동태가 다릅니다.

1. Did he read the book?

   Yes나 No를 대답으로 요구하는 의문문의 형태입니다. 다음의 과정을 밟아 보며 자연스럽게 이해될 수 있도록 연습해 봅시다.

   ① 평서문으로 전환: **He read the book.**

   ② 수동문으로 전환: **The book was read by him.**

   ③ 의문문으로 전환: **Was the book read by him?**

2. Who built the house?
   Wh- 의문문의 경우입니다. 다음의 과정을 보며 이해를 해봅시다.

   ① Who가 의문사인 동시에 주어라는 점에 착안하여 The house was built by whom(X)이라는 중간 단계를 생각해 봅니다. 물론, 이 중간 단계는 비문법적인 문장입니다.
   ② 당연히 의문사는 문장의 앞에 와야 하므로 by whom을 문두로 보냅니다.

   ➡ **By whom was the house built?**

However, hard work led to (A) <u>her health being affected</u>. Though she did not tell anyone about her health troubles, people around her noticed it and the doctor came and prescribed rest and medicines for her. Though (B) <u>good care was taken her</u>, one night she passed away quietly. Poor Jane! At ten, she became an orphan and (C) <u>had to live on her own</u>. As Jane was good in sewing, she continued to develop the skill and became a professional seamstress by the time she became sixteen. The ladies who came to the home were impressed with Jane's neat stitching and (D) <u>perfect fit</u>.

1 (A)~(D) 중 어법상 잘못 사용된 것은?

a. (A)
b. (B)
c. (C)
d. (D)

2 다음 중 본문에 나오는 Jane을 묘사하는 말로 가장 적절한 것은?

a. lazy
b. determined
c. neat
d. arrogant

✦ **hard work led to her health being affected** 힘든 일은 그녀의 건강이 상하도록 초래하였다

'초래하다' 라는 의미의 lead to에서 to는 전치사로 쓰인 것입니다. 따라서 being affected라는 동명사가 온 것이고 그것의 의미상 주어인 her health가 그 앞에 자리를 잡았습니다. 참고로 Chapter 9에서 동명사 의 의미상 주어가 반드시 소유격일 필요는 없다고 배운 적이 있습니다.

✦ **As Jane was good in sewing** 제인은 바느질을 잘했으므로

be good at이라는 표현에서 전치사는, at은 물론이고 in과 with도 자주 쓰입니다. 독해를 하면서 이런 상황에 닥치면 꼭 사전을 참조해서 확실하게 알아 두도록 합시다.

✦ **by the time she was sixteen** 그녀가 열여섯 살이 되었을 때

by the time은 '~때쯤' 이라는 의미인데 접속사 when과 비슷하다고 보면 됩니다. 정확하게는 '어떤 시기 가 되었을 때쯤 어떤 상황이나 일이 이미 이루어져 있다' 라는 의미입니다. 이런 것은 예문을 통해 확인하는 것이 가장 정확합니다.

◐ **By the time** we arrived, the other guests were already there.
우리가 도착했을 때쯤에는 손님들이 이미 그곳에 (모여) 있었다.

조동사의 개념과 공통된 특성
(Modal Auxiliary
– General Information)

드디어 동사편의 마지막 문법 사항인 조동사에 도달하였습니다. 넓은 의미로, 조동사는 수동태 진행형, 완료형, 의문문, 부정문을 만들 때 쓰이는 'be, have, do'까지를 포함하지만, 학교 문법에서 말하는 좁은 의미의 조동사란 일반적으로 'can, may, will' 등의 순수한 조동사만을 지칭합니다. 이제부터 조동사라 함은 이 후자를 지칭하는 것으로 하겠습니다. 우선 Chapter 18에서는 조동사 전체에 걸쳐 적용될 수 있는 공통의 개념을 먼저 익힌 다음, Chapter 19~23에 걸쳐 각각의 조동사를 자세히 살펴보겠습니다.

조동사(助動詞)란 말 그대로 도움을 주는(助) 동사(動詞)입니다. 그래서 간단하게 'helping verb' 라고 부르는 이들도 있습니다. '돕는다' 는 것이 무슨 의미일까요? 아래의 예를 봅시다.

a. I speak English.
b. I can speak English.

예문 b에서는 동사 speak 앞에 can이라는 말을 추가함으로써 '할 수 있다' 라는 능력 (ability)의 의미를 동사 speak에 덧붙이고 있습니다. '영어를 말한다' 는 기본적인 의미는 변화시키지 않으면서 화자의 심적 상태(mood, mode)를 표현하고 있는 것입니다. 가령 must는 '의무(duty)' 를, may는 '허가(permission)' 의 심적 상태를 나타냅니다. 이러한 말 들을 조동사라고 하며 아래에 제시된 10개가 이에 해당합니다.

will, shall, can, may, would, should, could, might, must, ought to

이제부터는 위에 제시된 조동사들의 공통된 특성을 알아보도록 하겠습니다.

1. 조동사는 결함이 있는(defective) 동사다

a. 보통의 동사들은 문장을 구성하는 데에 직접 참여할 수 있고 시제와 수에 따라 변화하지만, 조동사는 단 독으로 문장을 구성할 수 없고 단지 동사를 도울 뿐이며 설령, 3인칭 단수 현재의 주어를 따른다 하더라 도 wills, shalls, cans 같은 표현은 있을 수 없습니다.

b. 일반 동사와는 달리 조동사에는 부정사형이나 동명사형이 없습니다. to can이나 musting 같은 말은 상 상조차 할 수 없는 표현인 것입니다.

2. 조동사 다음에는 동사의 원형이 온다

조동사 자체가 자유롭게 변하지 못하는 것은 물론이고 조동사 다음에 오는 동사도 '원형' 으로 형태상의 제 약을 받게 됩니다. 아래의 비문법적 표현을 살펴봅시다.

· **You must to phone him this evening. (X)**

· **The boss can sees you now. (X)**

사실 이것은 전혀 새로운 내용이 아닙니다. 이미 앞에서 '가정법 과거완료' 를 공부할 때(Chapter 13) '조 동사의 과거형+have+p.p.' 라는 표현이 만들어지는 과정에서 'have+p.p.' 가 필요했던 것은 바로 조동 사 다음에 원형이 나와야 하기 때문이라는 것을 살펴본 적이 있습니다.

✤ 다음 문장의 틀린 부분을 고치시오.

1. If you want to apply for this job, you have to can type at least 500 words a minute.

2. You ought call him this evening.

3. If I had known your schedule, I could saw you at the station.

✤ 빈칸에 가장 적절한 것을 고르시오.

4. Mild forms of exercise can _____ some of the loss of flexibility.
   a. to stop   b. stop
   c. stopping   d. be stopping

5. "Have you completed the task?" "No, but I _____ to."
   a. must   b. should
   c. ought   d. will

조동사 be, do, have

be, do, have는 각각 '~이다,' '하다,' '가지다' 라는 의미의 일반 동사로뿐 아니라 다음과 같은 역할을 하는 조동사로도 사용됩니다.

1. be – 진행형과 수동태를 형성
   - Is it raining outside now?
   - He was blamed for murder.

2. do – 의문문, 부정문과 강조 용법
   - Do you smoke these days?
   - He does not love you any more.
   - Do come in right now.

3. have – 완료형을 형성
   - What have you done so far?
   - Oops! I have not turned the lights off.

3. 조동사는 두 개를 나란히 쓸 수 없다

영어로 글을 쓰거나 말을 하다 보면 때로는 '미래의 예정'에 '의무'의 심적 상태를 동시에 표현하고 싶을 때가 있습니다. 하지만 그렇다고 해서 다음과 같이 두 개의 조동사를 결합한다면 비문법적인 문장이 됩니다.

You will must see a doctor. (X)
의사의 진찰을 받아야 할 거야.

조동사 will과 must를 나란히 놓을 수 없기 때문에 must를 비슷한 뜻인 have to로 고쳐야 합니다. 마찬가지로 will can이라는 표현도 비문법적이므로 will be able to의 형태로 써야 합니다. 이처럼 must와 can을 대신할 수 있는 have to와 be able to가 꼭 필요할 경우가 있습니다.

4. 조동사의 부정은 바로 다음에 부정어를 위치시킨다

일반 동사의 부정은 don't, doesn't, didn't를 동사의 앞에 놓으면 되지만 조동사는 바로 다음에 부정어인 not, never 등을 놓음으로써 부정문을 만들 수 있습니다.

· **You must not go at this moment.**
너는 지금 가서는 안 된다.

· **I will never do such a stupid thing again.**
나는 다시는 그런 어리석은 짓을 하지 않겠다.

5. 조동사와 주어의 위치를 바꾸면 의문문이 된다

일반 동사가 쓰인 문장을 의문문으로 바꾸려면 do, does, did가 필요하지만 조동사의 경우는 주어 앞으로 가 의문문을 만들 수 있습니다. 물론 의문사가 있는 경우에는 의문사보다 앞서 나갈 수 없습니다.

· **May I use your phone?**
당신 전화를 좀 써도 될까요?

· **When can I leave this terrible place?**
언제 내가 이 끔찍한 장소를 떠날 수 있겠습니까?

✤ 다음 문장이나 절을 괄호 안의 형태로 고치시오.

1. You must tease your younger brother. (부정문)

2. You can come and see me tomorrow. (의문문)

3. When you can come and see me (의문문)

✤ 빈칸에 가장 적절한 어구를 고르시오.

4. "I'm not able to go there with you." "Why _____ you go?"
   a. don't you   b. aren't you
   c. will you   d. can't

5. If you intend to enter the college, you will _____ work very hard.
   a. must   b. have to
   c. be able to   d. should

조동사의 부정형과 그 축약형을 정리하면 다음과 같습니다.

조동사	부정형	부정 축약형
can	cannot (붙여 쓸 것)	can't
could	could not	couldn't
may	may not	mayn't (잘 쓰지 않음)
might	might not	mightn't (잘 쓰지 않음)
will	will not	won't
would	would not	wouldn't
shall	shall not	shan't (잘 쓰지 않음)
should	should not	shouldn't
must	must not	mustn't
ought to	ought not to	oughtn't to (잘 쓰지 않음)

What a powerful saying <u>that</u> was! It has stayed in my mind ever since I heard it. Perhaps that may (A) <u>being the definition of life</u> not just for artists but for all of us. Here is a man who has prepared all his life to make music (B) <u>on a violin of four strings</u>, who, all of a sudden, in the middle of a concert, finds himself with only three strings; so he makes music with three strings, and (C) <u>the music he made</u> that night with just three strings was more beautiful, more sacred, more memorable, (D) <u>than any that</u> he had ever made before, when he had four strings.

1 (A)~(D) 중 어법상 잘못 사용된 것은?

a. (A)
b. (B)
c. (C)
d. (D)

2 다음 중 밑줄 친 that의 내용을 추론할 때 가장 적절한 것은?

a. 우리는 항상 뒤처지지 않도록 최선을 다해야 합니다.
b. 지금 우리에게 남겨진 것으로도 우린 많은 것을 할 수 있습니다.
c. 항상 위를 쳐다보는 여러분이 되기를 간절히 기원합니다.
d. 음악은 우리에게 평안과 위안을 듬뿍 가져다줄 것입니다.

✤ **What a powerful saying that was!** 그것이 얼마나 강력한 말이었는지!

What으로 시작하는 감탄문입니다. 한 가지 예문을 확실하게 기억해 두면 다른 경우에도 응용이 됩니다. How를 이용해서 How powerful the saying was!처럼 말할 수 있습니다. 그러므로 '무엇 플러스, 무엇 플러스' 하는 식으로 공식으로만 기억하지 않도록 합시다.

✤ **It has stayed in my mind ever since I heard it.**

그것을 들은 이후로 그 말은 죽 내 마음속에 머물러 있다.

since는 '~한 이래[이후]'의 뜻이고 ever가 같이 쓰이면 '계속, 항상'의 뜻이 추가됩니다. 그러므로 ever since는 '~한 이후 죽[내내, 계속]'으로 해석하면 됩니다. 따라서 since는 현재완료와 자주 어울려 쓰이는데, 행위나 상태가 시작한 과거의 시점을 언급하는 것이므로 since의 다음에는 과거형이 오게 됩니다.

✤ **not just for artists but for all of us** 예술가들뿐만 아니라 우리 모두에게

'~뿐 아니라 …도'를 의미하는 양자긍정의 구문인 not just[only] ~ but (also)...가 쓰였습니다. 또 한 가지 짚고 넘어갈 것은 all of us인데요. all과 us는 나란히 붙여서 쓸 수 없습니다. 그래서 가운데 of가 끼어들어가는 것이지요. 이유를 못 따질 것도 없지만 대단히 복잡합니다. 차라리 all of us[you, them]를 하나의 표현으로 기억하는 것이 편할 것 같습니다.

179

Chapter 19

May와 Might
(May & Might)

조동사는 학습자들에게 오해가 가장 많은 문법 사항 가운데 하나입니다. 흔히 알고 있는 사전의 제1의미만 가지고는 정확하게 이해하고 쓰기가 힘든 것이 이 조동사인데 너무 쉽게 생각하는 경향이 있는 것 같습니다. 조동사를 가르친다는 것은 곧 학습자들로부터 너무나 오랫동안 확고해져 버린 오해의 덩어리들을 제거해 내는 작업이기도 합니다. 이제부터 하나씩 격파해 들어가겠습니다. 우선 기본 의미를 정확하게 기억하는 것이 중요하겠고, 조동사 전반에 걸쳐 적용되는 얘기이기도 하지만, 조동사의 과거형이 정확하게 무엇을 나타내는지를 확실하게 이해하는 것이 중요합니다.

조동사 may의 대표적인 용법은 '허락'과 '가능성'의 두 가지 입니다. 그런데 재미있는 것은 '허락'을 으뜸가는 의미로 먼저 다루는 한국의 많은 문법책들과는 달리, 영어권의 권위 있는 문법서들은 '가능성'의 뜻을 제1번으로 다루고 있다는 것입니다. 실제로 많은 영문을 접하다 보면 그게 적절한 순서라는 것을 깨닫게 될 겁니다. 본서에서도 '가능성'의 용법부터 먼저 들어가도록 합시다.

1. 가능성(possibility)

may와 might의 1차적인 의미는 '~일지도 모른다, ~일 것이다'라는 가능성이나 추측입니다. 그런데 유의해야 할 점은 might가 언제나 may의 과거형은 아니며, might를 사용해도 may와 비슷한 해석이 나올 수 있다는 것입니다. 단지, might가 may보다 사실일 가능성을 다소 떨어뜨려 진술하는 것이지요. 이때 might가 may보다 얼마나 낮은 가능성을 의미하는지는 그 양자간의 상대적인 차이로 이해하는 것이 좋습니다. 실제로 may와 might를 구별 없이 쓰는 사례도 빈번하기 때문입니다.

- **He says that it may be true.**

  그는 그것이 사실일지도 모른다고 말한다.

- **He said that it might be true.** (주절의 동사 said와 시제를 일치시킨 과거형)

  그는 그것이 사실일지도 모른다고 말한다.

- **He says that it might be true.** (may에 비해 가능성이 낮음을 시사)

  그는 그것이 사실일지도 모른다고 말한다.

과거형 might가 현재의 다소 불확실한 가능성을 나타내는 데 쓰이므로, '~이었을지도 모른다'라는 과거의 가능성은 'have+p.p.'로 아래와 같이 나타낼 수 있습니다. 물론 이 경우도 'might have p.p.'가 'may have p.p.'보다 가능성이 더 떨어진다고 할 수 있습니다.

- **He says that it may[might] have been true.**

  그는 그것이 사실이었을지도 모른다고 말한다.

위에 제시된 예문들을 보면 may가 과거에도 쓰이고, might가 현재에도 쓰이고 있음을 확인할 수 있습니다. 이것은 기존에 may는 현재, might는 과거라는 식으로 알아 왔던 사실에 수정이 필요하다는 것을 의미합니다. 다시 말해, may는 '강(strong)'의 의미, might는 '약(weak)'의 뉘앙스를 풍긴다는 것입니다.

2. 허락(permission)

may와 might가 갖는 두 번째의 뜻은 '~해도 좋다'라는 허락의 의미로서 주로 상대방에게 허가를 구하는 의문문의 형태로 즐겨 사용됩니다. 여기에도 might가 may에 비해 약한 느낌을 주는 것은 마찬가지입니다. 허락을 구하는 화자의 심리 상태가 약하다는 것은 곧 '공손함'을 의미하는 것입니다. 그렇지만 Might I ~ ?는 May I ~ ?에 비해 지나치게 굴욕적인 느낌을 줄 수 있으므로 I wonder if I might ~와 같은 관용화된 표현으로 쓸 때가 많습니다.

· **You may use my phone.**
내 전화를 써도 좋습니다.

· **May I use your cellular phone?** (일반적 표현)
당신의 휴대전화를 써도 될까요?

· **Might I use your cellular phone?** (지나치게 격식을 차린 표현으로 드물게 쓰임.)
당신의 휴대전화를 써도 될까요?

· **I wonder if I might use your cellular phone.** (Might I ~?보다 선호되는 표현)
당신의 휴대전화를 써도 좋은지 모르겠습니다.

한 가지 주의할 점은 이러한 허가의 요청에 응답할 때는 might를 쓰지 않는다는 것입니다. 허가를 하고 안 하고의 여부를 불확실한 느낌(가정법)의 might를 쓴다면 의미의 전달이 모호해지기 때문입니다. 허가와 불허의 응답은 다음과 같이 할 수 있으며, may not은 '~해서는 안 된다'는 금지(禁止)를 의미할 수도 있습니다.

· **Yes, you may.** 또는 **Of course you may.**
네, 좋습니다.

· **No, you may not.** 또는 **I'm afraid you may not.**
아니요, 안 됩니다.

· **Students may not use teachers' parking area.**
학생들은 교사들의 주차구역을 이용해서는 안 됩니다.

✤ 밑줄 친 문장에서 **틀린** 부분을 고치시오.

1. A: I wonder why he was in such a bad mood yesterday.
   B: <u>He may be scolded by his father.</u>

2. A: Might I put the TV on?
   B: <u>No, you might not.</u>

✤ 빈칸에 가장 적절한 어구를 고르시오.

3. They _____ moved out from this area.
   a. may have not   b. don't may have
   c. may not have   d. may as well

4. He said that the doctor _____ arrive before midnight.
   a. may   b. might
   c. was   d. may have

5. This room is so messy. Somebody _____ while we were away.
   a. may come   b. may have come
   c. may came   d. might have came

조동사의 과거형에 대한 올바른 이해

영어를 제대로 이해하고 쓰기 위해서는 조동사의 과거형이 갖는 의미를 꼭 이해해야 합니다. 가정법을 거쳐 조동사 편에서 might와 may의 차이점을 통해 대략은 감을 잡았을 줄로 압니다. 이제는 다음의 두 가지를 기억해 두기 바랍니다. might를 사용해서 설명을 하지만 이제 배우게 될 could, would도 상황은 거의 비슷합니다.

1. 조동사의 과거형은 무조건 과거를 의미하는 것이 아니라, 문맥상 과거를 의미할 수 있다.

- **He told me that he might come.** (told로 과거가 확인된 상황)

2. 조동사의 과거형은 화자의 '약화된 심적 상태'의 전달이다.

약화된 심적 상태란 우리가 이미 보아온 대로 '낮은 가능성,' '공손'으로 나타나는 것이며, 이 절정이 바로 가능성 제로(zero)의 비현실을 상상하는 이른바 '가정법'으로 나타나는 것입니다. 왜 가정법에서 조동사의 과거형을 썼는지 이제 이해가 갈 것입니다.

- **It might rain before evening.** (낮은 가능성)
- **I wonder if I might borrow your dictionary.** (공손)
- **If you worked harder, you might succeed.** (가정법)

3. 기타 주의할 용법

앞서 학습한 가능성(possibility)과 허락(permission)은 조동사 may와 might가 갖는 두 개의 핵심적인 의미입니다. 그 두 의미보다는 다소 빈도가 떨어지지만 그래도 비교적 많이 쓰이는 용법에 대해 살펴봅시다.

a. 부탁·제안·책망의 might

· **You might see if John is at home.** (부탁)

John이 집에 있는지 알아봐 줄래요?

· **You might try asking your father.** (제안)

아버지께 여쭈어 보는 게 어때요?

· **You might at least apologize.** (책망)

최소한 사과 정도는 할 수 있잖아요.

b. 양보: may[might] ~ , but...

이때의 may[might]는 '비록 ~이지만(although)'의 의미로 이해하면 편합니다. 한 가지 알아 둘 것은 이때의 may[might]는 가능성의 의미보다는 인정하고 받아들이는 의미가 강합니다.

· **It may be a comfortable car, but it uses a lot of gasoline.**

그 차가 비록 편한 차일지는 모르지만, 기름을 너무 많이 먹어.

c. 목적

· **I usually go to school very early so that I may get a good seat.**

(…하기 위해서)

평소에 나는 좋은 자리를 잡기 위해 학교에 매우 일찍 간다.

· **She turned away so that he might not see that her eyes were filled with tears.**

(…하지 않기 위해서)

그녀는 자기 두 눈에 눈물이 가득 차 있는 것을 그가 보지 않도록 하기 위해서 고개를 돌렸다.

d. 소망과 기원의 may

· I hope that you two guys **may** have a good relationship forever.

나는 너희 두 녀석들이 영원토록 좋은 관계를 유지하길 바란다.

· **May** God be with you!

신의 은총이 함께하길!

e. may[might] well + 동사원형 : 가능성(may)이 충분하다(well) → ˝~하는 것도 당연하다˝

· He **may well** get angry at me.

그가 나에게 화낼 가능성이 충분하다. → 화내는 것은 당연하다.

· What you say **may well** be true.

네가 말한 것은 사실일 가능성이 많다. → 사실인 것 같다.

f. may[might] as well + 동사원형 : ~하는 게 낫다 (had better ~)

별다른 선택의 여지가 없음을 나타냅니다. may as well을 might as well로 대치하면 의미가 좀 약화되는 느낌이 있기는 하지만 커다란 차이는 없습니다. 흔히 might as well의 경우 불가능한 상황에만 쓰는 것으로 알고 있는데 꼭 그렇지는 않습니다.

· It's no good waiting for the bus. We **may[might] as well** walk.

버스를 기다려도 소용 없다. 걸어가는 것이 낫겠다.

✤ 다음 문장에서 틀린 부분을 고치시오.

1. Might she rest in peace!

2. We students have to study hard so that we may disappoint our parents.

3. May the King lives long!

✤ 빈칸에 가장 적절한 어구를 고르시오.

4. You _____ pass me the newspaper, please.
   a. may
   b. might
   c. will
   d. must

5. Our holidays were ruined by the incident: _____ have stayed at home.
   a. it may be as well
   b. it was just as well
   c. we might as well
   d. we may as well as

May 관련 표현

본문에서 미처 다루지 못한 표현들을 살펴봅니다. 다소 수준이 있는 것들만 모아 보았습니다. 꼭 예문을 통째로 암기하도록 합시다.

(1) Try as you may, you will not succeed. (양보의 may)
   = However hard you may try, you will not succeed.
   아무리 열심히 노력해도 성공할 수 없을 것이다.

(2) Ask your wife or husband as the case may be.
   (경우에 따라, 그때의 실정에 따라)
   당신의 부인이나 남편에게[당신이 남성이면 부인에게, 여성이면 남편에게] 물어보시오.

(3) Come what may, you must be prepared. (무슨 일이 있어도)
   = Whatever may come, you must be prepared.
   무슨 일이 있어도 너는 준비가 되어 있어야 한다.

(4) I'll have another cake, if I may. (만일 괜찮다면)
   괜찮다면 케이크를 하나 더 먹겠습니다.

For some employers, the question of truth-telling (A) <u>has become quite an issue</u> recently. What are you to do when a former employee, who was not a very reliable worker, requests a letter of recommendation? To avoid being sued (B) <u>by either side</u>, I'd like to suggest you give a totally ambiguous response. _____, to portray someone who is constantly negative, (C) <u>you might have said</u>, "She always takes a critical view on everything;" and to describe a person who is certain to foul up any project, (D) <u>you could advise</u>, "I am sure that whatever he undertakes — no matter how small — he will be fired with enthusiasm."

1 (A)~(D) 중 어법상 잘못 사용된 것은?

a. (A)
b. (B)
c. (C)
d. (D)

2 다음 중 빈칸에 들어갈 말로 가장 알맞은 것은?

a. In addition
b. For example
c. However
d. Therefore

✤ quite an issue 상당한 이슈거리

quite는 quite a(n), 그리고 격식을 차리지 않은 상황에서는 때로 quite some의 형태로 뒤따르는 명사를 강조합니다. 따라서, 해석은 그 뒤따르는 명사의 어감이 강해지도록 하면 됩니다. 그리고 여기서는 특히 부정관사인 a나 an이 quite의 뒤에 위치한다는 점에 주의하기 바랍니다.

✤ What are you to do when ~ ? ~하게 될 때 어떻게 할 것인가?

이때의 are ~ to do는 to부정사의 용법 중 한 가지인 'be to 용법'입니다. 일전에도 다룬 적이 있지만 (Chapter 8, Further Study 1) 한 번 더 확실하게 정리하고 넘어가기로 합시다. 위의 문장은 '예정,' '의무' 어느 쪽으로 해석해도 괜찮을 것 같습니다.

be to 용법 총정리: '예정,' '의무' 의 뜻으로 가장 많이 쓰임.

- ◎ 〈예정〉 He **is to** leave today. 그는 오늘 출발하기로 되어 있다. (cf. 완료 부정사는 실현되지 못한 것을 말함: He **was to** have seen me today. 그는 오늘 나와 만나기로 되어 있었는데.)
- ◎ 〈의무〉 You **are to** return this book next week. 이 책은 다음 주에 반환해야 한다.
- ◎ 〈의도〉 If you **are to** succeed, you should study hard. 성공하려면 열심히 공부해야 한다.
- ◎ 〈미실현〉 The worst **is** still **to** come. 사태는 더욱 더 나빠질 것이다.
- ◎ 〈운명〉 He **was** never **to** see his son again. 그는 두 번 다시 아들을 만날 수 없는 운명이었다.
  ※ 이 의미로는 주로 과거형과 함께 쓰인다.
- ◎ 〈가능〉 The watch **was** not **to** be found anywhere. 시계는 아무 데서도 찾을 수 없었다.
  (cf. 이 뜻으로 쓰인 be to는 보통 부정문에서 쓰며, to do는 수동태가 됨)
- ◎ 〈목적〉 The whiskey **is to** put you to sleep. 위스키는 네 수면용이다.

✤ he will be fired with enthusiasm 그는 열정으로 불붙을 것이다, 그는 열정으로 해고될 것이다

지금 이 글은 전 고용주가 논란에 휩싸이는 것에 대비해 적절히 자신이 빠져나갈 구멍을 만들어 놓는 방법에 대해 하는 조언입니다. 이 문장은 경우에 따라 좋게 들릴 수도 있고, 나쁘게 들릴 수도 있습니다. 이러한 것을 punning이라고 부릅니다. 흔히 코미디의 좋은 소재거리가 되기도 하는 것들이죠.

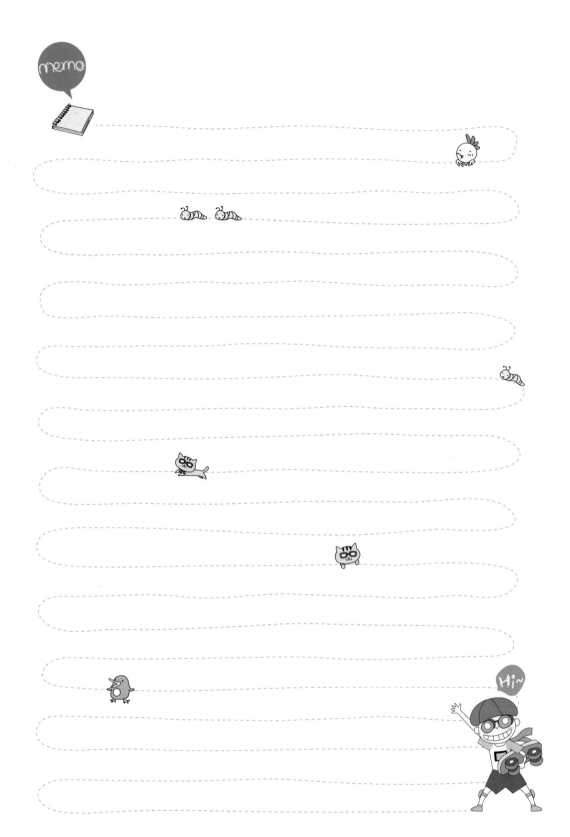

Chapter
20

Can과 Could
(can & could)

일단 can과 could는 may와 might의 사촌쯤 된다고 생각해 두면 편합니다. may와 might의 두 가지 중요한 의미는 가능성(possibility)과 허가(permission)였지요? 여기에 누구나 알고 있는 can과 could의 주요 의미인 능력(ability)의 뜻을 추가하면 됩니다. 그러면 기본 의미는 다 되었구요. 거기에 조동사의 과거형이 '약(weak)'의 뉘앙스를 갖는다는 사실, 그리고 조동사 뒤에 과거를 나타내기 위한 have p.p.의 형태만 알면 거의 다 끝난 것입니다. 지금 앞에서 배운 것들이 차곡차곡 쌓여 우리를 즐겁게 하고 있지 않습니까?

여러 가지 측면에서 can, could는 may, might와 비교됩니다. 일반적으로 can, could가 구어체에서 보다 즐겨 쓰이므로, 덜 틀에 박힌 표현(less formal expression)으로 간주됩니다. 대략 '~할 수 있다'의 의미로 무리 없이 해석할 수 있으며, 크게 다음과 같이 분류할 수 있습니다.

1. 능력(ability)

많은 경우 'be able to'와 대치될 수 있는 can의 제1차적인 용법입니다. 한 가지 유의할 것은 의문문의 예문 b는 뉘앙스와 억양에 따라 상대방의 능력을 시험하는 소리로 들릴 수도 있기 때문에 외국어로 영어를 사용하는 우리의 경우는 가급적이면 예문 c와 같은 안전한 표현을 쓰는 것이 좋습니다.

a. I can read English, but I can't speak it.

나는 영어를 읽을 수는 있지만, 말할 수는 없습니다.

b. Can you speak English?

c. Do you speak English?

영어를 할 줄 아십니까?

could는 문장 내부에 과거를 암시하는 단서가 주어지지 않는다면 '과거의 능력'일 수도 있고 '현재의 가정법 표현'일 수도 있습니다. 이러한 경우 구체적 의미는 전후의 문맥에 의존합니다. 그래서 과거의 능력을 나타내고자 할 때 이러한 혼동을 피하기 위해 아예 was[were] able to를 쓰는 경향이 있습니다.

· She could read books <u>when she was four</u>.
(= was able to) (문장 내 과거 암시 단서)

그녀는 네 살 때 책을 읽을 수 있었다.

· You could speak English better. (2가지 해석 가능성)

① 너는 영어를 더 잘 말할 수 있었다. (과거 시제의 could)
② 너는 영어를 더 잘 말할 수 있을 텐데. (가정법 과거의 could)

같은 과거라도 was[were] able to는 과거의 실제 능력을 나타내는 직설법이고, 'could have+p.p.'는 실현되지 못한 과거의 능력을 나타내는 가정법 과거완료이므로 해석에 유의해야 합니다. 보다 자세한 사항은 앞서 배운 가정법을 참조하기 바랍니다.

· I was so angry that I could have killed him!

나는 너무 화가 나서 그를 죽일 수도 있었다(사실은 죽이지 않았음)!

2. 허가(permission)

'~해도 좋다, ~할 수 있다'의 의미로 사용되는 이 용법이야말로 실제 회화체에서 may보다 훨씬 빈번하게 사용됩니다.

· **Can[Could] I borrow your car?**
  Yes, you can. / No, you can't.

  당신 차를 빌릴 수 있을까요?

  네, 좋습니다. / 아니요, 안 됩니다.

· **Can[Could] you lend me your camera?**

  저에게 카메라를 좀 빌려 주시겠습니까?

might가 may보다 정중한 느낌이 있었던 것과 마찬가지로 could는 can보다 더 격식을 차린 표현입니다. 이때 중요한 것은 대답을 할 때에 may의 경우와 마찬가지로 현재형인 can만을 사용한다는 것입니다. 이 내용은 이미 앞서 조동사 may를 다루면서 언급한 적이 있습니다. 한편 과거형 could는 가정법 과거로 현재 사실의 반대를 나타낼 수 있기 때문에, 과거의 허락을 의미하는 '~해도 좋았다, ~할 수 있었다'를 표현하기 위해서 was[were] allowed to~의 구문을 활용할 때가 많습니다.

· **I was allowed to** watch TV for an hour last night.

  나는 지난밤에 한 시간 동안 TV를 볼 수 있도록 허락받았다.

could는 과거의 능력이나 가정법 과거를 나타내기도 한다.

Practice 1

✚ 다음 문장에서 틀린 곳을 고치시오.

1. She wasn't able swimming because she had lived deep in the mountains.

2. You can get a better job if you spoke a foreign language.

3. A: Could I ask you something?
   B: Yes, of course, you could.

✚ 빈칸에 가장 적절한 어구를 고르시오.

4. "Why is she unhappy?" "Because she _____ cook the food."
   a. cannot   b. wasn't able
   c. doesn't have to   d. cannot to

5. We didn't study math last night, but we _____.
   a. studied   b. could
   c. would   d. could have

Further Study 1

be able to의 주의 사항

조동사 can의 대형태인 be able to가 사용된 다음 두 문장의 비문법성을 찾아봅시다.

1. This shirt is able to be washed without shrinking. (X)

   이 문장은 두 곳에 문제가 있습니다. 일단 be able to는 사물을 주어로 하지 않는다는 점입니다. 그리고 able에 이어지는 to부정사는 수동형으로 하지 않습니다. 그러므로 이 표현을 제대로 하기 위해서는 be able to가 아닌 다른 표현을 사용해야 합니다. 두 가지의 가능한 표현을 아래에 제시합니다.

   - This shirt **can be washed** without shrinking.
   - This shirt **is capable of being washed** without shrinking.

2. I was hardly being able to look at her without becoming angry. (X)

   이미 Chapter 7에서 진행형을 쓸 수 없는 동사는 주로 동작이 아닌 상태를 의미하는 동사일 때가 많다고 배웠습니다. be able to도 능력을 의미하는 상태 동사입니다. 따라서 진행형으로 쓰지 않습니다. 이 문장은 다음과 같이 고쳐야 합니다.

   I **was** hardly **able to** look at her without becoming angry.

3. 가능성(possibility)

가능성 내지는 추측의 의미를 나타내는 경우 can은 의문문에서 '~일까?'라는 뜻을 지니고, 부정문에서는 '~일 리가 없다'라는 뜻으로 강한 의혹이나 거의 불가능에 가까운 것을 나타냅니다. 실제로 It cannot be true.(사실일 리가 없다.)는 It may not be true.(사실이 아닐 수도 있다.)보다 훨씬 강한 어감을 가집니다.

- **Can** it be true?

  그것이 사실일 가능성이 있을까? → 그것이 사실일까?

- It **cannot** be true.

  그것은 사실일 가능성이 없다. → 그것은 사실일 리가 없다.

과거형 could는 문장 내부에 과거를 암시하는 단서가 있다면 과거의 가능성으로 인식될 수 있지만, 대개는 현재 혹은 미래의 보다 낮은 가능성을 의미하는 경우가 많습니다.

- It **could** rain later this evening.

  오늘 저녁에 비가 올지 모른다.

또한, 'may[might] have+p.p.'처럼 'can[could] have+p.p.'도 과거의 추측을 표현할 수 있습니다. 그리고 가정법 과거완료의 주절에서 쓰이는 'could have+p.p.'는 가능성은 있었지만 실제로는 일어나지 않은 일을 말할 때 쓰입니다.

- Where **can** she **have gone**?

  그녀는 어디에 갔을까?

- She **can't have gone** to school. It was Saturday.

  그녀가 학교에 갔을 리가 없어. 토요일이었거든.

- Why did you throw the stone out of the window? Somebody **could have been** hurt.

  왜 창밖으로 돌을 던졌지? 누군가 다칠 수도 있었어. (사실은 아무도 안 다쳤다.)

✤ 다음 문장의 틀린 부분을 고치시오.

1. A: I hear that he failed in the exam.
   B: It's impossible! He cannot fail in the exam.

2. He could have come to see us this coming Sunday.

3. In those days, a transpacific voyage can be dangerous.

✤ 빈칸에 가장 적절한 어구를 고르시오.

4. He _____ done it, but he didn't try.
   a. may   b. might
   c. could have   d. was being

5. It's not possible that he told a lie. I mean, he _____ a lie.
   a. cannot have told   b. could not have told
   c. told   d. did tell

can과 could의 기타 의미

본문에서 다루지 않은 몇 가지 내용들입니다. 사실 우리말 '~할 수 있다'도 매우 폭넓은 의미로 해석되기 때문에 can과 could의 다양한 쓰임새를 이해하기는 그리 어렵지 않으리라 생각됩니다. 문장을 일일이 외우기보다는 고개를 끄덕이는 식으로 아래의 예문들을 음미해 보기 바랍니다.

1. 호의, 의도

   • **Can** I give you a ride? 태워 줄까요?

2. 가벼운 명령, 권고

   • **You can** stop lying now. 거짓말 좀 그만 해라.

   • **You could** try and be a bit more civilized.
     좀 더 점잖게 굴 수 없겠니?

3. 비난, 원망

   • **She could** spare me for a moment.
     그녀가 나를 잠시 자유롭게 해 줘도 좋으련만.

   • **You could** have given me some advice.
     내게 몇 마디 충고해 줬어도 좋았을 텐데.

As Clara Barton moved briskly among the maimed and wounded soldiers, few (A) _____ imagine that she was once a shy, retiring child. Born in 1821, Clara Barton, the founder of the American Red Cross, was the baby of the family. Her four brothers and sisters were all at least 10 years (B) _____ to her. When she was young, Clara's father amused her with his stories of soldiering against the Indians. Her brothers and cousins taught her horseback riding and other boyish hobbies. Although she was a diligent and serious student, Clara preferred outdoor activities to the indoor pastimes 'suitable' for young ladies of that time.

1 다음 중 빈칸 (A)에 들어갈 말로 가장 알맞은 것은?

a. had to
b. were able to
c. could have
d. could not

2 다음 중 빈칸 (B)에 들어갈 말로 가장 알맞은 것은?

a. freshman
b. sophomore
c. junior
d. senior

✤ **few were able to imagine that ~** ~을 상상할 수 있는 자는 거의 없었다

few라는 말은 부정관사 a가 붙으면 '조금, 약간'의 뜻이고, 본문처럼 부정관사 없이 단독으로 쓰이면 '거의 없다'라는 의미의 부정적 뜻을 지닙니다. 형용사로 쓰일 수 있는 이 말에서 주의할 점은 '거의 없다'라는 의미를 지닐 때에도 복수로 취급해야 한다는 것입니다. 왜냐 하면 조금 있거나 혹은 거의 없는 것은 숫자 자체보다는 그 숫자를 바라보는 화자의 주관적 생각이기 때문입니다. 예를 들어, 친구들을 생일 파티에 초대하였는데 다섯 명이 왔다면 보는 관점에 따라 어떤 이는 조금 왔다고 할 것이고 또 어떤 이는 거의 오지 않았다고 할 수 있지 않습니까? 어쨌든 다섯 명은 복수이기 때문에 few 다음에 was가 아니라 were가 쓰였습니다.

✤ **Clara Barton, the founder of the American Red Cross**

미국 적십자사의 창설자인 클라라 바튼

생소한 인명이 나온다면 꼭 그에 대해 설명을 해 주어야 하겠지요? 영작을 할 때 가장 흔한 방법 중의 하나가 바로 본문에서 쓰인 방식입니다. 즉, 처음 등장하는 인명 다음에는 동격을 나타내는 콤마(comma)를 찍어 줍니다.

✤ **preferred outdoor activities to the indoor pastimes**

실내 오락보다 야외 활동을 선호하였다

prefer A to B의 구문입니다. 'B보다 A를 더 좋아하다'라는 의미로, 전치사로 than을 사용하지 않는다는 데 주의하기 바랍니다.

Chapter 21

Will과 Would
(Will & Would)

will과 would를 시제에서도 보았고 가정법에서도 보았습니다. '시간과 조건의 부사절에서는 will을 쓰지 않고 현재가 미래를 대신한다' 라는 사실을 기억하나요? 또 'will 대신 would를 쓰면 공손한 표현이다' 라는 것도 기억이 나시나요? 시제에서 보았던 미래완료진행(will be ~ing)이 대체 어디에 쓰는 것인지 의문을 품어 온 학습자들도 있을 것입니다. 이제 이러한 것들이 하나 둘씩 해결되어 갑니다. 물론 Further Study까지 꼼꼼하게 읽는다는 전제 하에 말이지요. 공부를 기초부터 꾸준히 하다 보면 어느새 내공이 쌓여 '나중 된 자가 먼저 되리라' 는 어느 성인(聖人)의 말씀을 실현할 수 있을 것입니다.

시제편에서 will에 대해 간단히 배웠습니다. 이번에는 조동사편에서 다시 will/would의 용법을 자세히 다루어 보겠습니다. 이처럼 문법은 어느 한 분야나 항목이 독립돼 떨어져 있는 것이 아니고 서로 유기적인 관계로 연결되어 있습니다. 문법이란 다양한 언어의 사용법을 알기 쉽게 일반화하여 설명하는 것이기 때문입니다.

1. 미래(future)

현재에서 바라본 미래가 will이라면 과거에서 바라본 미래는 당연히 would가 됩니다.

a. He will arrive in Seoul this time tomorrow.
그는 내일 이 시간에 서울에 도착할 것입니다.

b. In 1990, he first met the woman he would soon marry.
1990년에 그는 곧 결혼하게 될 여자를 처음 만났다.

would가 과거의 의미를 지닐 때에는 그것을 짐작하게 해 주는 문맥상의 단서 - 가령 예문 b의 In 1990이나 과거 동사 met - 가 필요합니다. 왜냐 하면, would도 might나 could처럼 과거가 아닌 현재의 약화된 표현 - 추측의 불확실성, 공손, 가정법 등 - 으로 쓰일 수 있기 때문입니다.

· **I would tell you if I knew.** 내가 알면 말해 줄 텐데. (몰라서 말 못해 줌 - 가정법 과거)

· **I would say it's too late.** 너무 늦은 감이 있죠. (It's too late.보다 완곡하고 공손한 표현)

2. 의지(willingness) · 거절(refusal)

화자가 무엇을 하겠다는 결심을 나타내는 경우에 will을 씁니다. 부정형인 'will[would] not'은 하지 않겠다는 결심이므로 '거절(refusal)'을 의미합니다.

· **I really will stop drinking.** 나는 정말로 술을 끊겠다.

· **The car won't start.** 차가 시동이 걸리지 않는다.

· **The car wouldn't start this morning.** 오늘 아침에 차가 시동이 걸리지 않았다.

3. 요청(request)

'~해 주시겠습니까?'의 Would you ~?는 Will you ~?보다 공손함을 나타냅니다.

· **Would[Will] you close the door?** 문을 좀 닫아주시겠습니까?

✤ 다음 문장의 **틀린** 부분을 고치시오.

1. My English teacher said he will punish me severely for my being late.

2. A: Will you go to the party with me tonight?
   B: No, I wouldn't.

3. As the door will not open, we did not get in the house.

4. Will you like some more tea?

5. Would you mind if I smoke? — Yes, not at all. Go right ahead.

' 요청'의 표현 Will you ~ ?

'요청'이라는 것을 가만히 생각해 보면 정말로 상대방이 무엇을 해 주기를 바라는 것에 대한 요청일 수도 있지만, 상대방에게 앞으로 무엇을 할 것인지에 대해 물어보는 개인적 정보에 대한 요청일 수도 있습니다. 다음의 두 예문을 잘 음미해 보기 바랍니다.

- **Will you <u>be</u> here next month?** 다음 달에 여기 오나요? (정보 요청)
- **Will you <u>do</u> the shopping this afternoon?**
  오늘 오후에 장을 봐 줄래요? (행위 요청)

과연 어떤 차이가 있을까요? 그것은 후속하는 동사가 상태(state)를 나타내느냐 아니면 동작(action)을 나타내느냐의 차이입니다. be는 상태 동사이고 do는 동작 동사이므로 잘 생각해 보기 바랍니다. 동작 동사로 상대방에게 단순한 개인적 예정을 물을 경우에는 일반적으로 현재진행형이나 미래진행형을 사용합니다.

- **Are you doing the shopping this afternoon?**
- **Will you be doing the shopping this afternoon?**
  오늘 오후에 장을 보나요? (정보 요청)

4. 습관(habit)

will은 현재의 습관이나 경향을, would는 과거의 습관을 나타냅니다. 이와 관련하여 used to라는 표현도 있습니다만 자세한 것은 Chapter 23을 참고하기 바랍니다.

· **He will sit talking to himself for hours.**
그는 몇 시간이고 혼잣말을 하며 앉아 있곤 한다. **(현재의 습관)**

· **Boys will be boys.**
사내아이는 역시 사내아이이다(장난은 어쩔 수 없다). **(평소의 경향)**

· **When we worked in the same office, we would often have coffee together.**
우리는 같은 사무실에서 일할 때 종종 함께 커피를 마시곤 했다. **(과거의 습관)**

5. 가능성(possibility)

will의 경우는 앞서 배운 may나 can보다 훨씬 높은 가능성을 나타내어 거의 확신에 가깝다고 할 수 있습니다. 물론 과거형인 would를 쓰면 가능성이 줄어드는 약화된 표현이 됩니다.

· **That will[would] be Tom coming here now.**
지금 이리로 오고 있는 것은 아마 톰일 거야.

6. would가 쓰인 기억해야 할 표현들

· **I would like[love, prefer] to dance with you.** (~하고 싶다)
당신과 함께 춤을 추고 싶습니다.

· **I would like you to read this book.** (당신이 ~하기를 바랍니다)
네가 이 책을 읽었으면 좋겠다.

· **Would you like me to meet the client?** (제가 ~할까요?)
제가 그 고객을 만날까요?

· **How would you like your steak?** (~은 어떻게 해 드릴까요?)
스테이크를 어떻게 구워 드릴까요?

· **What would you like to have?** (무엇을 ~하시겠습니까?)
무엇을 드시겠습니까?

· **I would rather die than live in dishonor.** (…하느니 차라리 ~하고 싶다)
불명예스럽게 사느니 차라리 죽겠다.

· **Would you mind my closing the window?** (~해도 괜찮을까요?)
= Would you mind if I close the window?
= If you don't mind I would like to close the window.
창문을 닫아도 되겠습니까?

· **Would that I were a millionaire.** (~라면 좋을 텐데 = I wish~)
내가 백만장자라면 좋으련만.

· **She would have waited for you if she had loved you.**
(~했었을 것이다 – 가정법 과거완료)
사랑했더라면 그녀는 널 기다렸을 것이다.

✚ 다음 문장의 **틀린** 부분을 고치시오.

1. When I feel drowsy, I would have a cup of coffee.

2. When I was a child, I would rush to the lake near my house and jumped in.

✚ 빈칸에 가장 적절한 어구를 고르시오.

3. Some wild birds _____ their own chicks that lack specific color patterns.
   a. killing   b. will kill
   c. being killed   d. will be killed

4. _____ some coffee?
   a. Do you like   b. Are you like
   c. Will you like   d. Would you like

5. I would like _____ the paragraph.
   a. you read   b. you to read
   c. for you to read   d. to you to read

If절 속의 will

이미 앞서 Chapter 7에서 조건의 부사절에서는 현재가 미래를 대신한다고 배운 적이 있습니다. 물론, 부사절이 아니라면 will이 등장할 수 있습니다. 그런데 부사절인데도 will이 사용되는 경우가 있습니다. 다음의 예문들을 살펴봅시다.

a. Do you know if he **will** do it or not?
   (명사절 – will을 쓸 수 있음)

b. I will give you $100 if you **stop** doing that.
   (부사절 – 현재가 미래 대용)

c. I will give you $100 if it **will** help you to enjoy the holiday. (부사절 – will을 쓸 수 있음)

초점은 예문 c입니다. 잘못된 것일까요? 그렇지 않습니다. b는 if절이 말 그대로 조건(condition)입니다. 즉, 그것을 멈추어야만 100달러가 지급되는 것입니다. 그렇지만 c의 경우는 약간 다릅니다. 휴가를 즐기는 것은 100달러가 지급된 결과(result)로 가능한 것입니다. 다시 말해, 주절과 조건절 중에서 무엇이 먼저 발생하느냐에 따라 if절에 will이 쓰일 수도 있는 것입니다.

Nathan initially ignored the bag when he first saw it, thinking it (A) <u>will be retrieved</u> by whoever had forgotten it. The next day, he opened it to see if he could find out who it belonged to and found a wad of cash amounting to $100,000.

......

His mother said, "If it (B) <u>had been</u> drug money or something, my son (C) <u>could have been</u> in danger. It was a local gentleman's life possessions. He is grateful to have all of his possessions back." Nathan has had a letter from the police, saying he (D) <u>must be the most</u> _____ schoolboy in the country.

1 (A)~(D) 중 어법상 잘못 사용된 것은?

a. (A)
b. (B)
c. (C)
d. (D)

2 다음 중 빈칸에 들어갈 말로 가장 알맞은 것은?

a. obedient
b. curious
c. cowardly
d. honest

✤ **who it belonged to** 그것이 누구에게 속하는가

원래 who는 belonged to의 목적어이므로 whom이 되어야 하지만 구어체에서는 이렇듯 whom을 who가 대신할 수 있습니다. 그러나 전치사 바로 다음에 위치할 때는 반드시 whom을 써야 합니다. 다음의 예문으로 확인해 봅시다.

- ◐ **Who(m)** did you meet? 누구를 만났지?
- ◐ **With whom** did you stay? 누구와 함께 머물렀지? (= **Who(m)** did you stay with?)

✤ **If it had been drugs ~ , my son could have been in danger.**

만약 그것이 마약이었더라면 내 아들은 위험에 처했을 것이다.

가정법 과거완료의 문장입니다. 문법은 문법 그 자체를 위해 공부하는 것이 절대로 아닙니다. 읽기는 물론이고 말하기와 듣기 등 언어의 전 영역을 깊고 풍요롭게 하기 위해서 익히는 것입니다. 다시 말하면 독해를 할 때는 그저 단순히 뜻만 파악하기보다는 그 동안 익힌 많은 문법 사항들을 실제로 확인해 보는 습관을 가져야 할 것입니다.

✤ **have all of his possessions back** 그의 모든 재산을 되찾다

back은 '원래의 장소나 상태로 되돌아감' 을 의미합니다. 이와 관련된 여러 가지 표현들을 살펴보기로 합시다. 단어가 주는 느낌을 그대로 받아들이도록 해 봅시다.

- ◐ on one's way **back** 돌아오는[가는] 길에
- ◐ How much to New York and **back**? 뉴욕까지 왕복 얼마입니까?
- ◐ I had to pay **back** a debt of 100 dollars. 나는 100달러의 빚을 갚아야 했다.
- ◐ He often answers **back** to superiors. 그는 자주 윗사람들에게 말대꾸한다.

Chapter
22

Shall과 Should
(Shall & Should)

지금도 시중의 학습서를 보면 이 shall이라는 녀석에 대해 많은 오해가 있는 것 같습니다. 아직도 의지미래, 단순 미래로 구분하며 will과 shall을 외우고 있으니까요. 하지만 외국의 저명한 어법서에서조차 shall은 현대 영어에서 드문(rare) 표현이라고 언급하고 있습니다(Greenbaum & Quirk, *A Student's Grammar of the English Language*). 따라서 현대 영어, 그것도 특히 미국식 영어를 공부하는 우리의 입장에서는 관심이 shall보다는 should쪽으로 쏠릴 수밖에 없습니다. 특히 종속절에 쓰이는 should의 용법도 그간 많은 오해가 있었으므로 열심히 공부하여 확실히 익혀 두기 바랍니다.

성경이나 법률 문서와 같은 고어체 및 대단히 격식을 차린 글에서 당위 혹은 명령의 느낌을 전달하는 것을 제외하고, 현대 영어에서 사실상 shall은 잘 쓰이지 않는 조동사입니다. 그러므로 should를 중점적으로 다루어 보기로 합시다.

1. shall의 용법

앞서도 다룬 적이 있지만(chapter 4 시제일반) shall의 용법은 다음의 두 가지 표현을 기억하는 것으로도 충분합니다.

- **Shall I carry your bag?** (제가 ~할까요?)
  제가 당신의 가방을 들어 드릴까요?

- **Shall we go out for a meal?** (우리가 ~할까요?)
  우리 식사하러 나갈까요?

2. should의 용법

a. 의무(obligation)

'~해야 한다'로 해석되는 should는 그 당위성을 나타낼 때 '반드시 ~하지 않으면 안 된다(no choice)'라는 식의 강제성은 결여되어 있습니다. 오히려 '충고'나 '제안'에 가까운 뜻으로 '~하는 게 좋다고 판단된다,' '~하는 것이 옳다' 정도로 생각하면 됩니다.

- **You look tired. You should go to bed.**
  너 피곤해 보인다. 자러 가는 게 좋겠다.

- **People should drive a lot more carefully.**
  사람들은 훨씬 더 조심스럽게 운전해야 한다.

부정형인 should not 역시 강한 강제성은 결여되어 '~하지 않는 게 좋다,' '~하는 것은 옳지 않다' 정도로 생각할 수 있습니다.

- **You should not believe everything he tells you.**
  그가 네게 말하는 모든 것을 믿어서는 안 된다.

- You **should not** say things like that to Jane.
  제인에게 그렇게 얘기해선 안 된다.

b. 가능성(possibility)

will보다는 약하지만 may나 can보다는 강한 추측을 나타낼 때 should가 사용되며 회화에서 자주 볼 수 있습니다. 또한, 과거형으로 단정을 다소 약화시킨 것으로 볼 수도 있기 때문에 때로는 공손한 표현이 되기도 합니다.

- Mr. Jones **should** be back home by now.
  존스 씨는 지금쯤 집에 돌아와 있을 거야.

- It **should** be fine tomorrow.
  내일은 날씨가 좋을 거야.

- I've bought three pencils. — That **should** be enough.
  연필을 세 자루 샀어요 — 그 정도면 충분할 거야.

- I **should** think the green dress would look better than the red one. (공손한 표현)
  초록색 드레스가 빨간색 드레스보다 더 낫다고 생각해요.

- If Tom **should** phone while I'm out, tell him I'll phone him back. (가정법 미래)
  내가 나간 사이 혹시 톰이 전화하면 내가 다시 전화할 거라고 말해 주세요.

✤ 다음 문장에서 **틀린** 곳을 찾아 고치시오.

1. Parents should not spend as much time with their children as possible.

2. How I should know what she thinks about it?

✤ 빈칸에 가장 적절한 어구를 고르시오.

3. Let's start right now, _____ ?
   a. shall we   b. will we
   c. won't we   d. would we

4. A: I really feel sleepy.
   B: _____ I get you some coffee?
   a. Will   b. Would
   c. Shall   d. Do

5. If you _____ see Dr. Kim, please give him my best regards.
   a. would   b. should
   c. will   d. were to

Further
Study 1

의문사 + should

should는 의문사와 함께 쓰여 그 의문사의 뜻을 한층 더 강하게 만듭니다. 다음 예문들의 해석을 연습해 보기 바랍니다.

- **Who should come in but Mary!**
  누가 들어오나 했더니 바로 메리가 아닌가!

- **Why should he say that to you?**
  도대체 왜 그가 당신에게 그런 말을 하는 것일까요?

- **By what right should this money belong to you?**
  도대체 무슨 권리로 이 돈이 네 것이란 말이냐?

보면 알겠는데 막상 쓰려면 생각이 안 나는 경우가 많습니다. 외국어를 학습하는 입장에서 그것은 제대로 아는 것이 아닙니다.

c. should have + p.p.

① 과거에 이루지 못한 일에 대한 유감이나 후회: ～했어야 했는데

다른 조동사에도 'have+p.p.'가 붙어 과거를 나타내는 것처럼, should에도 'have+p.p.'가 붙어 과거에 이루지 못한 일에 대한 유감을 나타냅니다. should가 '～해야 한다'라는 현재의 의미이므로 'should have+p.p.'는 '～했어야 한다'는 과거의 의미가 됩니다.

- **I should have phoned** Mike this morning, but I forgot.
  오늘 아침에 마이크에게 전화했어야 했는데, 그만 잊어버렸다.

- I'm feeling sick now. I **should not have eaten** so much chocolate last night.
  지금 속이 좋지 않다. 어젯밤에 초콜릿을 그렇게 많이 먹지 말았어야 했다.

② 과거와 연관된 추측: (아마) ～이었을 것이다

should가 현재의 비교적 높은 가능성을 표현하므로 'should have+p.p.'는 과거와 관련된 상황에 대한 확신에 찬 추측을 나타낼 수 있습니다.

- It's ten o'clock: she **should have arrived** at the office now.
  열 시니까 그녀는 지금 사무실에 도착했을 거야.

- It's nine o'clock: they **should not have left** home yet — I'll phone them.
  아홉 시니까 그들은 아직 집을 떠나지 않았을 거야 – 전화해 봐야겠다.

d. that절에 쓰인 should

이에 관해서는 Chapter 13의 가정법 현재에서 잠깐 다룬 바가 있습니다. 여기에서는 좀 더 체계적으로 나누어서 살펴보도록 하겠습니다.

① 명령, 주장, 제안, 요구 등의 동사

해석을 해 보면 알겠지만 이러한 의미의 동사들은 대부분 자연스럽게 that절에 '당위성'을 부여합니다. 그리고 그 당위성은 should로 구체화되며, 이를 생략해도 가정법 현재 동사 즉, 동사원형이 당위성의 의미를 계속 나타냅니다.

- He **ordered/insisted/suggested/demanded** that nothing **(should) start** till he arrived.
  그는 자신이 도착할 때까지는 아무것도 시작해서는 안 된다고 명령/주장/제안/요구했다.

② 이성적 판단의 should

당위성, 필요성, 중요성, 소망 등을 나타내는 어구 다음의 that절에 사용된 should는 이성적 판단을
뜻합니다. 역시 이러한 should도 생략되어 가정법현재(동사원형)가 사용될 수 있습니다.

- It is important/necessary that he (should) study two foreign
  languages at least.
  그가 최소한 두 개의 외국어를 공부하는 것은 중요하다/필수적이다.

- It is our wish that the bill (should) be passed without delay.
  그 법안이 지체 없이 통과되는 것이 우리의 소망이다.

③ 감정적 판단의 should

주로 의외의 놀람이나 유감스러움을 나타내는 표현 다음의 that절 안에 쓰이는 should는 감정적 판
단을 뜻하며 '~하다니' 정도로 해석합니다.

- It's surprising/astonishing that he should say that kind of
  thing to you.
  그가 네게 그런 말을 하다니 참 놀랍다.

- It is a pity that he should have failed in the exam.
  그가 시험에 떨어졌다니 유감이다.

한 가지 주의할 점은 위의 두 예문에서 should를 뺐을 경우입니다. 이성적 판단의 should와는 달리,
감정적 판단의 경우에는 should가 생략되어도 가정법현재(동사원형)를 쓰지 않습니다. 즉 that절 내
의 동사를 직설법으로 해야 하며, 그렇게 되면 의미상으로도 약간의 차이가 생깁니다. should가 있는
문장이 말하는 사람의 주관적 감정(놀라움)이 개입된 것이라면, 직설법이 쓰인 문장은 주관성은 배제
된 객관적 진술이 되는 것입니다. should가 빠지고 직설법이 쓰인 다음 두 예문의 해석을 잘 음미해
보기 바랍니다.

- It's surprising/astonishing that he says that kind of thing to
  you.
  그가 네게 그런 말을 하는 것은 놀라운 일이다.

- It is a pity that he failed in the exam.
  그가 시험에 떨어졌다는 것은 유감이다.

that절 내 should의 사용과 관련하여 좀 복잡하게 '명령/주장/제안/요구의 동사, 이성적 판단, 감정적
판단'과 같이 구분하여 배우고 있지만, 실제로 원어민 학생들이 보는 문법책을 보면 'that절 내의
should는 화자의 의견(opinion)을 진술한다'라고 간단히 설명되어 있습니다. 매우 합리적인 설명 방
식이 아닐 수 없습니다. 하지만 그들만큼의 직관(intuition)이 부족한 우리 같은 외국어 학습자의 입장
에서는 좀 복잡하더라도 하나하나 나누어서 정리해 두는 것이 가장 효과적입니다.

✚ 다음 문장의 틀린 부분을 고치시오.

1. You didn't come here on time. You would have been punctual not to disappoint us.

2. It is imperative that the government will reduce the expenditure.

3. So you haven't written a letter of thanks to her. You should by now.

4. Since my blood pressure is high, the doctor insists that I will stop smoking.

5. I'm sorry he think I did it on purpose.

Further Study 2

무조건 should만?

다음 주어진 예문의 비문법성을 한번 따져보기 바랍니다.

- **Many witnesses insisted that the accident should take place on the crosswalk. (X)**

많은 학생들이 명령, 주장, 제안, 요구, 당위성, 필요성, 중요성 등의 어구에 동반하는 that절에서는 무조건 should나 가정법현재를 사용해야 하는 것으로 생각하는 경향이 있지만, 꼭 그렇지만은 않으므로 주의를 요합니다. 그렇게 본다면 위의 예문은 틀릴 것이 없습니다. 그렇지만 위의 예문은 분명히 문법적으로 잘못되었습니다. 종속절에 should나 가정법현재를 사용한다는 것은 that절 앞의 어구들이 that절에 당위성을 부여할 때에 한하기 때문입니다. '목격자들이 사고가 일어나야 한다고 주장했다' 라고 해석하는 것은 이치에 맞지 않는 우스꽝스러운 표현이 됩니다. 즉, 이 경우 동사 insisted는 that절에 당위성을 부여하는 것이 아니라 that절의 사실을 그대로 주장하는 것이므로 should를 빼고 직설법으로 표현해야 맞습니다. 그러면 어떻게 고쳐야 할까요? 사고가 일어난 시점이 주장한 시점보다 먼저이므로 대과거(had+p.p.)를 이용해서 should take place를 had taken place로 고치는 것이 가장 무난하겠습니다. 의미(meaning)를 배제한 기계적인 형태(form)의 암기가 얼마나 위험한 것인가를 잘 보여주는 예문이라 하겠습니다.

A legend (A) <u>has it that</u> an early emperor of China who was also a scientist ordered, (B) <u>among other things</u>, that all drinking water (C) <u>was boiled</u> as a hygienic precaution. One summer day while visiting a distant region of his realm, he and the court (D) <u>stopped to rest</u>. In accordance with his ruling, the servants began to boil water for him and the court to drink. Dried leaves from the nearby bush fell into the boiling water, and a brown liquid was infused into the water. The Emperor was interested in the new liquid, drank some, and found it very refreshing. Tea was created in that way.

1 (A)~(D) 중 어법상 잘못 사용된 것은?

a. (A)
b. (B)
c. (C)
d. (D)

2 다음 중 본문의 제목으로 가장 알맞은 것은?

a. Tea in Early China
b. The Origin of Tea
c. What an Emperor Should Have
d. Chinese Legendary Story

KEY STRUCTURE

✤ **A legend has it that ~** ~라는 전설이 있다

이 표현은 앞에서 한 번 다룬 적이 있습니다. 통계에 따르면 어떤 표현을 열 번 이상 마주쳐야 자기 표현이 된다고 합니다. 그만큼 많은 시간을 들여야 한다는 것이겠죠.

✤ **among other things** 특히, 다른 것도 있지만 그중에서도

among others로 쓸 수도 있으며 above all과 비슷한 말입니다. 사실 해석을 해 보아도 '다른 것들 중에서'이지 않습니까? 그렇게 따지면 이해하기 쉽습니다. 언급하려고 하는 것 외에도 다른 것들이 존재함을 나타내는 표현입니다. 이처럼 단순한 의미를 외우는 것보다는 어떤 말이나 표현이 쓰이는 정확한 상황을 파악하는 것이 중요합니다. 예를 봅시다.

○ What sports does he like? Soccer **among other things.** 그는 스포츠 중에서 뭘 좋아하지? 축구를 특히 좋아해.
○ **Among others** there was the President. 다른 사람에 섞여 대통령도 있었다.

✤ **stopped to rest** 쉬기 위해 멈추었다

동사 stop과 관련한 내용은 시험에서 빈번히 출제됩니다. 'stop+to부정사'는 '~하기 위해 멈추다'이고 'stop+~ing'는 '~을 그만두다, 끊다'라는 의미입니다. 다음은 거의 모든 문법서에서 가장 흔하게 다루는 예문입니다.

○ He **stopped to smoke.** 그는 (길을 가다가) 담배를 피우기 위해 멈추어 섰다.
○ He **stopped smoking.** 그는 (지금껏 피우던) 담배를 끊었다.

215

Must, Ought to와 그 밖의 조동사들
(Must, Ought to & Others)

문법(grammar)과 용법(usage)은 다른 의미입니다. 문법이 전체적인 개념과 윤곽을 다루는 것이라면 용법은 개개의 쓰임새를 언급하는 것이라 할 수 있겠습니다. 그런 관점에서 본다면 지금 우리가 공부하는 조동사는 용법의 차원에서 접근하는 셈이 됩니다. 이런 개별 용법의 공부는 일단 외우는 것이 기본입니다. 지금껏 배운 조동사 각각의 대표적인 의미를 머릿속에 그려 보기 바랍니다. 그리고 거기에다 이제 남은 마지막 한 장을 추가해 보십시오. 조동사에 대한 그림이 그려질 것입니다. '가능성, 의무, 허가…' 이런 기본 의미들을 생각해 보며, '개별 조동사의 선택과 시제형에 따른 의미상의 변화, have p.p.를 이용한 과거 표현…' 이런 식으로 말입니다.

나중에 큰 백지를 놓고 조동사의 내용을 나타내는 도표를 그릴 수 있을 정도는 돼야 합니다. 공부하는 내용을 재구성할 수 없으면 그것은 끝까지 자기 것이 될 수 없습니다.

이제 Chapter 18에서 제시한 10개의 조동사 중 must와 ought to, 이렇게 두 개가 남았습니다. must는 지금껏 등장한 조동사 가운데 가장 강한 말이라고 생각하면 되고, 또 ought to는 앞에서 배운 should와 거의 같다라고 생각하면 쉽게 접근할 수 있습니다.

1. must

a. 강한 의무(strong obligation)

should보다 훨씬 강제성이 짙으며 사실상 선택의 여지가 없음(no choice)을 나타냅니다. 유사한 표현으로는 have to가 있지만 부정형은 완전히 다른 의미를 나타내므로 주의해야 합니다. 즉 must not은 '~해서는 안 된다'는 금지를 나타내는데 비해, don't have to는 '~할 필요가 없다(need not)'라는 뜻입니다.

- **You must[have to] go to work now.** (~해야 한다)
  지금 출근해야 한다.

- **You must not go to work now.** (~해서는 안 된다)
  지금 출근해서는 안 된다.

- **You don't have to go to work now.** (~할 필요가 없다)
  = You need not go to work now.
  지금 출근할 필요가 없다.

또 대형태(代形態) have to는 없어서는 안 될 아주 중요한 용도를 가지고 있습니다. 왜냐 하면 must는 자체의 과거형과 미래형이 없기 때문에 과거의 의무는 'had to'로, 미래의 의무는 'will have to'로 나타낼 수 있기 때문입니다.

- **You had to go to work yesterday.** (~해야 했다)
  너는 어제 출근해야 했다.

- **You will have to go to work tomorrow.** (~해야 할 것이다)
  너는 내일 출근해야 할 것이다.

지금까지 배운 will, may, should보다 훨씬 강한 추측으로 '~임에 틀림없다' 라는 의미입니다. '~이 었음에 틀림없다' 라는 과거의 추측은 당연히 'must have+p.p.' 로 나타냅니다.

- **This must be the best car in Korea.** (~임에 틀림없다)
  이것이 한국에서 가장 좋은 자동차임에 틀림없다.

- **This must have been the best car in Korea.** (~이었음에 틀림없다)
  이것이 한국에서 가장 좋은 자동차이었음에 틀림없다.

추측으로 쓰인 must의 반대 표현은 '~일 리 없다' 라는 의미의 cannot입니다. 물론 과거형은 'cannot have+p.p.' 의 형태입니다.

- **This cannot be the best car in Korea.** (~일 리 없다)
  이것이 한국에서 가장 좋은 자동차일 리 없다.

- **This cannot have been the best car in Korea.** (~이었을 리 없다)
  이것이 한국에서 가장 좋은 자동차이었을 리 없다.

2. ought to

ought to는 그 의미와 용법이 should와 거의 똑같다고 보면 됩니다. 즉 should와 마찬가지로 의무 (obligation)와 가능성(possibility)의 뜻을 지닙니다.

- **I really ought to phone father now.** (의무)
  나는 지금 정말 아버지께 전화 드려야 한다.

- **That ought to be a great game.** (가능성)
  그건 분명 대단한 시합이 될 거야.

- **People ought not to drive when they are drunk.**
  (부정형: not의 위치는 to의 앞)
  술에 취했을 때는 운전해서는 안 된다.

✤ 다음 문장의 틀린 부분을 고치시오.

1. You don't have to annoy your father because he is reading a newspaper.

2. He graduated from university earlier than expected. He could have been an industrious and smart student.

3. Attitudes held by individuals must to be inferred only from their behavior.

4. How high does this flight must maintain its altitude?

5. You ought to not smoke so much.

ought to have p.p.

'ought to have+p.p.'는 'should have+p.p.' 처럼 '~했어야 했는데' 라는 과거 사실에 대한 후회나 유감을 나타내는 것이 기본 의미이고, '~이었을 것이다' 라는 과거에 대한 추측의 의미도 있습니다. 아래의 ought to에 관한 예문은 'should have+p.p.'를 다룰 때 보았던 것과 동일한 예문입니다. should를 ought to로 바꾸어 놓은 것뿐입니다. 그만큼 should와 ought to는 유사합니다.

1. ~했어야 했는데

- I **ought to have phoned** Mike this morning, but I forgot.
- I'm feeling sick. I **ought not to have eaten** so much chocolate last night.

2. '(아마) ~이었을 것이다'

- It's ten o'clock: she **ought to have arrived** in the office.
- It's nine o'clock: they **ought not to have left** home yet. — I'll phone them.

지금까지 배운 10개의 조동사들은 Chapter 18에서 언급했던 조동사의 공통된 특성에서 벗어나지 않습니다. 그러나 이제 제시하려는 조동사들은 일부 기능에서 그 공통된 특성의 외곽에 위치하고 있다고 봐야 할 것입니다. 하나씩 자세히 살펴보기로 합시다.

3. need, dare

need(~할 필요가 있다)와 dare(과감히 ~하다)는 일반 동사와 조동사의 양면성을 모두 지닙니다. 그래서 정식 조동사의 범주에서 빠져 있는 것입니다. 특히 dare의 경우는 조동사와 일반 동사의 특성이 혼합된 형태로 나타나기도 합니다.

a. 긍정문에서는 일반 동사(동사 변화를 하고 to부정사를 동반)

- He **needs to** be well-dressed today because he's going to meet his girlfriend.
  그는 오늘 여자 친구를 만나기 때문에 옷을 잘 입을 필요가 있다.

- He **dares to** kiss her in front of the public.
  그가 사람들 앞에서 감히 그 여자에게 키스하려고 한다.

b. 의문문과 부정문에서는 조동사 or 일반 동사

- **Need he** be well-dressed today? (조동사)
  = Does he **need to** be well-dressed today? (일반 동사)
  그가 오늘 옷을 잘 차려입을 필요가 있습니까?

- He **need not** be well-dressed today. (조동사)
  = He doesn't **need to** be well-dressed today. (일반 동사)
  그는 오늘 옷을 잘 차려입을 필요가 없다.

- **Dare he** kiss her in front of the public? (조동사)
  = **Does he dare to** kiss her in front of the public? (일반 동사)
  감히 그가 사람들 앞에서 그녀에 키스한단 말입니까?

- He **dare(s) not** kiss her in front of the public. (혼합)
  = He doesn't **dare (to)** kiss her in front of the public. (혼합)
  그는 감히 사람들 앞에서 그녀에게 키스하지 못한다.

4. had better

'~하는 것이 좋다'로 해석되어 주로 손아랫사람에게 무언가를 권유하는 표현이기도 하지만, 뉘앙스에 따라 강력한 충고(strong advice)나 심지어는 협박(threat)으로 들릴 수도 있으므로 주의해야 합니다.

· **You had better leave now.** (권유)

지금 떠나는 게 좋겠다.

· **You had better help me. Otherwise, there'll be a revenge.**
(강력한 충고, 협박)

나를 도와주는 게 좋을 걸. 안 그러면 복수할 거야.

5. used to

'~하곤 했다, 예전에는 ~이었다'라는 뜻으로 보통 우리가 과거의 습관이라고 알고 있는 표현입니다. 습관 이라는 말에는 이미 어느 정도의 규칙성이 배어 있으므로 구태여 이와 비슷한 표현인 would와 구분지어서 used to는 규칙적 습관이고 would는 불규칙적 습관으로 복잡하게 나누어 이해하는 것은 좀 잘못된 것입 니다.

· **We used to swim every day when we were children — we would run down to lake and jump in.**

우리가 어린아이였을 때는 매일 수영을 하곤 했죠 — 호숫가로 곧장 달려가서는 첨벙 뛰어들곤 했 어요.

오히려 알아 두어야 할 것은 would는 동작 동사(action verb)를 수반할 수 있지만 상태 동사(state verb) 를 수반할 수 없다는 것입니다. 그것은 would에 비연속성의 의미가 들어 있기 때문입니다.

· **There used to be a pond in front of my house.**
There would be ~ . (X)

옛날에 우리 집 앞에 호수가 하나 있었죠.

✤ 다음 문장의 틀린 부분을 고치시오.

1. You had not better wake up the sleeping baby.

2. A: Do you still love her?
   B: No, I don't, but I would in the past.

✤ 빈칸에 가장 적절한 어구를 고르시오.

3. Susan has lived in America for a long time, so she _____ speaking English.
   a. used to   b. is used to
   c. use to   d. would

4. A: Would you like me to go skiing with you?
   B: No, you _____ with me.
   a. need not to go   b. do not need go
   c. need not go   d. need to not go

5. Not too many centuries ago, women _____ meet with men on an equal basis.
   a. did dare not   b. dared not to
   c. did not dare to   d. did not to dare

조동사를 마치며

이 책의 1/5에 해당하는 여섯 Chapter(18~23)에 걸쳐 조동사를 비교적 자세히 방대하게 다루어 보았습니다. 그럼에도 불구하고 겨우 조동사의 큰 윤곽을 잡은 것에 불과한 것 같습니다. 화자의 심리적 상태를 서술하는 조동사는 서로 간에 비슷한 점도 많지만 경우에 따라서는 뉘앙스에 많은 차이가 있습니다. 학습자 여러분께 권하고 싶은 것은 어느 정도 영어가 됐다고 싶을 때는 비교적 큰 영한사전을 통해 조동사들을 다시 하나씩 찾아서 꼼꼼하게 읽어 보라는 것입니다. 문법책보다 훨씬 더 자세하고 많은 예문들이 있습니다.

Archimedes was well known (A) _____ a master at mathematics and spent most of his time contemplating new problems to solve, becoming at times so involved in his work that he forgot to eat. Lacking the blackboards and paper of modern times, he used any available surface, from the dust on the ground to ashes from an extinguished fire, to draw his geometric figures. Never giving up an opportunity to ponder his work, even after bathing and anointing himself with olive oil, he (B) _____ trace figures in the oil on his own skin.

1 다음 중 빈칸 (A)에 들어갈 말로 가장 알맞은 것은?

a. to
b. by
c. as
d. for

2 다음 중 빈칸 (B)에 들어갈 말로 가장 알맞은 것은?

a. may
b. dared
c. would
d. needed

✤ spent most of his time (on) contemplating ~

그의 대부분의 시간을 ~에 관해 생각하며 보냈다

'spend＋시간/돈＋~ing'의 형태로 '~하며 시간/돈을 사용하다'라는 뜻으로, 아주 자주 쓰이는 구문입니다. 전치사 on은 흔히 생략되기도 합니다. 물론 동명사형 ~ing 대신 다음 예문에서처럼 명사가 올 수도 있습니다.

Do not **spend** much money **on** such a thing. 그러한 것에 많은 돈을 쓰지 마라.

✤ he forgot to eat 그는 식사할 것을 잊어버렸다

forget/remember/regret 등의 동사 다음에서 부정사는 미래의 의미를, 동명사는 과거의 의미를 갖습니다.

- ⊙ Don't **forget to bring** me a present. 내게 선물 가져올 것을 잊지 마세요.
- ⊙ I totally **forgot saying** such a serious remark to her. 나는 그녀에게 그토록 심각한 말을 했던 것을 잊어버렸다.
- ⊙ I **regret to tell you** that there was an accident. 사고가 있었다는 사실을 말씀드리게 되어 유감입니다.
- ⊙ I **regret being** unable to help you. 도움이 될 수 없었던 점을 유감스럽게 생각합니다.

✤ his geometric figures 그의 기하학적인 도형들

figure라는 명사는 기본적으로 '모양(shape)'의 의미에서 출발하여 '모습, 인물, 도형, 상징, (모양과 윤곽을 파악하게 해 주는) 수치, 도표' 등의 의미를 가집니다. 동사로서도 '모양을 그리다'의 의미에서 '머릿속에 그리다, 생각하다, 수치를 계산하다' 등의 의미가 있습니다. 피겨스케이팅(figure skating)이 얼음 위에 아름다운 '모양'을 그리는 것이라고 생각하면 이해하기 쉽습니다. 이와 같이 다의어(多義語)에는 핵심적인 의미가 있는 경우가 많으며 어휘력이 풍부해지는 데 많은 도움이 됩니다.

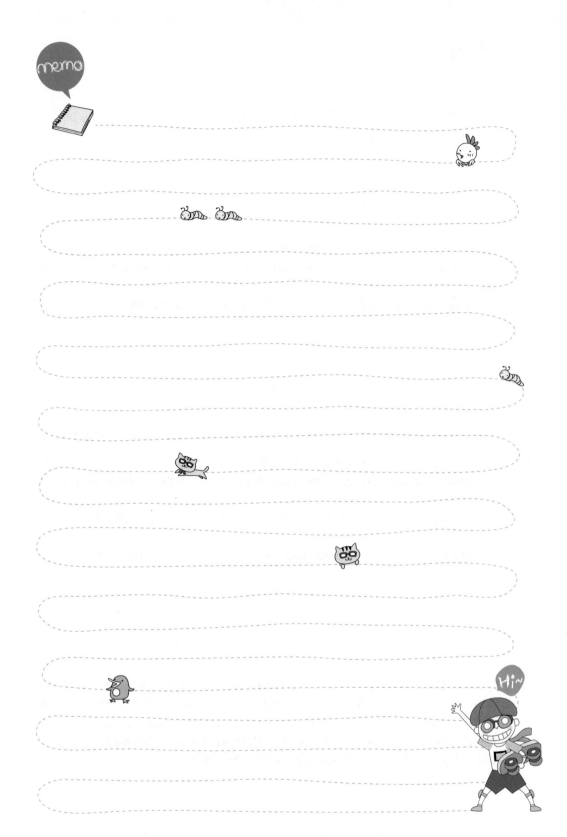

Chapter 24

명사의 기본적 분류
(Countable Noun vs. Uncountable Noun)

Chapter 1에서 Chapter 3까지 문법 학습을 위한 최소한의 기본기를 닦았다면, Chapter 4에서 Chapter 23까지는 동사에 관한 여러 가지 문법 사항들을 살펴보았습니다(이를 '동사편'이라고 합니다). 이제부터는 동사 이외의 품사들을 열거하겠습니다(이를 '품사편'이라고 합니다). 그 첫 내용으로 여기에서는 명사에 관한 가장 본질적인 내용을 찾아보려 합니다. 영어 제목에서 알 수 있듯 명사는 세느냐 못 세느냐로 따른 분류하는 것이 가장 중요합니다. 그런데 문제는 원어민이 어떻게 분류하느냐는 것입니다. 원어민의 직관에 더 가깝게 다가서기 위해 분류 메커니즘을 한번 생각해 보고자 합니다.

영어의 명사(noun)는 기본적으로 '셀 수 있는 명사'와 '셀 수 없는 명사'로 나눌 수 있습니다. 또 우리말과 다르게 영어에서는 단·복수의 개념이 뚜렷하므로 이 점을 염두에 두고 시작해 보기로 합시다.

1. 셀 수 있는 명사 = 가산명사(countable noun)

a. 종류: 보통명사(common noun), 집합명사(collective noun)

'책, 연필, 책상, 학생, 선생님…'과 같이 사람이나 사물의 일반적인 명칭을 보통명사라고 하며 단수를 나타내는 부정관사 a/an이나 복수형 접미사 -(e)s를 붙일 수 있습니다.

- **a** teacher (단수) — **three teachers** (복수)
- **an** English teacher (모음 앞에서는 an으로) — **three English teachers**

또 여러 개체들이 모여서 이루는 집단은 집합명사로 분류합니다. 집단으로 보면 하나이고 개체들로 보면 복수이기 때문에 단수로 해야 할지 복수로 해야 할지 난감할 수 있겠지만 현대 영어 – 특히 미국식 영어 – 에서는 단수와 복수를 크게 구분하지 않는 경향이 있습니다.

- **Our <u>family</u> is going to travel to Europe next week.**
  (전체를 하나의 개체로 보아 단수 취급)
  우리 가족은 다음 주에 유럽으로 여행을 가려고 합니다.
- **Our <u>family</u> are all early risers.** (구성원 각각에 초점을 두어 복수 취급)
  우리 가족은 모두들 일찍 일어납니다.
- **The <u>government</u> is[are] against the issue.**
  (구분 안 함 – 단수로 취급하는 경우가 많음)
  정부는 그 문제에 반대합니다.

b. 특징: 경계성(boundedness), 비균질성(heterogeneity)

가산명사의 가장 큰 특징은 외부적 경계성과 내부적 성분의 비균질성입니다. 자전거(bicycle)를 예로 들어 봅시다. 경계성이란 3차원의 공간 속에서 자전거가 형상의 윤곽을 이루는 테두리(경계)를 가지고 있다는 것입니다. 비균질성이란 그 개체 내부의 구성 상태가 '핸들, 바퀴, 페달…' 등과 같이 서로 다른 구성 성분으로 이루어져 있다는 것입니다. 어떤 것을 하나 둘 센다는 것은 이렇듯 내부적으로 비균질적인 구성이며, 동시에 외부적으로 경계가 둘러져서 다른 것과 구분될 수 있는 독립된 개체를 세는 것입니다. 좀 난해한 개념이긴 하지만 다음 절에 등장할 불가산명사의 특징과 비교하면 더 쉽게 이해될 것입니다.

✚ 다음 제시된 문장의 틀린 부분을 고치시오.

1. I quit the job because I could earn only 10 dollars a hour.

2. There are much new items to purchase.

3. A number of peoples in this country are immigrants.

4. There are three family left in this area.

5. What I need right now is none other than chair to sit on.

Further Study 1

1. 짝을 이루는 물건은 항상 복수형으로

두 개가 있어야만 완전함을 이루는 물건들이 있습니다. 이런 것들은 항상 복수형으로 씁니다. 자주
나오는 단어로 다음과 같은 것들이 있습니다.

- scissors 가위, trousers/pants 바지, shoes 신발,
  spectacles/glasses 안경
- chopsticks 젓가락, socks 양말, suspenders 멜빵, tongs 집게, 부젓가락

2. 분화복수(differentiated plurals)

단수형과 복수형의 의미가 서로 다른 경우를 말합니다.

- air 공기 airs 점잔 빼는 태도, authority 권위 authorities 당국
- custom 습관 customs 관세, good 선 goods 상품
- pain 고통 pains 노력, arm 팔 arms 무기

2. 셀 수 없는 명사 = 불가산명사(uncountable noun)

a. 종류: 추상명사(abstract noun), 물질명사(material noun), 고유명사(proper noun)

사전을 찾았을 때 Ⓤ로 표시되어 있는 명사가 있을 겁니다. 이것이 바로 '셀 수 없는 명사,' 즉 '불가산명사' 로서 uncountable의 앞 철자를 딴 것입니다. 셀 수 없으므로 아예 단 · 복수의 개념이 있을 수 없습니다. 따라서 부정관사 a/an을 붙일 수 없고 복수형의 -(e)s도 불가능합니다. '추상명사, 물질명사, 고유명사' 이렇게 세 가지가 이 불가산명사로 분류됩니다.

- **Friendship is important, especially in childhood.**
  (추상명사 – 만질 수 없는 추상적 개념)
  우정은 중요한데 특히 어린 시절에 그러하다.

- **Milk is good for children's health.**
  (물질명사 – 액체, 기체 등의 윤곽이 불분명한 물질)
  우유는 아이들의 건강에 좋다.

- **Kwanghee is my best friend.**
  (고유명사 – 세상에 하나밖에 없어 셀 필요가 없는 명사)
  광희는 나의 가장 좋은 친구이다.

이 중 추상명사나 물질명사는 그 자체를 셀 수는 없지만 조수어(numerative)와 함께 쓰일 때는 복수의 개념을 나타낼 수도 있습니다. 조수어란 아래 예문의 cups, pieces와 같은 말들을 가리킵니다.

- **Three cups of milk a day enable you to live a lively life.**
  하루 세 컵의 우유는 활기찬 생활을 하게 해 준다.

- **He gave me two pieces of advice on that matter.**
  그는 그 문제에 관하여 나에게 두 가지 충고를 해 주었다.

b. 특징: 비경계성(unboundedness)과 균질성(homogeneity)

가산명사의 특징이었던 경계성, 비균질성과는 정확히 반대의 내용입니다. 즉, 불가산명사는 3차원의 공간 속에서 그것을 독립된 개체로 만들어 주는 외부적 경계가 없다는 것입니다. 또한 인간의 감각을 기준으로 그 내부적 성분이 모두 균일한 것으로 이해할 수 있습니다. 물(water)과 공기(air)를 예로 들어 보면 쉽게 이해가 갈 것입니다. 경계가 없으니 하나(단수)의 개념이 없으며, 하나의 개념이 없으니 여러 개(복수)의 개념도 없는 것입니다. 그러면 영어에서 불가산명사로 취급하는 분필(chalk)은 어떻게 설명하느냐구요? 꼭 셀 수 있을 것도 같은데 말이죠. 분필을 한번 반으로 잘라 보십시오. 무엇입니까? 분필입니다. 다시 반으로 자르십시오. 또 분필입니다. 수없이 잘라도 그것은 계속 분필입니다. 수의 개념이 모호한 내부적으로 구성 성분이 균질한 물질인 것입니다. 가산명사인 자전거(bicycle)는 어떻습니까? 반으로 잘라 보십시오. 자전거입니까? 아닙니다. 이것은 바로 내부적 성질의 비균질성 때문입니다. 지금까지의 내용을 정리해 보면, 가산명사는 비균질적인 유(有)경계의 '물체' 혹은 '개체'이며, 불가산명사는 균질적인 무(無)경계의 '물질'이나 '개념'이 됩니다.

3. 가산명사와 불가산명사의 교차

한국인의 숫자 감각과 영미인들의 숫자 감각은 다릅니다. 가산이냐 불가산이냐의 기준은 그들 머릿속의 기준에 따른다는 것이죠. 더욱 당황스러운 것은 가산명사와 불가산명사를 명확히 구분해 놓았다 하더라도 실제로는 불가산명사를 가산명사화하거나 가산명사를 불가산명사화해 사용하는 경우가 빈번하다는 것입니다. 이 내용은 Chapter 1의 Further Study 1에서도 이미 한 번 다룬 적이 있습니다.

a. 불가산명사 → 가산명사

불가산명사를 가산명사처럼 썼다는 것은 경계가 부여된 것으로 개체화시켜 이해하였다는 뜻입니다.

- **Two coffees, please.** (용기에 담긴 것으로 개체화)
  커피 두 잔 부탁합니다.

- **They sell various wines at that store.** (제품으로 개체화)
  그 가게에서는 다양한 와인들을 판매한다.

- **I had an interesting experience yesterday.** (재미있는 경험으로 개체화)
  나는 어제 재미있는 경험을 했다.

b. 가산명사 → 불가산명사

가산명사를 불가산명사로 썼다는 것은 내부적 성질이 균질한 일종의 물질로 이해하였다는 뜻입니다.

- **Because I ran over the cat, there was much cat on the road.**
  (고양이 살점)
  내가 고양이를 치었기 때문에 길은 고양이 살점으로 흥건했다.

- (개미끼리의 대화에서) **I don't like shelf — I'd rather eat table.** (음식물)
  나는 선반을 좋아하지 않아. 차라리 식탁을 먹을 거야.

✜ 다음 중 <u>틀린</u> 부분을 고치시오.

1. He didn't have many fun at the movies.

2. We have a lot of luggages.

3. The news of his death are hard to believe.

4. The friendship between Ted and Michael reached their highest point this year.

5. Mr. Lee went to the school library because he wanted some informations.

추상명사 관련 기타 사항

1. of + 추상명사 = 형용사

 • of use = useful, of value = valuable, of beauty = beautiful, of experience = experienced, of wisdom = wise

2. of 이외의 전치사 + 추상명사 = 부사

 • with ease = easily, with care = carefully
 • in reality = really, in brief = briefly
 • on purpose = purposely, by accident = accidentally

3. all + 추상명사 = 추상명사 + itself = very 형용사

 • He is all kindness. = He is kindness itself. = He is very kind.

4. have the 추상명사 to V: 추상명사하게도 V하다 (추상명사를 부사적으로 해석)

 • He had the kindness to show me the way.
 그는 친절하게도 나에게 길을 알려 주었다.

 = He was so kind that he showed me the way.

 = He was kind enough to show me the way.

 = He was so kind as to show me the way.

 = He kindly showed me the way.

When Rosa was 11, she went into a store with her cousin, who asked for a soda. The answer: "We don't serve <u>sodas</u> to colored people." This was legal at that time, but Rosa knew it was wrong. Years later, in 1955, Rosa had a chance to act courageously on her convictions. By law, black people had to sit in the back of city buses and stand if a white person needed a seat. Rosa refused to give up her seat to a white man. She was arrested. This led blacks to boycott Montgomery buses until the unjust law was changed.

1 다음 중 밑줄 친 sodas의 어법성에 관한 설명으로 가장 올바른 것은?

a. a cup of soda로 바꾸어야 한다.
b. soda 대신 beverage 같은 말을 써야 한다.
c. 아무런 문제가 없으므로 고칠 필요가 없다.
d. cups of soda로 바꾸어야 한다.

2 다음 중 이 글의 주인공을 묘사한 말로 가장 적절한 것은?

a. ingenuous
b. thoughtful
c. considerate
d. courageous

✤ **on her conviction** 그녀의 신념에 따라

'확신, 신념'을 뜻하는 conviction이라는 단어를 어렵사리 외웠다고 칩시다. 그런데도 막상 영작을 하려면 그 앞에 어떤 전치사를 써야 할지 참 난감할 때가 많습니다. 출제자들은 언제나 이런 것을 노리기도 합니다. 방법은 하나입니다. conviction 앞의 on까지 같이 줄을 그어 가며 외우는 것입니다. 덩어리로 이해하고 덩어리로 표현하지 않으면 외국어 학습은 매우 어려워집니다.

✤ **had to sit** 앉아야 했다

강한 의무를 나타내는 must라는 표현은 시제형이 제한적인 조동사입니다. 그나마 다른 조동사들이 갖고 있는 과거형도 따로 없습니다. 그래서 유사표현인 have to를 빌리게 되는 것입니다. 과거는 had to, 미래는 will have to로 하면 되겠지요?

✤ **refused to give up** 포기[양보]하기를 거절했다

'~을 거절하다'라고 말할 때 목적어는 거절한 내용이 아니라 거절할 내용입니다. 따라서 refuse라는 동사는 목적어로 동명사가 아닌 부정사를 취하게 되는 것입니다. 이 책을 제대로 공부했다면 지금 다루는 이런 내용이나 위의 내용들도 생소하지 않아야 정상입니다. 아무 곳이나 펼쳐 보아도 익숙할 때 비로소 그 책을 마스터했다고 말할 수 있을 것입니다.

Chapter 25

정관사 the의 기본 개념
(Fundamentals of the Definite Article 'the')

'아니, 관사에는 정관사뿐만 아니라 부정관사나 또 아예 관사를 쓰지 않는 무관사란 것도 있는데 왜 제목에는 정관 사만 나와 있지?' 아마 이렇게 생각했다고 해도 무리는 아닐 겁니다. 그렇지만 걱정할 필요는 없습니다. 군데군데 필요한 내용은 다 있으니까요. 그러나 정관사를 대표로 내세운 것은 그만한 이유가 있기 때문입니다. 명칭에서 조 금은 짐작할 수 있듯이 정관사와 부정관사는 어느 정도 상반된 개념을 지니고 있습니다. 그러므로 정관사 하나만 확실하게 정리하여 둔다면 나머지는 어렵지 않게 접근할 수 있습니다. 영어를 수십 년 공부하고도 관사의 쓰임이 혼동된다는 이들을 주변에서 많이 볼 수 있습니다. 그만큼 관사의 사용은 까다롭습니다. 따라서, 여기에서는 이러 한 관사의 복잡한 쓰임새를 잘 이해할 수 있도록 기반을 확실히 닦아 보도록 하겠습니다.

a/an을 '부정관사' 라 하고 the를 '정관사' 라 부르는데 그 차이는 무엇일까요? 용어의 정의에 충실하여 '부정(不定, indefinite)'과 '정(定, definite)'의 의미를 확실히 구분하는 것만으로도 관사를 올바로 이해하기에 부족함이 없습니다.

1. 앞에 나온 명사를 지칭할 때

· My mother gave me <u>a book</u> yesterday and I like the book very much.

어머니가 어제 책을 한 권 주셨는데 나는 그 책이 매우 좋다.

위의 예문에서 the book은 앞서 나온 a book을 지칭하고 있습니다. a book은 대화에 처음으로 등장한 막연하고 정해지지 않은 – 즉 부정(不定)의 – 책이지만, the book은 말하는 사람과 듣는 사람이 이제 동시에 인식하여 알고 있는 – 즉 정(定)해진 개체인 – '어제 어머니가 주신 책'을 의미합니다.

2. 수식어구의 한정을 받는 명사 앞에

a. I sat down on a chair.

나는 (어떤 하나의) 의자에 앉았다.

b. I sat down on the chair <u>by the door</u>.

나는 문 옆에 있는 의자에 앉았다.

a에서 a chair는 주위의 많은 의자들 중에서 그저 막연한 하나로, 특정 대상을 지칭하는 것이 아니지만, b에서 the chair는 '문 옆에 있는(by the door) 의자'로 언급하는 대상이 뚜렷하게 정해져 있습니다. 이렇게 지칭 범위가 축소되는 것을 보통 문법적으로는 '한정을 받는다' 라고 말합니다. 즉, 불특정 다수 중의 막연한 하나를 가리킬 때는 부정관사 a/an을 사용하고, 구체적으로 알 수 있는 특성화된 사물을 지칭할 때는 정관사 the를 씁니다.

이상 두 가지의 내용을 종합해보면 '앞서 한 번 나온 것' 이든지 아니면 '수식어구의 한정을 받아 그 범위가 구체화된 것' 이든 간에 공통적으로 '정해진 정보'를 전달하고 있음을 알 수 있습니다. 즉 위의 예문들에서 the book과 the chair는 문장 내부에서 그 의미의 범위를 정해 주는 단서들 — '어머니가 어제 사 주셨다,' '문 옆에 있다' — 로 인해 결국 말하는 사람과 듣는 사람이 이미 인식하고 있는 정보를 전달하고 있습니다. 따라서 정관사(定冠詞)는 '정(定,)' 이란 문자 그대로 정해진 정보를 의미하는 것이고, 부정관사(不定冠詞)는 '부정(不定)' 이란 문자 그대로 정해지지 않은 막연한 정보를 나타냅니다.

✤ 다음 문장의 틀린 부분을 고치시오.

1. Did she get a job she applied for?

2. I am going to America at an end of this month.

3. The stone hit a child on a head.

4. She's got two children: a boy and a girl. A boy is a student and a girl is a doctor.

5. I would like to have a loaf of bread that is on the table.

Further Study 1

부정관사에 대하여 조금 더

부정관사를 정관사의 반대적인 개념으로 접근하였으므로 별도의 Chapter로 다루지는 않았지만 그래도 조금 부족한 감이 있는 것 같아 부정관사의 용례를 예문으로 정리해 봅니다.

- **Rome was not built in a day.** 로마는 하루에 이루어진 것이 아니다. (하나)
- **A dog is a faithful animal.** 개는 충실한 동물이다. (총칭, 종족 대표)
- **Let's discuss the problem after a while.**
  잠시 후에 그 문제를 토론합시다. (조금, 얼마간)
- **He goes to the house once a month.**
  그는 한 달에 한 번씩 그 집에 간다. (~마다)
- **Birds of a feather flock together.**
  같은 날개를 가진 새들은 저희들끼리 서로 모인다. (같은)
- **A Mr. Green is asking to see you.**
  그린 씨라는 분이 뵙고 싶다고 합니다. (~라고 하는)
- **I want to be a Newton.** 나는 뉴튼과 같은 사람이 되고 싶다. (~와 같은 사람)
- **a Smith** 스미스네 사람 (가문), **a Rodin** 로댕의 작품 (작품),
  a Ford 포드 자동차 (제품)

3. 상황적으로 특정화된 명사 앞에

그러나 지금껏 이야기한 '정해진 정보'가 문장 안의 단서 – 앞서 나온 명사나 혹은 수식하는 어구 등 – 로 주어지는 것이 아니라, 말하고 있는 주변 상황에 의해 짐작될 때도 있습니다. 예를 들어 식당에서 앞사람에 게 소금을 건네달라고 한다면 정관사를 써서 다음과 같이 말할 수 있을 것입니다.

· **Could you pass me the salt, please?**
소금 좀 건네주시겠습니까?

주목할 부분은 salt가 앞에서 한 번 지칭된 명사도 아니고 그렇다고 수식어구의 한정을 받은 것도 아닌데 왜 정관사 the를 썼는가 하는 점입니다. 앞사람에게 건네줄 것을 부탁한 소금은 분명 나와 앞사람이 동시에 인식하고 있는, 그러나 상대방에게 좀 더 가까워 보이는 소금일 것입니다. 즉, 문장 내에서 구체적인 표현으로 단서가 나온 것은 아니지만 상황에 의해 어떤 소금인지 정해져 있으므로 정관사 the를 쓰게 되는 것입니다. 역시 '정해진 정보'라는 데에는 변함이 없습니다.

4. 하나뿐인 명사 앞에

· **He is the tallest boy in our class.** (형용사의 최상급)
그는 우리 반에서 가장 키가 큰 소년이다.

· **The earth goes round the sun.** (유일한 것)
지구는 태양의 주위를 돈다.

하나뿐인 명사 앞에 정관사를 쓴다는 것 역시 새로운 내용은 아닙니다. 정관사 the가 정해진 정보에 사용된 다는 사실을 잘 인식하고 있다면 반에서 키가 가장 큰 소년은 한 명으로 정해져 있는 것이고, 지구와 태양 도 세상에서 하나밖에 없는 유일한 것으로 정해져 있다는 사실을 파악할 수 있습니다. '정해진 정보에 정관 사를 사용한다'라는 원칙은 어느 항목이나 적용된다는 점을 잊지 말기 바랍니다.

5. 고유명사에 붙는 정관사

사전이나 문법책을 참고해 보면 '복수형 국가명, 강, 바다, 대양, 항만, 해협, 군도, 선박, 기차, 비행기, 신문, 잡지, 정기간행물, 공공건물, 관공서, 반도, 산맥' 앞에는 정관사 the를 붙인다고 설명합니다. 물론 맞는 설 명이지만 한꺼번에 다 외울 수도 없고 그것을 일일이 기억하여 쓰기도 어렵습니다. 그러므로 고유명사와 관 련한 정관사는 일단 주요 예문을 파악해 두고 관련 표현을 접할 때마다 조금씩 익히는 것이 최상의 방법입 니다. 사실, 너무 까다로운 내용이기 때문에 다음의 몇 가지 대표적인 예를 제외하고는 시험에 잘 나오지 않 습니다.

a. 나라 이름: the Philippines, the United States of America, the Netherlands, etc.

b. 강, 바다 관련 명사: the Han River, the Red Sea, the Atlantic Ocean, the Persian Gulf, the Korean Straits, the Titanic, etc.

c. 신문, 잡지 이름: the Washington Post, the Times, etc.

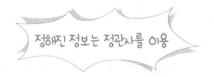

정해진 정보는 정관사를 이용

✤ 다음 문장의 **틀린** 부분을 고치시오.

1. Can you turn off a light, please?

2. See you at a library later.

3. I got a best score on the exam in the class.

4. When I was young, I used to play a piano sometimes.

5. In my opinion, he enjoys playing a soccer.

무관사(zero article) 용법

1. 본래의 목적을 나타내는 장소의 명사

- **School** starts at nine o'clock. (학교 수업)
- **The school** is in the center of the village. (학교 건물)

2. 명사가 반복이나 대구(對句)를 이룰 때

- arm in arm   • day after day   • husband and wife
- inch by inch   • night after night • shoulder to shoulder

3. by+교통수단

- by bike, by car, by taxi, by bus, by train, by boat, by plane

4. 식사명, 운동명

- I usually eat **breakfast** at seven.
- I like playing **soccer** after school.

5. 기타

- There are millions of stars in **space**. (space가 '우주'의 뜻일 때)
- Let's open the book to **page 29**. ('명사+수' 앞에)

A member of the opposing (A) <u>Blue Devils</u> had broken through the formidable defense and now had created a one-on-one situation with the keeper. (B) <u>The coach</u> kept instructing his new keeper, "Go out now, palms down, and keep your eye on the ball." Just about that time (C) <u>the Blue Devils</u> hit the very best instep drive he could have hit. That ball was destined for the back of the net. But no — wait — a great save was made! Not by the frightened little keeper, but by (D) <u>an overly excited coach</u> who was coaching from the goal post. <u>The coach couldn't control himself</u>.

1 (A)~(D) 중 어법상 잘못 쓰인 것은?

a. (A)
b. (B)
c. (C)
d. (D)

2 밑줄 친 The coach couldn't control himself의 구체적인 뜻으로 가장 알맞은 것은?

a. 매우 화가 났다.
b. 좋아서 어쩔 줄을 몰랐다.
c. 도저히 보고만 있을 수는 없었다.
d. 몸이 안 좋아지기 시작했다.

✤ now had created a one-on-one situation with the keeper

이제 골키퍼와 일대일의 상황을 만들었다

분명히 시제는 과거완료형(had+p.p.)인데 '지금'을 뜻하는 now가 사용되고 있습니다. 잘못된 것일까요? 그렇지 않습니다. 의외로 이러한 now의 쓰임을 보고 틀렸다고 생각하는 사람들이 많은데요, now는 반드시 현재형과 사용되는 것만은 아닙니다. 묘사되는 상황이나 이야기의 중간에서 '이제, 바야흐로, 그때, 그러고 나서'의 의미를 주며 기술 당시의 현재를 의미할 수 있기 때문입니다. 다음의 예를 통해 이를 확인해 두기 바랍니다.

- ◯ **Now** he felt safe. 이제야 그는 안전하다고 느꼈다.
- ◯ The case was **now** ready for the jury. 사건은 바야흐로 배심을 위한 준비가 되었다.
- ◯ Caesar **now** marched east. 시저는 그때 동쪽으로 진군했다.

✤ the very best instep drive 바로 그 최고의 인스텝 강슛

일반적으로 very는 원급과 함께 쓰이는데 여기서는 최상급과 함께 사용되고 있습니다. 그것은 앞의 정관사 the로 인해 가능해진 것인데요 'the/소유격+very+최상급, first, last, next, own'의 구조에서 very는 '정말(이지), 실로, 확실히, 바로'의 의미를 가질 수 있습니다.

- ◯ Be home at ten at the **very** latest. 아무리 늦어도 열 시에는 돌아와라.
- ◯ This is the **very** last thing I expected. 이것은 정말이지 전혀 뜻밖의 일이다.
- ◯ They arrived there the **very** next day. 그들은 바로 그 이튿날 그곳에 도착했다.
- ◯ You can keep this for your **very** own. 이것을 아주 네 것으로 해도 좋다.

형용사와 부사
(Adjectives & Adverbs)

형용사와 부사는 기본적으로 각각 명사와 동사를 위해 존재합니다. 세상에 이름만 나타내는 명사와 동작만 나타내는 동사밖에 없다면 얼마나 삭막하겠습니까? 꽃에는 아름다운 꽃도 있고 향기로운 꽃도 있으며 시든 꽃도 있는 것처럼 형용사는 명사를 풍요롭게 해 줍니다. 부사도 마찬가지입니다. 사랑을 열렬히 할 수도 있고 애타게 할 수도 있으며 몰래 할 수도 있다고 표현할 수 있는 것처럼 부사는 동사를 다채롭게 합니다. 우선 이 Chapter에서는 형용사와 부사의 정확한 구별부터 하겠습니다.

우리는 이미 Chapter 1과 Chapter 3에서 형용사(구/절)와 부사(구/절)에 대한 기초적인 사항을 살펴보았습니다. 그와 같은 기본적 이해를 바탕으로 형용사와 부사에 대한 중요 사항을 좀더 자세하게 다루어 보도록 합니다.

1. 형용사, 부사의 정의와 구분

형용사와 부사는 모두 수식어라는 측면에서 공통점을 가지지만 구체적으로 수식하는 대상이 다르며 그에 따라 역할도 달라집니다. 앞에서 한번 배우기는 했지만 복습 차원으로 정확하게 구분하는 연습이 먼저 필요할 듯합니다.

a. 형용사는 '(대)명사'와 관계를 맺는다

· She is a **beautiful** woman.

· Mary is **beautiful**.

첫 번째 예문에서 beautiful은 명사 woman을 직접 꾸미고 – 또는 수식, 한정, 제한하고 – 있습니다. 잘 아는 바와 같이 이것이 형용사의 가장 기본적인 기능입니다. 그러나 이렇게 명사를 직접 꾸미는 것만을 형용사라고 부른다면 두 번째 예문의 beautiful을 형용사라고 선뜻 정의 내리기가 곤란해집니다. 왜냐 하면 beautiful이 직접 꾸며 주는 명사가 없기 때문입니다. 따라서 형용사에 대한 정의를 두 번째 예문의 경우까지 포함하여 다시 내릴 필요가 있습니다. 즉, "형용사란 명사를 직접 꾸며 주거나(형용사의 한정용법), 명사를 뒤에서 보충 설명해 주는 품사이다(형용사의 서술용법)."처럼 말이죠. 어쨌거나 형용사는 명사라고 하는 존재가 미리 있어야 가능한 거 아니겠습니까? 결국, 형용사의 정의를 이렇게 다시 내릴 수 있습니다: "형용사란 명사와 관계하는 품사다." 또한 대명사는 일반적으로 명사의 대용(代用)이라고 생각할 수 있기 때문에 형용사가 관계하는 품사에는 대명사도 포함된다고 할 수 있는 것입니다.

b. 부사는 '동사, 형용사, 다른 부사'와 관계를 맺는다

위의 소제목에 나온 부사의 역할은 외워 두는 것이 편리합니다. 사실 이러한 형용사와 부사의 정의를 이용하여 '형용사구, 형용사절, 부사구, 부사절, 부정사의 형용사적 용법, 부정사의 부사적 용법' 등 형용사와 부사라는 말이 들어간 각종 용어를 이해하는 것은 효과적인 문법 학습을 하는 데 매우 중요합니다. 다음의 세 예문을 읽어 보면서 표시된 부사가 문장 중의 어느 말과 의미상 가장 밀접하게 관계되어 있는지 따져 보기 바랍니다.

- **She dances gracefully.** (동사 dances를 수식)

  그녀는 우아하게 춤춘다.

- **Her dancing is so graceful.** (형용사 graceful을 수식)

  그녀의 춤은 매우 우아하다.

- **She dances very gracefully.** (부사 gracefully를 수식)

  그녀는 매우 우아하게 춤춘다.

c. 품사의 선택: 형용사 or 부사?

- **He spoke (nice, nicely).**

  그는 멋있게 연설했다.

- **He looks (nice, nicely).**

  그는 멋있게(멋있어) 보인다.

위 두 예문의 해석을 보면 모두 '멋있게'로 부사처럼 해석이 됩니다. 그런데 첫 문장은 nicely가 맞고, 둘째 문장은 nice가 맞는 표현입니다. 이런 상황에서 영어 학습자들이 형용사와 부사 사이에서 적절한 선택을 하기란 쉽지 않은 문제입니다. 그렇기 때문에 더더욱 앞서 배운 '관계'라는 개념이 중요한 겁니다. '멋있다'라고 하는 것이 대명사와 동사 중 어느 것과 더 밀접하게 관계되어 있는지 한번 따져 보면, 첫째 예문에서 멋있는 것은 '연설하는 동작(spoke)'이고, 둘째 문장에서 멋있는 것은 보이는 방식(looks)이 아니라 '그 사람의 모습(He)'입니다. 즉, 첫째 문장에서는 동사와 관계하는 부사 nicely를 필요로 하는데 반해, 둘째 문장에서는 대명사와 관계하는 형용사 nice를 필요로 하게 되는 것입니다. 이것은 형용사와 부사의 정의에 충실한 것으로 해결할 수 있는 내용입니다.

✦ 다음 문장에서 **틀린** 부분을 찾아 바르게 고치시오.

1. The mother was pleasant surprised when her son came to visit her.

2. An alive fish was lying on the sand.

3. The parents seemed angrily about the child's behavior.

4. The customer always chooses careful what he or she needs.

5. The staff member turned in his monthly report.

Further
Study 1

- A: How do you like the sound of this CD player?
  이 CD 플레이어 소리 어떤가요?
- B: Oh! It sounds very (good, well)!
  아! 소리 정말 좋군요!

위의 대화에서 B는 대답으로 형용사 good을 써야 할까요? 아니면 부사 well을 써야 할까요? 만일 '내일 피크닉 갈까?'의 뜻으로 How about going on a picnic tomorrow?라고 물었다면 당연히 형용사 good을 써서 It sounds good!이라고 대답해야 할 겁니다. 왜냐 하면 좋은 것은 들리는 방식이 아니라 소풍이라는 명사이기 때문입니다. 그러나 위 대화의 경우 A는 소리나는 방식이 어떤지 를 물어보고 있습니다. 따라서 B는 좋은 것으로 명사 CD player(It)가 아니라 동사인 소리나는 방식 (sounds)에 대한 언급을 해 주어야 합니다. 즉, 동사와 관계하는 품사인 부사 well이 필요한 것입니다. 이것은 보통 문법책에서 sound를 비롯한 감각동사에 무조건 형용사를 붙여야 한다고 주장하며 무작정 암기를 강요하는 것이 얼마나 위험한가를 잘 보여 줄 수 있는 대목입니다. 중요한 것은 형용 사와 부사에 대한 정확한 정의이기 때문입니다. 요컨대 형태(form)에 대한 기계적인 암기가 아니라 의미(meaning)에 근거한 문장 구조의 이해가 절실하다 하겠습니다.

2. 형용사와 부사의 수식 위치

형용사(구)와 부사(구)는 공히 수식어(구)로서 수식을 받는 말(피수식어)과 항상 밀접한 관계가 있습니다. 특히 수식어(구)와 피수식어(구) 사이의 위치 선정은 각종 시험에서 자주 출제되므로 주의를 요합니다. 아래에 단골 출제거리들을 모았습니다.

a. 단일 형용사는 수식하는 명사 바로 앞에 위치한다

다른 동반어구가 없는, 한 단어로 된 형용사는 일반적으로 명사 바로 앞에 옵니다. 우리말에서 형용사가 명사 앞에 오는 것과 마찬가지입니다.

· **The important information is on the second page. (information important (X))**
중요한 정보는 두 번째 페이지에 있습니다.

b. 동반어구가 있는 형용사는 명사 뒤에서 수식한다

이것은 주어와 동사의 역할을 하는 어구가 생략된 것이라고 볼 수 있습니다.

· **Samsung, (which is) famous for its semiconductor products, has a baseball team.**
반도체 제품으로 유명한 삼성은 야구팀을 가지고 있다.

c. -thing이나 -body로 끝나는 말은 뒤에서 수식한다

단일 형용사라 하더라도 이 경우는 뒤에서만 수식하므로 주의를 요합니다.

· **We found something strange in this room.**
우리는 이 방에서 무언가 이상한 것을 발견했다.

· **We need somebody younger than him.**
우리는 그 남자보다 젊은 누군가가 필요합니다.

d. 동사와 그 목적어 사이에는 부사를 쓰지 못한다

문장 내에서 부사의 위치는 비교적 자유롭다고 할 수 있습니다. 그러나 보통 타동사와 그 목적어 사이에는 부사를 위치시키지 않습니다. 다음 예문들을 보면 부사의 다양한 위치를 볼 수 있습니다. 그러나 마지막 예문만큼은 타동사 have taken과 목적어 a French course 사이에 부사가 위치하고 있기 때문에 틀린 문장입니다.

- **Recently** I have taken a French course.

- I have **recently** taken a French course.

- I have taken a French course **recently**.

- I have taken **recently** a French course. (X)

  최근에 나는 불어 수업을 들었다.

그런데 여기서 한 가지 주의할 점이 있습니다. 타동사와 목적어를 분리하지 못하는 이 경우의 부사는 형용사에서 파생된 부사입니다. 전치사가 되기도 하고 부사가 되기도 하는 on, off, in, out, up, down 등의 단어(부사적 불변화사, adverb particle)는 목적어가 대명사일 경우 가운데에 위치해야 합니다. (Further Study 2 참조)

- **Turn the radio off.** 또는 **Turn off the radio.**

  (일반 명사는 off의 앞과 뒤 모두 가능)

  라디오를 끄세요.

- **Turn it off. (O)**
- **Turn off it. (X)** (대명사는 가운데에만 위치 가능)

  그것을 끄세요.

타동사와 그 목적어 사이에는 부사를 쓰지 않는다.

✤ 다음 문장에서 틀린 부분이 있으면 고치시오.

1. The market opened with a sale surprising.

2. This is a too difficult for me to solve problem.

3. I found unusual something in his room.

4. She speaks well English.

5. Could you please switch off it?

Further
Study 2

문미 초점(End Focus) – 무게 중심은 뒤로 보낸다

영어라는 언어는 뒤로 갈수록 무거운 정보, 즉 중요하고 새로운 정보를 전달하려는 경향이 있습니다.
이런 관점에서 보면 다음의 두 문장은 다른 뜻입니다.

a. Turn off the radio.   **b. Turn the radio off.**

a는 다른 물건이 아닌 '라디오'를 끄라는 뜻이고, b는 라디오에 관해 다른 행동을 취하지 말고 '끄라' 는 것입니다. 이렇듯 새로운 정보를 뒤에 놓으려는 경향은 왜 다음의 예문 c가 잘못되었는가를 설명해 줍니다.

c. Turn off it. (X)   **d. Turn it off. (O)**

대명사는 이미 화자와 청자에 의해 동시에 인식된 개체입니다. 즉 신(新)정보가 아닌 구(舊)정보인 셈입니다. 따라서 새로운 정보가 위치하게 되는 문장의 말미에는 오지 못하고 Turn과 off의 사이에만 올 수 있습니다. 영어가 흔히 앞에 가주어를 세우고 뒤에 진주어 놓기를 좋아하는 것과 수동태에서 이미 구정보가 된 'by+일반인'의 탈락이 모두 이 문미 초점과 관련하여 이해될 수 있습니다.

(A) <u>For centuries</u> the concept of 'marrying up' within society has been seen as an easy way of (B) <u>improving socially and economically status</u>. But according to the Institute of Social and Economic Research, (C) <u>a decent education</u> was (D) <u>on average</u> worth more economically in the long term than waiting for a rich husband or wife to come along. However, researchers said that while it can be easy for people from poor backgrounds to improve their chances economically and socially through education, the rich were better at retaining their wealth than poor people who were at moving up the social and economic scale.

1 (A)~(D) 중 어법상 잘못 사용된 것은?

a. (A)
b. (B)
c. (C)
d. (D)

2 본문에 의하면 상위 계층에 진입하는 가장 쉬운 방법은 무엇인가?

a. 결혼을 통한 신분 상승
b. 교육을 통한 신분 상승
c. 부자의 기득권 유지
d. 우연한 기회의 획득

✤ **marrying up** 결혼을 잘하는 것

marrying up은 이 글의 중심 소재로서 '자기보다 신분이 높은 사람과 결혼하여 지위의 상승을 꾀하는 것'을 말하고 있습니다. 많은 영문을 접하다 보면 사전을 찾지 않아도 전체적인 맥락으로 그 뜻을 짐작할 수 있는 경우가 참 많고 또 그게 바람직한 학습 방향입니다. 어색한 '직역'을 나름대로 **훌륭한** '번역'으로 소화해 낼 수 있을 때 제대로 독해를 하는 것입니다.

✤ **has been seen as ~** ~라고 여겨져 왔다

'see A as B(A를 B라고 여기다)'의 구조가 현재완료 수동형으로 바뀐 것입니다. 유사한 표현으로는 'regard/look upon/think of A as B'를 수동형으로 바꾼 'A be regarded/looked upon/thought of as B'가 가능하겠습니다. 참고로 'consider A as B'의 표현도 흔히 볼 수 있는데 사실, 엄밀히 말해 regard의 유추로 생긴 잘못된 것으로 지양되어야 할 표현입니다. consider는 5형식 동사로 쓰여 consider A B의 구조를 취합니다.

◯ I consider him (to be) a hero. (I consider him **as** a hero. (X))

✤ **it can be easy for people ~ to improve their chances**

사람들이 자신들의 기회를 향상시키는 것은 쉬울 수 있다

'영작'의 가장 대표적인 구문을 들라고 한다면 바로 이 'It be A for B to C (B가 C하는 것은 A하다)' 구문입니다. 초급 수준의 영작에서 가장 흔하게 볼 수 있지만 그래도 올바른 영어 표현이므로 너무 자주 반복하여 쓰지만 않는다면 문제될 것은 없습니다.

Chapter 27

비교급과 최상급
(The Comparative and Superlative)

비교급이 '더 ~한/하게'의 뜻이고, 최상급이 '가장 ~한/하게'의 의미란 것만 알아서는 그 내용을 제대로 활용할 수 없습니다. 가장 기본적인 원칙은 그 비교의 대상물이 얼마만큼 있느냐는 것입니다. 우리는 근본적인 개념을 무시한 채 쓸데없는 곳에서 너무나도 많은 에너지를 소진하고 있습니다. 따라서 이 책은 기존의 영문법서에서 나열하는 내용과는 달리 가장 핵심적이고 본질적인 내용으로 접근하려 합니다.

앞의 Chapter 26에서 배운 형용사와 부사는 나타내는 정도에 따라 '비교급(더~한/하게)' 과 최상급' (가장~한/하게)'을 만들 수 있습니다. 비교급과 최상급에서 가장 출제빈도가 높은 내용만을 간추려 보기로 합시다.

1. 비교급(comparative)

a. 비교급 만들기

보통 단음절어는 끝에 '-er'을 붙이고, 3음절 이상인 경우에는 단어의 앞에 'more'를 놓는 것이 원칙 입니다. 2음절어의 경우는 좀 복잡해서 '-er'을 붙이는 경우, 'more'를 앞에 두는 경우(-ing, -ed, -ful, -less, -able, -ive, -ous 등의 형용사 접미사로 끝날 때), 그리고 심지어는 두 가지 방식이 다 되는 경우도 있습니다. 게다가 예외나 불규칙형도 있으므로 비교급 만들기는 위의 일반적인 원칙 을 따르되 그때그때 필요한 것은 사전을 통해 따로 확인하는 식으로 접근하는 것이 가장 좋습니다. 권 위 있는 문법서조차 '훌륭한 사전을 참고하시오(Check in a good dictionary)'라고 말할 정도이니 까요. 아래의 예를 통해 가장 기초적인 패턴을 익히기 바랍니다.

- cheap - cheaper, fast - faster   (단음절어+-er)

- happy - happier, simple -simpler   (2음절어+-er)

- learned - more learned, active - more active   (more+2음절어)

- alive - more alive, asleep - more asleep   (more+서술형용사)

- polite - politer/more polite,
  common - commoner/more common   (-er, more 모두 가능 2음절어)

- expensive - more expensive, beautiful - more beautiful
                                                   (more+3음절 이상)

- good/well - better, bad/badly - worse   (불규칙형)

b. 비교급은 두 대상간의 비교다

두 가지 대상을 놓고 한쪽이 다른 쪽보다 우월하거나 열등한 것은 비교급을 이용해 나타냅니다.

· **The English class** is **more interesting** than **the math class**.
영어 수업은 수학 수업보다 더 재미있다.

위의 예문에서 비교되는 대상은 영어 수업과 수학 수업입니다. 두 가지 중에서 더 낫거나 못한 것은 비교급을 이용한 우·열의 설정으로 설명할 수 있습니다. 위 문장의 경우, 비교급 more interesting 대신 최상급 the most interesting을 쓰면 틀린 표현입니다. 비교급은 기본적으로 두 대상을 전제로 한다는 것을 잊지 마세요.

c. the + 비교급, the + 비교급 (…하면 할수록 그만큼 더 ~하다)

두 대상의 변화가 비례적으로 이루어짐을 뜻하는 비교급의 중요 구문 중 하나입니다. 이 표현에서 주의할 것은 일반적으로 양쪽에 대등한 문법 구조가 온다는 점입니다.

· **The more money you have, the bigger wallet you need.**
(명사+주어+동사)
더 많은 돈을 가질수록 더 큰 지갑이 필요하다.

· **The harder you study, the more you accomplish.** (주어+동사)
더 열심히 공부하면 할수록 더 많이 성취하게 된다.

· **The greater the experience, the higher the wage.** (명사)
경험이 많으면 많을수록 그만큼 임금을 더 많이 받게 된다.

✤ 다음 문장에서 **틀린** 부분을 고치시오.

1. Oxygen is usefuler than nitrogen.

2. She was more happier this morning than ever.

3. It is coldest today than yesterday.

4. Which is the largest of the earth and the moon?

5. The hotter the iron is, easier it is to be bent down.

Further
Study 1

more + 단음절 형용사

단음절 형용사라도 비교급으로 '-er' 이 아니라 무조건 more를 써야 하는 경우가 있습니다. 그것은 동일 인물이나 사물이 가지고 있는 두 개의 다른 성질을 비교할 때입니다. 비교급이 두 대상의 두 특질을 비교하는 것이라면, 이 경우는 한 대상이 가지고 있는 두 특질을 비교하는 것입니다.

- He is more proud than humble. 그는 겸손하기보다는 교만하다.
- The gentleman is more kind than social.
  그 신사는 사교적이라기보다는 친절하다.
- The news made me more sad than angry.
  그 소식은 나를 화나게 하기보다는 슬프게 했다.

위의 예문에서 보는 것처럼 '~라기보다는 …이다' 라는 표현을 할 때 자주 쓰는 형태입니다. 이때에는 형용사뿐 아니라 다음과 같이 명사가 오기도 합니다.

- He is more (of) a novelist than a professor.
  그는 교수라기보다는 소설가이다.

2. 최상급(Superlative)

a. 최상급 만들기

앞 절의 비교급 만들기 내용에서 '–er'이 '–est'로 'more'가 'most'로 바뀌었을 뿐 내용은 동일합니다. 불필요한 혼동을 피하기 위해 일부러 같은 어휘를 다시 사용하였습니다.

- cheap - cheapest, fast - fastest   (단음절어+–est)

- happy - happiest, simple - simplest   (2음절어+–est)

- learned - most learned, active - most active (most+2음절어)

- alive - most alive, asleep - most asleep   (most+서술형용사)

- polite - politest/most polite,
  common - commonest/most common (–est, most 모두 가능 2음절어)

- expensive - most expensive, beautiful - most beautiful
               (most+3음절 이상)

- good/well - best, bad/badly - worst   (불규칙형)

b. 최상급은 셋 이상의 대상물을 전제로 한다

비교급이 두 개의 대상을 전제로 하는 반면, 최상급은 최소한 셋 이상의 대상물을 전제로 합니다. 최상급은 보통 '~ 중에서'라는 표현을 뒤에 동반하는데 대부분 in~, of~, that절의 형태로 나타납니다. 또한 앞서 Chapter 25에서 보았듯이 최고라는 것은 하나로 정해졌다는 사실을 내포하므로 형용사의 최상급에 정관사 the를 붙인다는 점도 잊어서는 안 되겠습니다.

- The English class is the most interesting in our school.
  영어 수업이 우리 학교에서 가장 재미있는 시간이다.

- Mary was the tallest of all the women at the meeting.
  메리는 모임에 나온 여자들 중에서 가장 키가 컸다.

- The tiger is the largest one that I have ever seen.
  저 호랑이는 내가 이제껏 본 것 중에서 가장 큰 호랑이다.

c. 최상급 없는 최상의 의미 표현

최상급을 사용하지 않고 원급과 비교급으로도 최상의 의미를 나타낼 수 있습니다. 다음 네 가지의 예문 a-d를 직역하면 표현상의 차이는 약간씩 있지만 최상의 의미를 전달하는 기본 개념에서는 서로 일치합니다. 물론 자유롭게 쓸 수 있도록 외우는 것이 가장 좋겠지만 일단 뜻을 새겨보며 내용을 이해하는 것이 필요합니다.

· **John is the smartest boy in the class.** (최상급)

존은 학급에서 가장 똑똑한 소년이다.

a. **No other boy in the class is as[so] smart as John.**

(원급, as ~ as 동등 비교)

학급의 어떤 다른 소년도 존만큼 똑똑하지 않다.

b. **John is as smart as any (other) boy in the class.**

(원급, as ~ as 동등 비교)

존은 학급 내의 어떤 다른 소년들만큼 똑똑하다.

c. **John is smarter than any other boy in the class.** (비교급)

존은 학급의 어떤 다른 소년보다도 똑똑하다.

d. **No other boy in the class is smarter than John.** (비교급)

학급의 어떤 다른 소년도 존보다 더 똑똑하지 않다.

최상급은 대상물이 셋 이상일 경우 쓴다.

258

✤ 다음 문장의 **틀린** 부분을 고치시오.

1. Many critics think of Ben Smith as the most great of all pop musicians.

2. The professor has told us that the first chapter is the most important of the two.

3. Yale University is probably the more prestigious university in the United States.

4. She was the most beautiful girl in the room; that is, no other girl in the room was most beautiful than she.

5. Few cities have grown as rapidly that Seoul which has more than 10 million inhabitants.

무관사 최상급

보통은 최상급에 정관사를 붙여 쓰지만 무관사로 사용하는 경우도 있습니다. 대표적인 몇 가지를 정리해 보았습니다.

1. It is my **greatest** pleasure to meet you again. (소유격이 있을 때)
2. He likes winter **best**. (부사의 최상급)
3. The river is **deepest** at this point. (동일물의 성질 비교)
4. **Most** people don't like sitting next to smokers.
   (most가 '대부분'의 뜻)

이 중에서 3번에 대한 설명을 조금 더 하자면 한 대상의 여러 특질을 비교할 때 최상급에 정관사를 붙이지 않는다는 것입니다. 물론 다음과 같은 경우는 다수의 강이 전제되므로 정관사를 써야 할 것입니다.

cf. This river is **the deepest** in the world.

We get much power during the night. Sleep is (A) <u>so important that</u> your brain remembers how much of it you need. And it compensates for sleep loss by making you go to bed (B) <u>more early</u> and staying asleep longer (C) <u>the next night</u>. Sacrifice sleep, (D) <u>and you sacrifice</u> peak performance. The trouble is, modern life is eating away at your sleep. There's too much to do, and too little time to do it in. So we give up sleep. More and more, we are sleeping less and less, and building up a sleep debt in the process.

1 (A)~(D) 중 어법상 잘못 사용된 것은?

a. (A)

b. (B)

c. (C)

d. (D)

2 다음 중 본문의 내용과 일치하지 <u>않는</u> 것은?

a. 두뇌는 필요한 수면의 양을 기억한다.

b. 두뇌는 우리의 수면 상태를 제어하기도 한다.

c. 잠을 줄이면 그만큼 더 많은 것을 이룰 수 있다.

d. 현대의 삶은 너무도 바빠서 수면 부족이 자꾸만 쌓인다.

✤ **so important that ~** 너무 중요해서 ~하다

'너무 ~해서 …하다' 라는 의미의 so~ that... 구문을 모르는 사람은 아마 별로 없을 것입니다. 그럼에도 불구하고 실제로 읽기와 해석을 할 때 뻔히 아는 내용인데도 이 구문을 적용시키지 못하는 경우가 허다합니다. 이것은 문장 전체의 구조가 머리에 들어오지 않고 오직 개별 단어 하나하나만이 들어오기 때문입니다. 그 원인을 학생들의 복습 방법에서 찾을 수 있습니다. 대부분이 꼼꼼하게 복습을 하기는 합니다. 이른바 정독을 열심히 한다는 뜻이지요. 그러나 문제는 그 다음에 있습니다. 언어의 습득이라는 것은 이해하고 고개를 끄덕이는 것만으로는 불충분합니다. 반드시 정독 이후에 '속독'의 과정을 통해서 전체를 보는 시각을 가져야 합니다.

✤ **Sacrifice sleep, and ~** 잠을 희생해라 그러면

'명령문, +and' 구문입니다. 접속사 if를 사용해서 명령문의 내용을 조건절로 바꿀 수도 있습니다.

◎ If you sacrifice sleep, then you sacrifice peak performance.

✤ **too little time to do it in** 그것을 하기에는 너무나도 적은 시간

뒤에 따라붙은 전치사 in을 규명할 수 있겠습니까? 사실은 우리가 자주 보아 온 내용입니다. 아마 부정사에 관한 다음의 내용은 아주 익숙할 것입니다.

◎ I need a house to live in.

전치사 in이 필요한 것은 내용적으로 a house가 목적어가 되기 때문인 것처럼, 본문의 경우도 전치사 in이 필요한 것은 time이 내용상 목적어가 되기 때문입니다. 그런데 이러한 용법은 원어민들 사이에서도 좀 까다로운 모양입니다. 그들도 이러한 전치사를 잘 빼먹고 쓰기도 합니다. 심지어 일부 책에서는 이러한 현상을 아예 구어체 스타일로 인정하려는 경향도 있습니다. 기왕이면 정확하게 쓰는 게 좋겠지요?

관계사
(Relatives)

어떤 문장을 말하고자 할 때 내용 중 일부가 아직 부족한 감이 있어 추가로 구체적 정보를 전달하고 싶을 때가 있습니다. 한 예로, 느닷없이 '나는 A를 만났어'와 같이 말을 끝맺는다면 A에 대한 사전 정보가 없었던 청자(hearer)는 A가 누구인지 궁금해질 것이고 따라서 화자(speaker)는 A를 청자에게 확인해 주고 싶을 것입니다. 그러면 '그런데 A는 말이지 누구냐 하면…'과 같이 말하겠죠. 영어에서 이러한 기능 – 이미 언급된 내용(주로 명사)에 대한 확인이나 보충 설명 – 을 하는 것이 바로 관계사입니다.

앞에 있는 명사의 정체를 밝혀 주거나 추가 정보를 제공하는 관계사(relative)는 관계대명사 (relative pronoun)와 관계부사(relative adverb)로 나뉠 수 있습니다. 일단은 그것들이 왜 선행사와 관계되는 대명사(관계대명사)이고, 또 관계되는 부사(관계부사)인지를 아는 것부터 가 중요합니다.

1. 관계대명사의 원리

아래의 두 문장을 연결하여 하나의 문장으로 만들려면 어떻게 해야 할까요?

a. I saw Mary.
나는 메리를 보았다.

b. Mary was playing the guitar on a busy street.
메리는 번화가에서 기타를 연주하고 있었다.

일단 a에 나온 Mary는 이미 구정보(舊情報, old information)가 되었으므로 b에서는 이를 대명사 she로 바꿀 수 있습니다. 그리고 두 문장을 연결하기 위해서는 또한 접속사 and가 필요하겠지요? 따라서 다음의 문장 c로 만들 수 있습니다.

c. I saw Mary and she was playing the guitar on a busy street.
나는 메리를 보았는데 그녀는 번화가에서 기타를 연주하고 있었다.

그런 다음 접속사와 대명사 and she를 다시 한 단어 who로 줄일 수 있는데 그러면 최종적으로 d가 만들 어집니다. 이때 접속사와 대명사를 대신해 사용된 who를 바로 '관계대명사'라고 부릅니다.

d. I saw Mary who was playing the guitar on a busy street.
나는 번화가에서 기타를 연주하고 있는 메리를 보았다.

이처럼 관계대명사는 접속사와 대명사의 역할을 동시에 하는 것을 말합니다. 접속사의 역할이라 함은 두 개 의 절(clause)을 연결한 것이고, 대명사의 역할이라 함은 자신의 정체를 앞에 나온 명사인 - 이것을 선행사 (antecedent)라고 함 - Mary로 밝히는 동시에 뒤에 나오는 절의 주어가 된 것을 뜻합니다. 대명사가 주격, 소유격, 목적격의 형태를 취하듯 관계대명사도 역할에 따라 주격, 소유격, 목적격으로 구분됩니다. 그리고 앞에 나온 명사, 즉 선행사가 사람, 사물, 동물 중의 어느 것에 해당하는가에 따라 그 형태가 다릅니다. 이해 를 돕기 위해 관계대명사의 일람표를 제시해 놓았습니다.

〈관계대명사의 종류〉

선행사 \ 격	주격	소유격	목적격
사람	who	whose	whom
사물, 동물	which	of which, whose	which
사람, 사물, 동물	that		that

2. 실제 상황에서의 대처 방법

그러나 독해나 회화를 할 때 관계대명사가 접속사와 대명사로 이루어져 있다는 점을 상기할 필요는 없습니다. 일단 그 원리와 본질을 이해하고 있으면 관계대명사에 대해 '앞에 나와 있는 명사(선행사)에 대한 부가적 진술'을 하고 있다는 사실을 파악하는 것으로도 충분합니다. 다음에서 보여 주는 방식을 적용하여 앞에서부터 뒤쪽으로 해석해 봅시다.

- I saw Mary / who was playing the guitar / on a busy street. (주격)
  나는 Mary를 보았다 / (그런데) 그녀는 기타를 연주하고 있었다 / 번화가에서

- I saw Mary / whose father was Mayor of the city. (소유격)
  나는 Mary를 보았다 / (그런데) 그녀의 아버지는 시장이었다

- I saw Mary / who(m) I had loved / for a long time. (목적격)
  나는 Mary를 보았다 / (그런데) 그녀를 나는 사랑했었다 / 오랫동안 (목적격으로 who를 쓰면 구어적 표현)

일단 여기에서는 사람을 선행사로 하는 who, whose, whom만 다루었습니다. which나 that도 지칭하는 선행사가 조금 다를 뿐이지 적용 방법은 위의 예문들과 동일합니다. 관계대명사는 물 흐르듯이 자연스럽게 순차적으로 해석하는 것이 관건이라고 할 수 있습니다.

3. 관계대명사 what

지금껏 다룬 관계대명사는 모두 선행사를 전제로 하지만, 관계대명사 what은 오히려 선행사가 있으면 안 됩니다. 왜냐하면 what은 그 자체에 선행사를 포함하고 있기 때문입니다. 이러한 관계대명사 what은 '~것'으로 해석하면 무난합니다.

- What she said made me angry.
  = The thing which/that she said made me angry.
  그녀가 말한 '것'은 나를 화나게 했다.

- I've come here to keep what I promised yesterday.
  = I've come here to keep the thing which/that I promised yesterday.
  나는 여기에 어제 내가 약속한 '것'을 지키기 위해 왔다.

✤ 다음 문장에서 **틀린** 부분을 고치시오.

1. I am reading today's newspaper whom he handed over to me.

2. The story what she told me about Robert was not true.

3. Mr. Lee is one of those English teachers whom do their best.

4. I've found the book which you were looking for them.

5. Although I anticipated something, I was much surprised by which she said.

전치사 + 관계대명사의 해석

관계대명사를 잘 해석하다가도 그것이 전치사와 함께 어울려 있으면 당황하는 사람들이 있습니다. 전혀 그럴 필요가 없는 것이 그냥 전치사의 의미를 자연스럽게 살리며 순차적으로 해석하면 됩니다. 한번 연습해 볼까요?

- **This is the house / in which / I live.**
  여기가 그 집이다 / 거기(그 집)에서 / 내가 산다
  → 여기가 내가 사는 집이다.

- **Mr. Kim is respected / by the people / with whom / he works.**
  김선생은 존경받는다 / 사람들에 의해 / 그들과 함께 / 그는 일한다
  → 김선생은 함께 일하는 사람들의 존경을 받는다.

- **Dr. Lee has written a book / the name of which / I've forgotten.**
  이박사는 책을 한 권 썼다 / 그것의 이름을 / 나는 잊어버렸다
  → 나는 이박사가 쓴 책의 이름을 잊어버렸다.

4. 관계부사의 원리

관계대명사가 접속사와 대명사의 구실을 한다면 관계부사가 접속사와 부사의 역할을 하리라는 것은 쉽게 짐작할 수 있을 것입니다. 접속사와 부사의 역할이란 어떤 것인지, 그리고 관계부사가 어떻게 생기게 됐는지 아래에서 한번 순차적으로 살펴봅시다.

a. This is <u>the place</u>.

b. I was born <u>in the place</u>. (a와 b를 결합)

c. This is the place and I was born <u>in the place</u>. (접속사의 등장)

d. This is the place which I was born <u>in</u>. (관계대명사의 등장: 접속사+대명사)

e. This is the place in which I was born. (뒤에 있던 전치사 앞으로 이동)
여기가 내가 태어난 장소이다.

이제 in which를 한 단어 where로 바꾸면 아래의 문장 f가 만들어집니다.

f. This is the place where I was born.

f의 where는 무엇입니까? 그렇습니다. '전치사+관계대명사,' 즉 장소를 나타내는 부사구입니다. 또 where는 두 절을 연결시키는 역할까지 합니다. 이렇듯 접속사와 장소 부사구의 역할을 동시에 하므로 '장소'를 나타내는 '관계부사'라고 부르는 것입니다. 그리고 명사 the place는 당연히 관계부사 where의 선행사라고 하겠지요. 이처럼 관계대명사와 관계부사는 선행사를 추가적으로 보충 설명한다는 점에서는 같습니다.

다른 관계부사인 when은 '시간'을, how는 '방법'을, 그리고 why는 '이유'를 나타냅니다. 모두 접속사로서 가지는 일차적 의미와 동일하므로 해석에 큰 어려움은 없습니다. 예문을 통해 확인해 보겠습니다.

· This is the day when we first met. (시간)

= This is the day on which we first met.
오늘이 우리가 처음으로 만난 날이다.

· This is the reason why he was blamed. (이유)

= This is the reason for which he was blamed.
이것이 바로 그가 비난받은 이유이다.

그런데 한 가지 주의할 점이 있습니다. 그것은 '방법'의 관계부사 how는 선행사 the way와 함께 쓰이지 않는다는 것입니다. 둘 중의 하나만 쓰든지 아니면 '전치사+관계대명사'의 구조를 이용해야 합니다.

- **This is the way how he did it. (X)** (the way how는 틀린 표현)

  ⇨ **This is how he did it.** (관계부사만 씀)

  ⇨ **This is the way he did it.** (선행사만 씀)

  ⇨ **This is the way in which he did it.** (선행사+전치사+관계대명사)

5. 관계부사의 생략과 관계부사로서의 that

앞에서 배운 네 개의 관계부사는 모두 생략할 수 있습니다. 선행사에서 그 의미를 짐작할 수 있기 때문이죠. 또 선행사만도 생략할 수 있습니다. 그렇지만 둘 다 생략해 버리면 의미가 통하지 않겠죠? 마지막으로 또 한 가지 알아 두어야 할 것은 앞서 관계대명사로 공부한 that이 관계부사를 대신해서 쓰일 수도 있다는 점입니다. 그러면 관계부사 where가 쓰인 문장을 예로 들어 모든 표현의 가능성을 한번 살펴봅시다.

- **This is the place where I was born.** (선행사+관계부사)

- **This is the place in which I was born.** (선행사+전치사+관계대명사)

- **This is the place (where) I was born.** (관계부사 생략)

- **This is (the place) where I was born.** (선행사 생략)

- **This is the place that I was born.** (선행사+관계부사 that)

✤ 다음 문장에서 틀린 부분을 고치시오.

1. Tell me the time where we are to meet tomorrow.

2. This is the way how the man did the work.

3. The device has been used since 2000 when was invented.

4. Do you know the reason in which everybody hates you?

5. Do you remember we first met?

Further
Study 2

복합관계사 ~ever

관계대명사나 관계부사에 -ever가 붙은 말들을 보았을 것입니다. 이것을 복합관계대명사, 복합관계부사라 하며 합쳐서 복합관계사라고 부릅니다. 해석할 때 쉬운 방법을 하나 알려 드리지요. ever가 붙기 이전의 기본 의미를 잘 살려 거기에다가 '~든지'라는 말만 붙여 보세요. 그러면 부드럽게 해석될 것입니다. 정말 알아 두어야 할 중요한 것은 이 복합관계사는 선행사를 그 자체에 포함하고 있으므로 별도의 선행사가 앞에 있으면 안 된다는 점입니다.

- We'll welcome whoever comes. 오는 사람은 누구든 환영한다.

- Who(m)ever I invite, the party will be a success.
  누구를 초대하든지 파티는 성공할 것이다.

- Choose whichever you want. 갖고 싶은 것은 어느 것이든 골라라.

- You can eat whatever you want. 원하는 것은 무엇이든 먹어도 좋다.

- You can come whenever you like. 네가 원하는 언제든 올 수 있다.

- You can go wherever you like. 네가 원하는 어디든 갈 수 있다.

- You can act however you like. 네가 원하는 어떤 식으로든 할 수 있다.
  * whyever, thatever라는 말은 없음.

The Korean language possesses (A) <u>that is sometimes called</u> 'honorific language,' the use of different levels of speech (B) <u>in addressing persons</u> of superior, inferior, or equal rank. These distinctions (C) <u>depend both on</u> the use of different vocabulary and on basic structural differences in (D) <u>the words employed</u>. For example, in Korean the imperative 'go' can be <u>rendered</u> *kara* when speaking to an inferior or a child, *kage* when speaking to an adult inferior, *kaseyo* when speaking to a superior, and *kasipsio* when speaking to a person of still higher rank. The proper use of 'polite language' is an extremely complex and subtle matter.

1 (A)~(D) 중 어법상 잘못 사용된 것은?

a. (A)

b. (B)

c. (C)

d. (D)

2 밑줄 친 render를 영영사전에서 찾았을 때 본문에서 쓰인 뜻으로 가장 알맞은 것은?

a. to provide a service or give help to someone or something

b. to express, show, or perform something in a particular way

c. to make someone or something become something

d. to officially announce a judgment or decision

✤ honorific/polite language 높임말, 존대어, 경어(敬語)

honorific과 polite이 '공경하는, 예절 바른'의 뜻이고 language가 '말'을 의미하니 대충 이 표현이 '높임말'이라는 것을 쉽게 짐작할 수 있을 것입니다. 그러나 우연찮은 기회에 이 '높임말'이라는 표현을 영어로 말하거나 써야 할 기회가 생겼을 때 고개를 갸웃거리며 또 '한영사전'을 들추게 됩니다. 배운 표현을 유심히 보지 않아 얼마 안 가 다시 새롭게 보이는 악순환이 결국 평생토록 영어에 매달리게 만듭니다. 독해를 그저 단순한 읽을거리가 아니라 이후에라도 학습자가 필요로 하는 표현의 튼실한 원천이 될 수 있도록 하십시오. 주변에서 영어를 정복한 많은 이들이 무작정 교과서를 외우는 것으로 시작하였다는 얘기를 심심찮게 들어 볼 수 있습니다. 그게 결코 우연이거나 과장된 얘기가 아닐 것입니다. 해답은 지금 공부하는 바로 이 순간 이 곳에 있습니다. 문법 따로, 회화 따로, 어휘 따로… 이렇게 생각하면 곤란합니다. 그리고 최소한 일단 붙잡은 영어책은 십독(十讀)은 기본입니다.

✤ depend both on the use of different vocabulary and on basic structural differences 다른 어휘의 사용과 기본적인 구조적 차이에 의존한다

depend on이라는 표현에서 on 이하의 내용이 두 개인데 그것을 both~ and...의 등위상관접속사 구문으로 결합한 것입니다.

✤ *kara ~ kage ~ kaseyo ~ kasipsio* 가라 가게 가세요 가십시오

우리말을 영어로 표기한 것입니다. 그런데 이것을 똑같이 인쇄체로 쓰면 혼동이 될 수도 있습니다. 그래서 본문의 다른 내용과 구분지어 표시할 목적으로 이탤릭체로 표기한 것입니다. 예전에 직접 연필을 들고 글을 쓰던 시절에는 인용부호("")를 많이 이용했는데 컴퓨터로 작업을 하는 요즘은 이렇게 이탤릭으로 구분해 주기도 합니다. 특히, 도서명을 언급할 때는 더욱 그러합니다. 문어체 영어의 기본 스타일을 알고 작문을 하면 좋은 점수를 받지 않겠습니까? TOEFL, TOEIC에 작문이 도입됐으니 그냥 넘길 내용은 아닌 것 같습니다.

◐ e.g. Have you ever read *Sons and Lovers* written by Lawrence?
로렌스가 쓴 '아들과 연인'이라는 책을 읽어보셨나요?

전치사와 접속사
(Prepositions & Conjunctions)

전치사와 접속사를 자세히 살펴보려면 이 책의 전 지면을 할애해도 부족할 것입니다. 사전을 한 번 들추어 보십시오. 얼마나 많은 뜻이 있습니까? 그래서 이 책에서는 과거 각종 시험에 자주 등장했던 전치사와 접속사 관련 내용을 추려 꼭 알아야 할 것들만을 정리해 보았습니다. 필자가 꼭 남기고 싶은 말은 앞으로 학습자 여러분의 영어 능력이 향상되어 가는 과정에서 반드시 좋은 사전을 통해 다시 한 번 전치사와 접속사의 개별 용법에 대한 세심한 정리를 해야 한다는 것입니다.

'전치사(前置詞)'란 문자 그대로 '앞(前)에 두는(置) 말(詞)'이며, '접속사(接續詞)'역시 글자 그대로 '접속(接續), 즉 연결하는 말(詞)'입니다. 정의의 간결함에 비해 그 개별 용례는 너무도 많고 복잡합니다. 따라서 일단은 가장 자주 출제되는 핵심적인 내용 위주로 다루어 보겠습니다.

1. 전치사(preposition) – 앞에(pre) 위치(position)

일반적으로 전치사는 명사 상당어구(명사, 동명사, 대명사)의 앞에 위치합니다. 이때 전치사에 따르는 명사 상당어구를 '전치사의 목적어'라고 부릅니다. 이미 배운 대로 to부정사도 명사적으로 쓰일 수 있지만 전치사의 목적어가 되지는 않습니다.

We are thinking of to move house. (X)

➡ **We are thinking of moving house.**

우리는 이사를 고려 중에 있습니다.

a. 장소의 전치사 at, on, in – 차원(dimension)에 따른 분류

첫째로, at은 '1차원적'입니다. 어떤 장소를 공간상의 한 점(point)으로 파악할 때 쓰는 전치사입니다. 멀리 떨어진 것이 점점 작게 느껴져 마침내는 하나의 점과 같아 보이는 원리입니다.

· **Let's meet at the club.**

그 클럽에서 만나자.

· **The train stops for 10 minutes at Seoul Station.**

기차는 서울역에서 10분간 정차합니다.

둘째로, on은 '2차원적'입니다. 즉 어떤 사물이 평면(surface)에 있음을 의미합니다. 보통 '~위에'라고 많이들 알고 있지만 실제로는 그 방향성과는 관계없이 평면에 닿아 있는, 즉 접촉된 것을 의미합니다.

· **Don't leave your watch on the floor.**

시계를 바닥에 두지 마시오.

· **There was a Picasso on the wall.** (측면 접촉)

벽에는 피카소의 작품이 한 점 걸려 있었다.

세 번째로, in은 '3차원적' 입니다. 다시 말해 어떤 사물이 그보다 더 큰 다른 것 안에 포함(inclusion)되어 있는 입체(container)의 개념입니다. 보통 문법책에 보면 at은 작고 in은 큰 장소를 가리킬 때 쓴다고 하는데 그러면 다음의 예문은 어떻게 설명하겠습니까? 주머니는 지금껏 예문에 나온 공간 중에서도 가장 작은 것이니 말입니다. 그것은 크기의 문제 때문이 아니라 주머니가 동전을 감싸는 3차원적 입체의 구실을 하기 때문입니다.

- **I have five cents in my pocket.**
  나는 주머니에 5센트를 가지고 있다.

따라서, 같은 말이라도 뜻하는 내용에 따라 앞에 오는 전치사가 달라질 수 있습니다. 다음의 두 문장을 잘 살펴보기 바랍니다.

- **You should change trains at Seoul.** (Seoul을 점으로 파악)
  당신은 서울에서 기차를 갈아타야 합니다.

- **I have lived in Seoul all my life.** (Seoul에 포함된 것으로 파악)
  나는 평생을 서울에서 살아왔다.

b. 시간의 전치사 at, on, in – 길이(length)에 따른 분류

첫째, at은 '시간(time)'을 나타낼 때 쓰입니다. 세 개의 전치사 중에서 가장 작은 단위를 가리킵니다.

- **at one o'clock**
  한 시에

- **at breakfast (time)**
  아침식사 때

- **at that time**
  그때에

둘째, on은 '날(day)'을 나타낼 때 쓰입니다. 역시 예를 통해 확인해 보도록 하겠습니다.

- **on Tuesday**
  화요일에

- **on that day**
  그날에

- **on Easter Sunday**
  부활절에

셋째, in은 위에서 다룬 시간이나 날보다 더 긴 '기간(period)'을 언급할 때 씁니다.

- · in July
  7월에

- · in spring
  봄에

- · in 2006
  2006년에

- · in the 20th century
  20세기에

주의해야 할 예외가 있습니다. 하루 중의 '아침, 오후, 저녁'은 전치사 in을 사용한다는 것입니다. 시간의 길이로 따진다면 in이 좀 엉뚱하게 느껴질 수 있지만, 관용적인 것이라고 생각해 두십시오.

- · in the morning/afternoon/evening
  아침에/오후에/저녁에

또 하나의 예외 사항이 있는데, 그것은 아침, 오후, 저녁이라도 수식어구가 붙어 범위가 좁아진 특정한 아침, 오후, 저녁일 때는 on을 쓴다는 것입니다.

- · on Tuesday morning
  화요일 아침에

- · on the evening of the 12th
  12일 저녁에

✤ 다음 문장에서 틀린 곳을 찾아 바르게 고치시오.

1. He was on the point of to begin his speech.

2. Who did you go to the party?

3. I bought these items in the supermarket.

4. On the nineteenth century, most people believed the fact.

5. I realized the reason in the morning of my 17th birthday.

Further
Study 1

전치사로 쓰인 to + 동명사

to부정사라면 당연히 뒤에 동사원형이 와야 하겠지만, to는 전치사로 쓰일 수도 있습니다. 그러면 그 때는 동사원형이 아니라 동명사가 와야 하겠지요. 자주 혼동되는 예를 몇 가지 들어 보겠습니다.

- I look forward to hearing from you soon.
- I object to working on Sundays.
- I am not used to driving in Seoul.
- I prefer swimming to jogging.
- I never got around to reading the book.
- What do you say to taking a rest for a while?
- I was so angry that I came close to hitting my wife.

어디서 한 번 본 것 같지 않습니까? 그렇습니다. Chapter 11에서 동명사의 관용적 표현을 공부할 때 일부 보았던 것들입니다. 주의를 환기할 목적으로 일부러 몇 개 더 추가해서 다시 한 번 다루어 보았 습니다.

2. 접속사(conjunction)

접속사를 분류하는 가장 일반적인 방식은 등위접속사와 종속접속사로 나누는 것입니다.

a. 등위접속사(coordinate conjunction)

'등위'라는 말에서 접속되는 두 요소가 서로 대등한 위상을 가지고 있다는 것을 알 수 있습니다. 아래의 예문에서 가장 대표적인 등위접속사인 and, but, or의 좌우에 있는 요소들이 문법적으로 서로 대등하게 연결되고 있습니다.

- **I keep two dogs and three cats.** (명사(구)의 연결)
  나는 두 마리의 개와 세 마리의 고양이를 기른다.

- **We sang and they danced.** (절의 연결)
  우리는 노래를 불렀고 그들은 춤을 추었다.

- **He is old but strong.** (형용사의 연결)
  그는 늙었지만 강하다.

- **He was poor but he was honest.** (절의 연결)
  그는 가난하였지만 정직하였다.

- **To be or not to be; that is the question.** (부정사의 연결)
  살 것인가, 죽을 것인가 그것이 문제로다

이상의 등위접속사는 모두 한 단어로 된 것들이었습니다. 그런데 두 단어(표현)가 짝을 이루어 쓰이며 대등한 두 요소를 연결해 주는 접속사들이 있습니다. 이것을 등위상관접속사(coordinate correlative conjunction)라고 부릅니다. 가장 대표적인 등위상관접속사 몇 가지를 살펴보겠습니다.

- **This book is both[at once, alike] useful and interesting.** (양자 긍정)

  = **This book is not only useful but also interesting.**
  = **This book is interesting as well as useful.**
  = **This book is useful and interesting as well.**
  이 책은 유용하기도 하고 재미있기도 하다.

- **Either you or I am wrong.** (양자택일)
  너나 나 둘 중에 하나는 틀렸다.

- **He decided neither to advance nor to retreat.** (양자부정)
  그는 전진도 후퇴도 하지 않기로 결심했다.

b. 종속접속사(subordinate conjunction)

종속절(subordinate clause)을 주절(main clause)에 연결시키는 접속사를 말합니다. 잘 알고 있겠지만 종속절이란 이미 Chapter 3에서 배운 명사절, 형용사절, 부사절을 일컫는 것입니다. 즉, 자체적으로 독립된 문장의 역할을 수행하지 못하고 주절에 종속되는 역할을 하는 것을 말합니다. 아래에 종속접속사를 한번 죽 나열해 보겠습니다. 일단 접속사의 뜻을 알고 해석하는 것이 무엇보다 중요합니다. 그리고 나서 해당되는 종속접속사의 정확한 문법적 기능(e.g. ~역할의 …절을 이끄는 종속접속사)을 알면 되겠습니다.

〈명사절〉
주어, 목적어, 보어, 동격 등의 역할을 합니다.

- **That** he did it is hard to believe.
  (주어 역할의 명사절을 이끄는 종속접속사 that)
  그가 그것을 했다는 것은 믿기 어렵다.

- I know **that** he is honest.
  (목적어 역할의 명사절을 이끄는 종속접속사 that)
  나는 그가 정직하다는 것을 안다.

- The fact is **that he did not do it.**
  (보어 역할의 명사절을 이끄는 종속접속사 that)
  사실은 그가 그것을 하지 않았다는 것이다.

- I cannot deny the fact **that** I love her.
  (동격의 명사절을 이끄는 종속접속사 that)
  나는 그녀를 사랑한다는 사실을 부인할 수 없다.

〈형용사절〉
관계사절을 의미하며, 이때 관계사는 종속접속사의 기능도 수행하고 있습니다.

- This is the very man **who won the gold medal.**
  (The man을 수식하는 형용사절을 이끄는 관계대명사 who)
  이 사람이 바로 금메달을 딴 사람입니다.

- This is the village **where** I was born.
  (the village를 수식하는 형용사절을 이끄는 관계부사 where)
  이 곳이 내가 태어난 마을이다.

〈부사절〉

쉽게 말해 위의 두 가지 절을 제외한 나머지 절입니다.

- It was snowing heavily <u>when</u> we arrived home.
  (시간의 부사절을 이끄는 종속접속사 when)
  우리가 집에 도착했을 때는 폭설이 내리고 있었다.

- <u>Where</u> there is a will, there is a way.
  (장소의 부사절을 이끄는 종속접속사 where)
  뜻이 있는 곳에 길이 있다.

- I like her <u>because</u> she always believes me.
  (이유의 부사절을 이끄는 종속접속사 because)
  그녀는 언제나 나를 믿어 주기 때문에 나는 그녀를 좋아한다.

- The car was so expensive <u>that</u> I could not buy it.
  (결과의 부사절을 이끄는 종속접속사 that)
  그 차는 너무 비싸서 나는 그것을 살 수 없었다.

- I am studying English very hard <u>so that</u> I may pass the examination.
  (목적의 부사절을 이끄는 종속접속사 so that)
  나는 시험에 합격할 수 있도록 영어를 매우 열심히 공부하고 있다.

- <u>Though</u> they were so poor, they loved each other very earnestly.
  (양보의 부사절을 이끄는 종속접속사 though)
  비록 그들은 매우 가난했지만 서로를 열렬히 사랑했다.

- <u>If</u> you really love her, you should apologize to her right now.
  (조건의 부사절을 이끄는 종속접속사 if)
  정말로 그녀를 사랑한다면 당신은 지금 당장 그녀에게 사과해야 한다.

✚ 다음 문장에서 틀린 곳을 찾아 바르게 고치시오.

1. As far as I know, he is young and strength.

2. Neither you or I am to blame.

3. Both you and I am responsible for that matter.

4. I first thought of the idea of we can do the project.

5. The book was so difficult as I could not understand it.

Further
Study 2

등위상관접속사의 인칭(person)과 수(number) 일치

3번 문제와 관련하여 하나 짚고 넘어갈 내용이 있습니다. both A and B는 복수로 취급했는데 그러면 그와 유사한 not only A but also B와 B as well as A는 어떻게 인칭과 수를 일치시켜야 할 것인가의 문제입니다. 다음의 예문을 봅시다.

- **Not only you but also I am to blame.**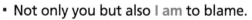
- **I as well as you am to blame.**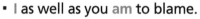

예상 외로 동사는 모두 단수형으로 쓰였습니다. 그 이유는 (both) A and B는 A와 B 모두가 같은 비중을 갖는 반면, not only A but also B와 B as well as A에서는 B가 더 큰 비중을 가지기 때문에 인칭과 수를 B쪽으로 일치시켜야 하기 때문입니다. 참고로, either A or B, neither A nor B 도 모두 B쪽으로 인칭과 수를 일치시킵니다. 동사와 가까운 쪽으로 일치시킨다 하여 보통은 '근자(近者) 일치의 법칙' 이라고 합니다.

- **Either you or he is wrong.**
- **Neither you nor I am wrong.**

I felt a great sense of resignation — even depression — about getting back there when I returned home to the States. Sitting quietly in that office, I tried to still the personal planning going on in my head, and asked God for guidance. Slowly, I felt a burden lift and a sense of peace come over me as I realized this is what I want to do. Working with people of different cultures and helping them find their own solutions to their needs was _____ God was calling me as a vocation, not just as an experience before getting a real job.

1 다음 중 빈칸에 들어갈 말로 가장 알맞은 것은?

a. on
b. therefore
c. where
d. though

2 다음 중 본문의 내용을 한 단어로 압축하였을 때 가장 적절한 것은?

a. resistance
b. refusal
c. realization
d. disillusion

✤ a great sense of resignation 그만두고 싶은 강한 마음

'sense of ~'의 형태로 '~감, 느낌'을 뜻하는 아주 빈번한 표현입니다. 몇 가지의 예를 더 보도록 하겠습니다.

- ◉ the **sense of** touch/vision/hearing/taste/smell 촉각/시각/청각/미각/후각
- ◉ a **sense of** hunger/uneasiness 공복/불안감
- ◉ a **sense of** beauty 미적 감각
- ◉ a **sense of** humor 유머 감각
- ◉ He has no **sense of** economy. 그는 경제 관념이 없다.

✤ returned home 집으로 돌아왔다

home은 '집으로' 라는 의미의 부사로 쓰였습니다. 따라서 앞에 전치사 to를 넣어 returned to home이라고 쓰면 오히려 틀린 표현이 되므로 주의를 요합니다.

✤ felt a burden lift and a sense of peace come over

부담감이 걷히고 평화가 밀려옴을 느꼈다

lift와 come이 원형으로 쓰인 것은 felt가 목적보어로 원형을 취할 수 있는 지각동사이기 때문입니다.

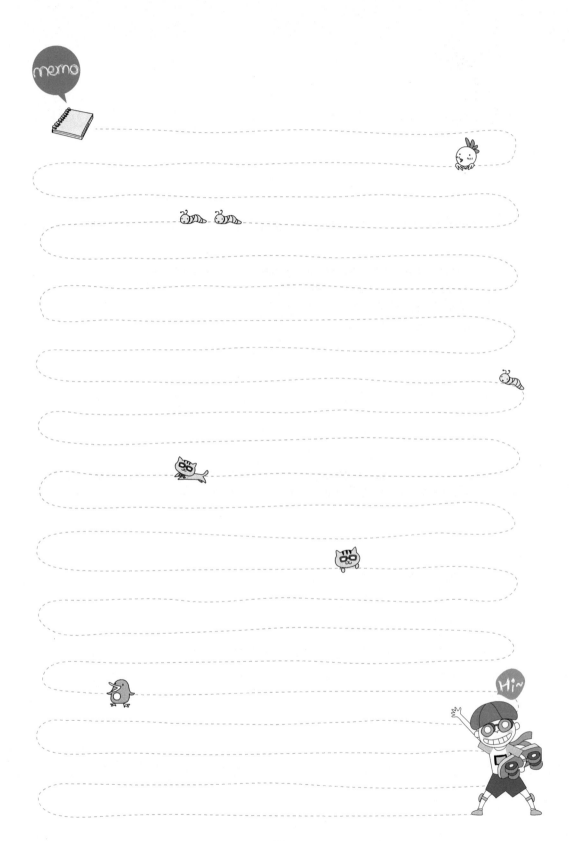

Chapter
30

평형 구조
(Parallel Structures)

이 Chapter 30에서 다룰 내용은 모두 이미 앞에서 조금씩 보았던 것들입니다. 함께 모아서 정리하는 기분으로 공부하면 됩니다. 최근 들어 출제 빈도가 높아지고 있는 부분이어서 별도의 챕터로 구성해 보았습니다. 왜 우리말의 대구(對句)라는 것이 있지 않습니까? 그것하고 비슷하다고 생각하면 됩니다. 의사소통의 차원을 넘어 세련된 스타일(style)에 관한 평형 구조를 잘 사용하면 안정감 있고 가지런한 표현이 됩니다.

알다시피 like라는 동사는 목적어로 'to부정사'와 '동명사'를 모두 취할 수 있습니다. 그렇다면 다음의 예문이 가능할 수 있을까요?

· I like **to dance** <u>and</u> **singing**.

원어민이라면 위 문장을 알아듣기는 하겠지만 어색하다고 생각할 것입니다. 왜냐 하면 등위접속사는 연결하는 두 요소의 문법적 대등함을 요구하기 때문입니다. 따라서 위의 문장은 다음 둘 중의 하나로 고쳐야 할 것입니다.

· I like **to dance** <u>and</u> **(to) sing**. (모두 to부정사)
나는 춤추고 노래하고 싶다.

· I like **dancing** <u>and</u> **singing**. (모두 동명사)
나는 춤추고 노래하는 것을 좋아한다.

이처럼 문장 내 요소들 사이의 문법적 대등함, 즉 문장 내부의 균형(balance)을 고려하여 진술하는 것을 '평형 구조(parallel structure)'라고 합니다. 등위접속사를 포함해 평형 구조는 크게 세 가지로 나누어 살펴볼 수 있습니다.

1. 등위접속사 구문의 평형 구조

등위(等位)라는 말은 어떤 두 구조가 서로 대등(對等)한 문법적 위상(位相)을 가졌다는 사실을 의미합니다. 아래 예문에서 등위접속사를 사이에 둔 두 요소들이 문법적으로 대등한가를 한번 확인해 보십시오.

· You can't <u>have your cake</u> and <u>eat it too</u>. (타동사＋목적어)
〈속담〉 양단간에 결정해야 한다.

· My father is <u>kind</u> and <u>nice</u>. (형용사)
우리 아버지는 친절하고 멋있다.

· <u>My mother went</u> but <u>I did not</u>. (절)
어머니는 갔지만 나는 가지 않았다.

· You are not <u>a teacher</u> but <u>a student</u>. (부정관사＋명사)
너는 교사가 아니라 학생이다.

· I want to talk to <u>your father</u> or <u>your mother</u>. (소유격＋명사)
나는 네 아버지나 어머니에게 말하고 싶다.

· The scissors are <u>on the table</u> or <u>in the drawer</u>. (전치사＋정관사＋명사)
가위는 탁자 위에 있거나 서랍 안에 있다.

2. 상관접속사 구문의 평형 구조

상관(相關)이라는 말은 '상호 관련'되어 있음을 의미합니다. 상관접속사는 단독으로 쓰이지 않고 꼭 짝(pair)을 이루어 같이 쓰이는 접속사를 이르는데, 이것 역시 양쪽에 문법적으로 대등한 구조를 이끌고 옵니다. 시험에 자주 출제되는 부분이므로 각별한 주의를 요합니다.

- **Either** <u>go out</u> **or** <u>come in</u>.
  나가든지 들어오든지 해라.

- They wanted **neither** <u>to advance</u> **nor** <u>to retreat</u>.
  그들은 전진하는 것도 후퇴하는 것도 원치 않았다.

- He speaks **not only** <u>French</u> **but also** <u>German</u>.
  그는 불어뿐만 아니라 독어도 한다.

- There was <u>a couch</u> as well as <u>a bed</u> in the room.
  그 방에는 침대뿐만 아니라 소파도 있었다.

- I know **both** <u>where you want to go</u> **and** <u>what you want to do</u>.
  나는 네가 어디를 가고 싶어 하는지, 무엇을 하고 싶어 하는지 둘 다 알고 있다.

등위, 상관 접속사를 사이에 둔 요소들은 문법적으로 대등하다.

✛ 다음 문장에서 틀린 곳을 고치시오.

1. I suggested taking the plane or we should go by train.

2. I would like neither to go to school nor to the library.

✛ 빈칸에 가장 적절한 어구를 고르시오.

3. Dr. Lee went to LA, bought some books, and _____.
   a. visiting his son   b. to visit his son
   c. visited his son   d. visit his son

4. The king was loved by his friends and _____.
   a. his enemies feared him   b. frightened his enemies
   c. he scared his enemies   d. feared by enemies

5. The role of a teacher is _____.
   a. not teaching but an understanding
   b. understanding instead of teaching
   c. not to teach but to understand
   d. not teaching but to understand

Further Study 1

등위접속사 for

본문에서는 등위접속사로 and, but, or만을 다루었지만, 사실 '까닭'을 나타내는 for도 등위접속사입니다. 일부 학자들은 because나 since처럼 종속접속사로 분류하기도 하지만 등위접속사로 보는 것이 지배적입니다. 왜냐하면 because나 since 등은 주절에 대한 직접적 원인을 서술하는데 반해, for는 앞 내용을 진술하고 난 다음 새롭게 떠오른 내용을 부가적으로 추가하는 것이기 때문입니다. 따라서 등위접속사 for가 이끄는 절은 주로 콤마 다음에 놓입니다. 새롭게 생각난 것이므로 그 내용은 앞에서 언급된 것이 아니어야 합니다.

- It is morning, **for** the birds are singing. (콤마 다음에)
- He spoke in English. I was mad at him because he used
  English. (앞에 언급된 내용이므로 이 경우는 for로 쓸 수 없음)

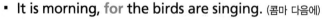

3. 비교 구문의 평형 구조

두 대상을 비교한다는 것은 — 원급이든 비교급이든 — 그 둘의 차이점 내지는 유사성을 서로 겨루어본다는 말입니다. 그러므로 비교가 성립하려면 일단 둘의 문법 구조가 서로 대등해야 한다는 전제가 성립합니다. 다시 말해, 동일한 선상에서의 비교만이 문법적으로 정당성을 확보할 수 있다는 뜻입니다. 다음의 예를 보면, 각 문장에서 밑줄 친 두 부분이 서로 대등한 문법 구조를 갖고 있습니다. 이를 잘 확인하며 이해해 보기 바랍니다.

- **Your college** is more difficult to enter than **his college**.
  (소유격+명사)
  네가 다니는 대학은 그가 다니는 대학보다 더 들어가기 어렵다.

- In certain points, <u>to be poor</u> is better than <u>to be rich</u>. (부정사구)
  어떤 점에서는 가난한 것이 부유한 것보다 낫다.

- **The fact that I love you** is more important than **the fact that you love me**. (명사+동격의 that절)
  내가 널 사랑한다는 사실이 네가 날 사랑한다는 사실보다 중요하다.

- The more <u>a man has</u>, the more <u>he wants</u>. (절)
  사람이란 더 많이 가지면 가질수록 더 많이 원하는 법이다.

- **Your car** is as expensive as <u>my car</u>. (소유격+명사)
  네 차는 내 차만큼 비싸다.

- **His salary** is the same as <u>my salary[mine]</u>. (소유격+명사)
  그의 월급은 나의 월급과 같다.

- <u>Her coat</u> is similar in color to <u>your coat[yours]</u>. (소유격+명사)
  그녀의 코트는 색깔이 너의 코트와 비슷하다.

Practice 2

✚ 다음 문장에서 틀린 곳을 고치시오.

1. Dining in a restaurant is more fun than to eat at home.

2. What you will do tomorrow must be the same as do today.

3. This test is more difficult than we had the day before yesterday.

4. The literature of your country is very similar to my country.

5. Running is a more strenuous daily exercise than to walk.

Further Study 2

본토 영어는 무조건 수용?

- **He rushed at me violently and in a rage.** (부사 vs. 전치사구)

평형 구조를 열심히 공부했는데 막상 원어민들의 말을 들어 보면 – 심지어 제대로 교육을 받은 사람 조차 – 위의 예문처럼 평형 구조를 잘 지키지 않는 것을 종종 보게 됩니다. 학교에서 배우는 정통 영 문법과 실제로 쓰는 영어 사이의 괴리입니다. 필자는 우선 정통 영어부터 올바로 배워야 한다고 말하 고 싶습니다. 실제로 사용되는 영어라고 해서 무조건 옳은 것은 아니기 때문입니다. 우리말의 경우도 대중들이 잘못 사용하는 표현들을 끊임없이 각종 언론매체에서 고쳐 주지 않습니까? 사실, 영작문에 대한 원어민 채점관들은 평형 구조를 매우 중요하게 생각합니다. 뜻만 통하면 된다고 여기는 단계를 넘어 문장 내, 그리고 넓게는 단락 내 표현들 사이의 균형과 비중을 서로 고려할 줄 알아야 제대로 글을 쓴다고 할 수 있습니다. 실제로 사용되지 않는 문법을 배우는 것은 정말 문제가 있는 것이지만, 실제로 사용했을 때 교양과 기품이 있는 표현이라면 당연히 배워 두어야 하는 것 아닐까요?

(A) <u>In comparison to</u> competitive or individualistic learning strategies, cooperative learning promotes (B) <u>a greater use of higher level</u> reasoning strategies and critical thinking. Hence, students should (C) <u>learn cooperatively</u> and engage cognitively, physically, (D) <u>emotionally and psychological</u> in constructing their own knowledge, which is important in changing the passive and impersonal character of our classrooms. More importantly, when students, however diverse they may be, work together on a common project in which they should contribute their fair share, they grow to like and respect one another. This is a vital ingredient of students' success in their future careers.

1 (A)~(D) 중 어법상 잘못 사용된 것은?

a. (A)
b. (B)
c. (C)
d. (D)

2 다음 중 본문의 요지로 가장 적절한 것은?

a. 학습은 개인적 시간을 많이 가지는 것이 중요하다.
b. 협력해서 공부하는 것은 많은 장점을 가지고 있다.
c. 교실의 비인간화는 매우 심각한 문제가 되고 있다.
d. 진정한 우정을 위해서는 함께 공부하는 것이 도움이 된다.

✤ **Hence, ~ , which is important in...** 그래서 ~하게 되고 그것은 …에 중요하다

여기서 쓰인 which는 특정한 명사를 받는 것이 아니라 앞에 있는 내용 전체를 받고 있습니다. 앞의 내용 전체를 받는 which의 예를 몇 개 더 들어 보겠습니다.

◉ His wife was very intelligent, **which** was a source of great pride to him. 그의 부인은 매우 총명했는데, 그것이 그에게는 대단한 자랑거리였다.

◉ They thought him dull, **which** he was not. 그들은 그를 둔감하다고 여겼는데, 사실은 그렇지가 않았다.

◉ When they did come, **which** was after some time, they came at a faster pace. 그들이 잠시 후 (다시) 왔을 때는 걸음걸이가 더 빨랐다.

✤ **however diverse they may be** 그들이 아무리 다양하다 할지라도

여기서 however는 '아무리 ~할지라도'의 뜻으로 문법적으로는 이른바 '양보'를 나타냅니다. 조동사 may는 이러한 구문에 관용적으로 쓰지만, 반드시 사용할 필요는 없습니다. 즉, however diverse they are로 해도 됩니다. 예문을 몇 개 더 보겠습니다.

◉ **However** late you are[may be], be sure to phone me. 아무리 늦더라도 꼭 전화를 하도록 하여라.

◉ **However** carefully I (may) write, I sometimes make mistakes. 아무리 주의해 써도 나는 틀릴 때가 있다.

또한 however에는 '어떻게 하든지, 어떤 방식으로든지'의 뜻도 있습니다. (however를 포함한 복합관계사는 Chapter 28의 Further Study 2에서 다룬 적이 있습니다.)

◉ **However** we do it, the result will be the same. 어떤 식으로 하든지 결과는 마찬가지일 것이다.

◉ **However** we (may) go, we must get there by six. 어떤 방법으로 가든지, 6시까지는 거기에 도착해야 한다.

해설 및 정답

Basic English Grammar

Chapter 1

page 14

1. woman은 셀 수 있는 명사(가산명사)이므로 부정관사 a가 필요합니다.

○ 특히 예쁜 여자를 볼 때 때때로 나는 현기증이 난다.

정답 beautiful woman ➡ a beautiful woman

2. child의 복수형은 children입니다. 이처럼 모든 명사의 복수형이 -s로 끝나는 것이 아니니 유의하십시오.

○ 정원에서 놀고 있는 아이들이 많았다.

정답 childs ➡ children

3. peace는 셀 수 없는 명사(불가산명사)이므로 부정관사 a를 붙일 수 없습니다.

○ 평화는 당신과 나 사이에 내가 유일하게 바라는 것이다.

정답 A peace ➡ Peace

4. my mother라는 명사를 받을 수 있는 대명사는 him이 아니라 her입니다.

○ 어머니가 매주 일요일 장보러 가시는데, 나도 자주 어머니와 함께 간다.

정답 him ➡ her

5. 주어가 3인칭 단수이고, 현재형일 때만 동사에 -s[es]를 붙여 줍니다. 이 문장에서는 동사의 과거형을 넣어야 뒤에 있는 'three years ago'라는 어구와 어울려 어법에 맞는 문장이 됩니다.

○ 나는 3년 전에 클레어를 만났다.

정답 meets ➡ met

page 17

1. 형용사를 수식하는 것은 부사입니다. 이 문장에서 interesting이라는 형용사 앞에는 형용사 extreme 대신 부사가 필요합니다.

○ 그 영화는 정말 재미있었다!

정답 extreme ➡ extremely

2. 전치사 of 다음에는 명사 또는 명사에 해당하는 어구가 와야 합니다. 따라서 동사 be를 동사의 명사형인 being으로 고쳐야 합니다.

○ 내가 당신의 남편이라는 사실이 자랑스럽다.

정답 be ➡ being

3. have a look이라는 어구가 this car를 목적어로 취하려면 전치사가 필요합니다.

○ 이 차를 한번 보세요.

정답 Have a look ➡ Have a look at

4. 접속사가 어떤 의미로 문장을 연결해 주고 있는지 살펴보세요. 문맥상 but이 자연스럽지 않음을 알 수 있습니다.

○ 나는 당신을 사랑하며, 당신과 결혼하고 싶습니다.

정답 but ➡ and

5. 달은 세상에 유일무이한 존재이므로 정관사 the가 필요합니다.

○ 달은 지구 둘레를 돈다.

정답 A moon ➡ The moon

Reading practice

1. 지구의 위성으로서의 달은 지구에 있는 사람들에게 유일무이한 존재입니다. a moon을 the moon으로 고쳐야 합니다.

정답 a

2. 우주에 있는 4,000개의 인공위성 중 단지 600-700개만이 쓸모 있는 것이라고 했으므로 85%는 쓸모없는 우주의 '쓰레기'라는 것을 추론할 수 있습니다.

정답 b

해석 당신은 그것이 지구 주위를 돌고, 우주를 떠다니거나 금성, 화성, 그리고 달에 내려앉는 모습을 발견할 수 있다. 아니, 그것은 우주 비행선이 아니다 — 그것은 우주 쓰레기이다! 종종 우주 파편이라고도 불리는 우주 쓰레기는 인간이 만든, 더 이상 유용한 목적을 수행해 내지 못하는 모든 물체를 말한다. 1957년 이래로 4,000개 이상의 위성이 우주로 발사되었다. 그러한 모든 활동은 많은 양의 우주 쓰레기를 초래했다. 그러한 물체들 가운데 단지 600~700개만이 아직까지 사용 중이다. 이는 거기 위에 있는(우주 상공의) 모든 것 중 85%가 쓰레기라는 것을 의미한다. 게다가 탐지할 수도 없는 더 작은 수백만 개의 부속품들도 있다.

Vocabulary

orbit	궤도(를 그리며 돌다)
float	떠다니다
Venus	금성
Mars	화성
spaceship	우주 비행선
trash	쓰레기
debris	파편, 잔해, 부스러기
man-made	인공적인, 사람이 만든 (= artificial)
object	물건, 물체
serve a purpose	어떤 목적을 달성하다, 목적[용도]에 들어맞다
satellite	위성
launch	발사하다
since	~이래로
lead to	~을 초래하다, 유발하다
in use	사용 중인
in addition	게다가(= what is more, besides, moreover)
detect	탐지하다, 추적하다

Chapter 2

page 24

1. arrive는 혼자서도 문장을 구성할 수 있는 완전자동사, 즉 1형식 동사입니다. 그러므로 이 경우 Seoul이라는 목적어가 뒤에 오려면 전치사 in이 필요합니다.

○ 나는 어제 서울에 도착했다.

정답 arrived ➡ arrived in

2. 우리말로 해석해 보면 '시게 맛이 난' 것이므로 sourly가 언뜻 맞는 것처럼 느껴지지만, 이 문장에서 sourly는 동사 taste를 꾸며 주는 것이 아니라 음식의 맛을 설명해 줍니다. 즉, 주어인 the food를 보충 설명하는 주격 보어이므로 sourly를 형용사 sour로 고쳐야 합니다.

○ 그 식당의 음식은 신맛이 난다.

정답 sourly ➡ sour

3. 우리말로는 '이상하게 들리는'과 같이 해석되지만 strange한 것은 voice이지 소리가 울려 퍼져 귀에 들리는 물리적 현상이 아닙니다. 즉, 명사인 주어의 상태를 설명해 주는 말이므로 부사가 아닌 형용사가 되어야 합니다.

○ 네 목소리가 오늘 이상하게 들린다.

정답 strangely ➡ strange

4. enjoy는 목적어를 필요로 하는 완전타동사, 즉 3형식 동사입니다. 그런데 영어는 동사마다 목적어의 형태가 다를 수 있다는 것에 유의해야 합니다. enjoy는 'to+동사원형'이 아닌 '-ing'의 형태만을 목적어로 취합니다. 물론 목적어로 일반 명사가 오는 것은 얼마든지 가능합니다. 이 경우는 동사를 명사화해 변형시킨 꼴 중에서 어느 형태를 취하느냐의 문제입니다.

○ 나는 파티에서 그녀와 춤추는 것을 즐겼다.

정답 to dance ➡ dancing

5. 이 경우는 4번과 반대로 want가 'to+동사원형'의 형태를 취해야 합니다. 보다 자세한 것은 앞으로 나올 Chapter 8의 부정사와 동명사에 관한 항목에서 다루도록 하겠습니다. 어느 동사가 'to+동사원형'을 취하고 또 어느 동사가 '-ing'의 형태를 취하는지를 목록으로 만들어 외우는 식의 기존 학습법보다 효과적인 방법을 그때 가서 찾아보도록 합시다.

○ 나는 너와 함께 영원히 살고 싶다.

정답 living ➡ to live

page 26

1. give는 '…에게 ~을'의 순서로 목적어가 올 때 전치사 없이 두 개의 목적어를 나란히 쓸 수 있는 4형식 동사입니다. a book과 him의 위치가 바뀌면 그때 전치사를 써 줍니다(Jane gave a book to him.).

○ 제인이 그에게 책 한 권을 주었다.

정답 to him ➡ him

2. 의미상 문제가 없어 보이지만 buy라는 동사는 '…에게 ~을 사 주다'라는 의미의 4형식 동사이고, 간접목적어와 직접목적어의 위치를 바꾸었을 때 전치사 to가 아니라 for를 필요로 합니다.

◎ 그는 나에게 생일 선물을 사 주었다.

정답 to me ➡ for me

3. think는 '…이 ~하다고 생각하다'라는 의미의 목적어와 목적격보어를 필요로 하는 5형식 동사로 쓰일 수 있습니다. 그러나 'to+동사원형'이 think의 목적어로 바로 올 수는 없습니다. 이 경우 to be a good professor를 대신 받을 수 있는 가목적어 it이 필요합니다.

◎ 나는 좋은 교수가 되는 것이 어렵다고 생각한다.

정답 to be a good professor difficult
➡ it difficult to be a good professor

4./5. '…가 ~을 하도록 시키다'라는 의미의 동사로 make와 get을 둘 다 사용할 수 있습니다. 하지만 make는 목적격보어로 동사원형을 써야 하므로, to wash에서 to를 빼야 맞습니다. 반대로 get은 wash 앞에 to를 첨가해야 어법에 맞습니다. 이렇듯 비슷한 의미를 지녀도 각각의 개별 용법이 달라질 수 있으므로 주의해야 합니다.

◎ 어머니께서는 나에게 어머니 차를 세차하도록 시키셨다.

정답 4. to wash ➡ wash
5. wash ➡ to wash

Reading practice

1. force는 5형식 동사로 사용되었을 경우 목적보어로 동사원형을 취하지 않습니다. 대신에 to부정사를 써서 believe와 chant를 각각 to believe와 to chant로 고쳐야 합니다.

정답 b

2. 본문 중 It does not force you to believe in a certain God or to chant certain hymns.(그것은 당신이 어떤 신을 믿거나 혹은 어떤 성가를 부르도록 요구하지 않는다).에서 C의 내용이 잘못되었음을 알 수 있습니다.

정답 c

해석 요가란 말 그대로 하면 하나가 됨, 즉 일체가 됨을 의미한다. 그것은 호흡이 신체에 일체되는 것이며, 마음이 근육에 일체되는 것이다. 요가는 종교가 아니다. 그것은 당신이 어떤 신을 믿거나 혹은 어떤 성가를 (반복조로) 부르도록 강요하지 않는다. 그것은 고대의 과학으로, 이는 몸의 건강, 마음의 평화, 가슴의 기쁨, 그리고 영혼의 자유를 가져온다. 요가는 자기 변화와 자아실현의 완벽한 체계를 제공하는데, 이것은 인간 존재의 궁극적인 목표가 되는 것이다. 요가는 희귀한 것뿐 아니라 일상적인 급성질환을 치료하고 예방해 주는 과학적 방법임이 입증되었다.

Vocabulary

literally	문자 그대로, 말 그대로
union	결합, 연합, 융합
breath	호흡
muscle	근육
force	강요하다, 강제하다
believe in	(존재를) 믿다
chant	노래하다, 반복조로 이야기하다
hymn	성가, 찬송가
ancient	고대의
lead to	초래하다, 이끌어내다
liberation	자유
soul	영혼, 정신
transformation	변형 cf. transform 변형시키다
realization	실현, 인식 cf. realize 실현하다, 인식하다
ultimate	궁극적인, 최종적인
goal	목표
existence	존재
prove	입증하다, 증명하다
method	방법
cure	치료하다
prevent	예방하다, 막다
rare	드문, 진귀한
acute	(병이) 급성인, 심각한 cf. chronic 만성인
disease	질병

Chapter 3

1. 영어에서 문장이 성립하려면 최소한 하나의 주어와 하나의 동사가 포함되어야 합니다. 그러므로 이 문장에서도 동사 went 앞에 주어를 하나 보충해 줄 필요가 있습니다. 주어가 될 만한 것은 a밖에 없지요?

◎ 지난주에 나는 근처의 호수로 낚시하러 갔다.

정답 **a**

2. The new security system이라는 주어와 a variety of functions라는 목적어를 설정해 줄 수 있는 타동사가 하나 필요합니다.

◎ 그 새로운 보안장치는 다양한 기능들을 가지고 있다.

정답 **b**

3. 문장에 동사가 빠져 있는 경우이므로 적절한 동사를 넣어야 합니다.

◎ 한강은 동쪽에서 서쪽으로 흐른다.

정답 **b**

4. 문장의 동사가 are인 것에 주목하여 본다면 museum은 단수형이므로 주어가 될 수 없습니다. 복수 형태의 주어를 찾아보세요.

◎ 그 박물관의 꽃들은 작지만 아름답다.

정답 **d**

5. 문장의 동사가 빠져 있습니다. 일단 동사가 있는 a와 b가 가능성이 있겠지만 주어가 단수 명사 The major cause이므로 동사 is가 연결되어야 맞습니다. 게다가 a는 cause와 the air pollution을 연결하는 전치사도 빠져 있습니다.

◎ 대기 오염의 주요 원인은 많은 차들로부터 배출되는 유해 가스이다.

정답 **b**

1. 이 문장에서는 my family의 역할이 분명하지 않습니다. my family 앞에 '동반'의 전치사 with를 넣어 부사구로 만들면 완벽한 문장이 됩니다.

◎ 나는 그저께 가족과 함께 한라산에 갔다.

정답 my family ➡ with my family

2. comma를 기준으로 두 개의 절로 나뉘어져 있는 이 문장은 연결의 기능을 갖는 접속사를 필요로 합니다. 내용을 자세히 보면 '휴게소에 도착하자마자 화장실로 뛰어갔다'라는 의미가 자연스럽습니다. 그렇다면 '…하자마자'의 의미를 가진 as soon as가 가장 알맞은 답이 될 것입니다. when을 써도 무방합니다.

◎ 나는 휴게소에 도착하자마자 화장실로 뛰어갔다.

정답 I arrived ➡ As soon as I arrived

3. 두 개의 절이 마침표나 접속사 없이 그대로 나열되어 있습니다. 따라서 자연스럽게 의미를 만들어 주는 접속사를 넣어 주거나 아예 두 개의 문장으로 나누어야 맞습니다. 의미상 because를 넣으면 두 개의 절이 자연스럽게 이어집니다.

◎ 내가 지금 바빠서 너를 도와줄 수가 없다.

정답 I am busy now ➡ because I am busy now

4. '주어+동사(My sister is ~)'와 '주어+동사(you are)'가 한 문장에 들어 있는데 자연스럽게 연결이 되지 않습니다. as를 힌트로 하여 as tall as를 만들면 의미와 문법 모두 적절한 문장이 됩니다.

◎ 우리 누이는 너만큼 키가 크다.

정답 as tall ➡ as tall as

5. 문법 구조상의 문제는 발견할 수가 없습니다. 다만 해석이 너무 어색합니다. 주어진 문장은 '저기에 있는 것의 형체를 보지 않기 위해서 불을 켜라'와 같이 되어 이상한 상황이 됩니다. 최근 문법 문제는 종종 이런 식으로 의미에 근거한 어색한 쓰임새를 찾아내도록 요구하고 있습니다.

◎ 저기에 있는 것의 형체를 볼 수 있도록 불을 켜라.

정답 cannot ➡ can

1. (B)는 what을 that으로 바꾸어야 주절의 동사인 learn의 목적어 역할을 수행하는 명사절이 됩니다. what을 맞는 것이라고 생각하고 간접의문문으로 접근하려면 해

석이 엉켜버리고 맙니다. 그것은 곧 문법적으로 잘못 쓰였다는 것이죠.

정답 **b**

2. 제일 마지막 문장에서 '모든 행성들의 공전 주기를 알 수 있는 표가 아래에 있다'라고 했으므로 토성의 공전 주기 역시 알 수 있을 것입니다.

정답 **d**

당신은 '연도(年度)'이라는 말의 정확한 정의를 알고 있는가? 태양 둘레로의 지구 회전이 우리가 연도를 정의하는 방식이다. 일년이라고 하는 것은 그것(지구)이 한 번 공전하는 데 걸리는 시간으로 365일이 조금 넘는다. 우리 모두는 초등학교에서 행성들이 태양 둘레를 서로 다른 속도로 움직인다는 것을 배운다. 지구는 한 번 공전을 하는 데 365일이 걸리는 반면 가장 가까운 행성인 수성은 88일밖에 걸리지 않는다. 딱하게도 답답한 저 멀리의 명왕성은 한 번 공전하는 데 248년이 걸린다. 아래는 모든 행성들의 공전 주기를 나타낸 도표이다.

Vocabulary

exact	정확한(= precise, correct, accurate)
definition	정의(cf. define 정의하다)
revolution	회전, 공전(cf. revolve 회전하다)
grade school	초등학교(= elementary school, primary school)
rate	속도, 비율(= speed, velocity)
circuit	순회, 순환(= revolution)
planet	행성
Mercury	수성
ponderous	육중한; 더딘, 둔한, 느릿느릿한
Pluto	명왕성
table	도표(= chart)

Chapter 4

page 42

1. 습관적 행동은 현재형으로 표현합니다. 과거, 현재, 미래의 어느 한 시점에 국한되지 않고 '늘 그러함'을 의미하기 때문에 시제의 전 영역으로 확대될 수 있는 단순현재형을 선택하는 것입니다.

정답 **b**

2. 속담, 격언 등은 보통 현재형으로 표현합니다. 이것 역시 1번과 같은 식으로 생각할 수 있습니다. 속담이나 격언이 과거나 미래로 표현되었다고 생각해 보세요. 우스꽝스러운 말이 되지 않을까요? 또, 3인칭 단수/현재의 '-s'도 잊지 말고 챙기세요.

정답 **b**

3. 1번과 2번을 풀며 문제가 너무 쉽고 당연하다는 생각을 할 수 있습니다. '우리말 종결어미인 '…한다'는 당연히 현재가 아닌가'와 같이 말이죠. 하지만 전적으로 이런 방식에만 의존해서는 안 됩니다. '들었습니다'이니까 과거형인 heard를 생각하기 쉽지만 종속절의 시제형을 보세요. 미래형이지요? heard가 쓰였다면 will이 아니라 would가 쓰이지 않았을까요? 지금 우리가 결정하려는 시제형은 종속절에 영향을 미치는 주절의 동사라는 점을 생각해 보세요. 미리 말하면 이런 것을 '시제의 일치'라고 하지요. 단순히 우리말 해석의 종결형만을 보지 말고 시간이라는 연속선상에서 그려지는 상황을 생각해 보도록 하세요. 이 문장을 정확히 이해하면 '현재 내가 들어 알고 있는 바로 당신이 다음 달에 결혼한다지요?' 정도가 될 겁니다.

정답 **c**

4. 달이 지구 둘레를 도는 것은 변하지 않는 진리입니다. 즉, '늘 그러함'을 나타내지요. 이렇듯 불변의 진리도 현재형을 사용합니다.

정답 **c**

5. 역사책에 나올 만한 문장입니다. 이렇게 역사적 사실은 과거형으로 표현합니다. 물론 역사를 현재형으로 표현할 때도 있습니다만 그것은 이른바 '역사적 현재'라는 것으로 독자의 머릿속에 생동감을 전달하기 위한 일종의 문체적 장치입니다. 일반적으로 역사는 과거형으로 표현한다고 알아 두세요.

정답 **d**

page 45

1. 과거에 김교수님을 알기 시작해서 지금까지 알고 있는 것이므로 여기에 해당하는 '기간'의 시제형, 즉 현재완료형을 써야 합니다. 주어진 상황을 머리에 그려 보아 단순한 한 점이 아니고 기간이 그려진다면 일단 완료형을 생각해야 합니다. 그리고 그 동작이나 상태의 영향력이 미치는 범위가 과거냐 현재냐 미래냐에 따라서 각각 과거완료형, 현재완료형, 미래완료형으로 구분하는 것입니다. 물론 계속의 느낌을 추가하기 위해 또 다시 이것들을 완료진행형으로 바꿀 수도 있겠지요.

정답 **c**

2. 자, 머릿속에 주인공 he를 우선 그려 보세요. 미국에 온 지 이제 3년이 되었답니다. 그 3년을 가늠할 수 있는 발화 시점(point of speaking)은 어디에 놓여 있지요? 물론 현재입니다. 그러면 언제부터 시작인가요? 3년 전이지요? 즉, 3년 전과 현재를 잇는 기간의 시제형인 현재완료형을 필요로 합니다.

정답 **b**

3. 기간이 느껴지는데다가 '…중이다'라는 표현에서 진행까지 느껴집니다. 말하는 시점은 현재이고요. 그렇다면 이 모두를 종합하여 현재완료진행형을 생각할 수 있습니다.

정답 **c**

4. 기차가 도착한 것은 과거이고 기다리는 것은 그 이전부터 도착하는 순간까지 계속되고 있으므로 '과거완료진행형'을 이용해야 합니다. 즉, 2시간이라는 기간이 느껴지고, 이 기간의 범위가 '기차가 도착하였을 때'라는 과거로 한정되니 당연히 과거완료진행형을 필요로 하는 것입니다.

정답 **a**

5. 지금 일하고 있는 사람이 내년의 이 시간에도 일하고 있을 자신의 모습을 상상하며 말하고 있네요. 우선 미래라는 기준 시제가 보이고 또 기간이 보이므로 '미래완료형'인 'will have+p.p.'를 생각해 볼 수 있겠습니다. 게다가 '계속'이라는 진행의 느낌까지 덧붙여져 있으므로 'will have been+-ing'의 '미래완료진행형'을 쓰는 것이 가장 좋습니다.

정답 **b**

Reading practice

1. 취임 연설문을 낭독하는 당시의 상황을 머릿속에 그려 보세요. 화자는 과거의 역사를 현재의 시점에서 돌이켜 보며 청중들에게 결의를 다짐하고 있습니다. 이러한 내용에 근거한다면 (A)에는 현재완료형이 오는 것이 적절합니다. 'have been granted'로 되는 것이 옳습니다.

정답 **a**

2. 여기서 man은 '인간, 인류'의 의미로 사용되었습니다. 각 보기의 해석은 다음과 같습니다.
(a) 차 안에는 두 명의 남자와 한 명의 여자가 있었다.
(b) 그는 자신의 책임을 정면으로 떠맡을 만큼 남자답지 않았다.
(c) 법의 관점에서 모든 인간은 평등하다.
(d) 공장의 노동자들로부터 왜 저항이 없었을까요?

정답 **c**

해석 이 세상의 오랜 역사 동안에 단지 몇몇 세대만이 극한의 위험 순간에 자유를 수호하는 역할을 부여받아 왔습니다. 나는 이러한 책임감으로부터 물러나지 않습니다 — (오히려) 나는 그것을 환영하는 바입니다. 나는 우리들 중 어느 누구라도 어떤 다른 이들이나 혹은 어떤 다른 세대와 이 (자유 수호의) 자리를 바꿀 것이라고는 생각지 않습니다… 그러므로 나의 동료 미국인들이여, 국가가 여러분을 위해 무엇을 할 수 있을 것인가를 묻지 말고, 여러분이 국가를 위해 무엇을 할 수 있을 것인지를 물어보십시오. 나의 동료 세계 시민들이여, 미국이 여러분을 위해 무엇을 할 수 있을 것인가를 묻지 말고, 우리가 함께 인류의 해방을 위하여 무엇을 할 수 있을 것인지를 물어보십시오.

Vocabulary

generation	세대
grant	주다, 수여하다, 부여하다
role	역할(= part)
defend	방어하다
freedom	자유
maximum danger	극한의 위험
shrink	회피하다, 뒷걸음질치다, 움츠러들다
responsibility	책임 (cf. responsible for ~ 에 대해 책임이 있는)
fellow	동료

Chapter 5

page 52

1. 동사 arrive는 현재진행형으로 예정을 나타낼 수 있으며, 또한 수동태가 불가능한 자동사입니다. 여기에 제시되는 문제들을 좀 더 잘 풀기 위해서는 미리 Further Study I 을 잘 볼 필요가 있습니다. will과 현재형, 그리고 현재진행형의 미세한 차이를 느끼기 위해서 말입니다. 미세하지만 중요합니다.

○ 그들은 오늘 저녁에 보스턴에 도착할 예정이다.

정답 **are arriving**

2. 폭우가 쏟아지는 것은 스케줄상 미리 예정된 것이 아니고 그저 미래에 대한 추측 정도에 불과하기 때문에 will을 쓰는 것이 좋습니다. 무조건 현재형이나 현재진행형만 답으로 고르다 낭패를 보진 않으셨는지요. 자신의 소신과 확신으로 문제를 풀어 봅시다.

○ 내일 폭우가 쏟아질 것이므로 그녀는 오지 않을 것이다.

정답 **will be raining**

3. 계획표상에 확정된 시간을 나타내므로 현재형을 사용합니다. 연주 시각은 정해져 있는 것이지 오락가락하는 것이 아니므로 추측을 한다는 것은 어색한 상황이 되고 맙니다.

○ 연주회는 8시에 시작합니까, 아니면 9시에 시작합니까?

정답 **Does**

4. 경기를 잘할 것이라는 기대와 추측에 불과한 것이지, 그것이 시간표상으로 정해진 것은 아닙니다.

○ 삼성 라이온즈는 오늘 밤 경기를 잘할 거야.

정답 **will play**

5. that절의 동사 pass는 will pass의 의미이고 이를 가능하게 하기 위해서는 주절의 동사가 현재형인 hope가 되어야 하겠지요?

○ 나는 그가 입학 시험에 통과하기를 희망한다.

정답 **hope**

page 54

1. '…할 예정이다' 의 뜻으로 'be due to+동사원형' 이 있습니다.

○ 그는 6월에 졸업할 예정이다.

정답 **due**

2. '…하기로 되어 있다' 의 뜻으로 'be supposed to+동사원형' 이 있으며, 예정이나 가벼운 명령을 나타냅니다.

○ 당신은 여기에 주차하지 않기로 되어 있습니다(주차해서는 안 됩니다).

정답 **supposed**

3. ' 막 …하려 하다' 는 'be about to+동사원형' 을 사용합니다.

○ 우리가 도착했을 때 기차가 막 역을 떠나려 하고 있었다.

정답 **to leave**

4. '막 …하려 하다' 의 또 하나의 용법으로 'be on the point of -ing' 를 사용할 수 있습니다.

○ 우리가 공항에 다다랐을 때 비행기가 막 이륙하려고 하였다.

정답 **of taking off**

5. '…할 것 같다' 의 뜻으로 'be likely to+동사원형' 은 가능하나 possible, probable은 이런 형태로 불가능합니다. 그러나 'It is likely[possible, probable] that 주어+동사' 와 같이 that절을 취하는 용법으로는 모두 가능합니다.

○ 그가 진실한 영어 선생님을 배신할 것 같지는 않다.

정답 **likely**

Reading practice

1. 'be supposed to+동사원형'은 '~하기로 되어 있다' 라는 의미로 예정 혹은 가벼운 명령이나 의무를 나타냅니다. a의 prone도 형태상 가능하기는 합니다만 내용을 완성하기에는 부족합니다. '가장 알맞은' 답을 고르라는 문제의 의도를 다시 한 번 생각해 볼 필요가 있습니다.

정답 **c**

2. association football과 gridiron football이 같이 사용
되었다면 많은 혼란을 야기했을 것입니다. 빈칸 바로
앞의 문장을 참조하여 풀어 보세요.

정답 **b**

해석 오늘날 우리는 'soccer'와 'American football'이라
는 두 가지 표현을 구별해서 사용해야 한다. 'soccer'
라는 말은 사실 영국에서 생겨난 것인데, 그곳은 현대
축구가 뿌리를 두고 있는 곳이다. 영국에는 두 가지 종
류의 축구가 있었는데 그것은 rugby football과
association football이었다. rugby football에 대한
속어(俗語)는 'rugger'였고, association football에
대한 속어는 'assoc'이었다. 'assoc'이라는 말은 점
차 'soccer'로 변했는데 그것은 말하기에 훨씬 더 쉬
웠다. association football이 북미 지역에 알려졌을
때는 미국 축구 협회(NFL)와 슈퍼볼(Super Bowl)에서
행해지는 형태인 gridiron football(미식축구를 말함)이
라는 경기가 이미 상당히 자리를 잡고 있었다. 혼란을
피하기 위해, 미국인들은 이 새로운 운동 종목의 이름
으로 영국에서 쓰는 별칭인 'soccer'를 채택했다.

Vocabulary ✏️

differentiate	구별하다
actually	사실은, 실상은(= in fact)
version	버전, 판
originate	일어나다, 생기다, 유래하다, 시작하다
association	협회, 모임, 연합
slang	속어(적인)
term	용어, 말
gradually	점차, 점진적으로
evolve	서서히 발전하다, 점진적으로 변화하다
introduce	소개하다, 도입하다
gridiron	미식축구 경기장; 석쇠 (모양의) 것 (cf. NFL: National Football League(미국 축구 협회)) Super Bowl: 슈퍼볼(프로 미식축구의 챔피언 결정전)
establish	확립하다, 설립하다, 기초를 닦다
adopt	입양하다, 채택하다

Chapter 6

page 60

1. 현재완료는 현재시제의 한 단면(aspect)이며, 현재와
관련이 있는 문장에 사용됩니다. 이 문장은 구체적 과거
시점을 나타내는 표현이 없지만 역사적인 과거 사실을
언급하고 있으므로 단순 과거형을 써 주어야 합니다.

○ 한국 사람들이 인쇄술을 발명했다.

정답 have invented ➡ invented

2. '지금까지 3년'이라고 하는 기간(period)의 표현에 착
안해야 합니다. 즉, 3년 전과 현재를 잇는 표현이 필요
합니다. drive를 have driven으로 고쳐야 합니다.

○ 나는 지금까지 3년째 운전을 해 오고 있다.

정답 drive ➡ have driven

3 '…에 갔다 왔다'라는 의미의 경험을 나타내는 현재완
료는 'have been to'입니다. 다음 4번 문제에 나오는
'have gone to'와의 차이를 분명히 알아 둡시다.

○ 마이클이 이제 휴가에서 돌아왔다. 그는 이탈리아에 갔
다 왔다.

정답 has gone to ➡ has been to

4. '…에 가고 없다'라는 의미의 결과를 나타내는 현재완
료는 'have gone to'입니다. 위의 3번 문제와 비교하
여 두 가지 의미의 차이를 확실히 알아 둡시다.

○ 마이클은 휴가로 부재중이다. 그는 스페인에 가고 없다.

정답 has been to ➡ has gone to

5. for와 since 모두 현재완료와 어울릴 수 있지만 for 다
음에는 시간의 양을 나타내는 말이 오고 since 다음에
는 과거의 어떤 행위가 시작된 구체적인 시점을 나타
내는 말이 옵니다. 이 경우 three days는 어떤 시점이
아니라 시간의 양이므로 since를 for로 바꾸어야 합니
다. for(…동안)와 since(…이래로)의 의미를 따져보면
쉽게 해결할 수 있습니다.

○ 나는 3일 동안 톰을 보지 못했다.

정답 since ➡ for

page 62

1. 현재완료는 과거와 현재를 잇는 기간의 시제형입니다. 따라서 when과 같이 어떤 한 시점을 나타내는 말과는 함께 사용될 수 없습니다. 내용상 비가 온 시점을 모르겠다는 것이므로 when이하는 과거형을 이용하여 고치도록 합니다.

⊙ 나는 언제 비가 오기 시작했는지 모르겠다.

정답 has begun ➡ began

2. What time은 When과 같은 의미로 이해하면 됩니다. 한 시점에 대해 묻고 있으므로 현재완료형을 과거형으로 고쳐야 맞습니다.

⊙ 당신은 언제 그 일을 끝냈습니까?

정답 have you finished ➡ did you finish

3. four hours ago라는 과거 시점의 표현은 현재완료와 어울릴 수 없습니다.

⊙ 그들은 4시간 전에 도착했다.

정답 have arrived ➡ arrived

4. How many years와 문장 끝의 thus far라는 기간의 표현에 착안하여 현재완료형을 선택합니다.

⊙ 지금까지 영어 말하기를 몇 년 동안 배우셨습니까?

정답 do you learn ➡ have you learned

5. 과거형과 함께 쓰이는 just now는 'a very short time ago'의 뜻을 지닙니다. '이제 막, 방금'이라는 의미로 기억해 두십시오. 보통은 현재완료와 어울리지 않는 표현으로 잘 기억해 두시기 바랍니다.

⊙ 나는 방금 숙제를 끝마쳤다.

정답 have finished ➡ finished

Reading practice

1. 지문 전체의 시제가 과거임을 고려해 볼 때 현재 시제 가운데 하나인 현재완료형의 사용은 일단 의심을 해 볼 필요가 있습니다. has been seated를 was seated 로 바꾸도록 합니다.

정답 a

2. 일종의 우스갯소리라고 할 수 있으므로 humorous하다고 보는 것이 가장 타당하겠습니다.

정답 a

해석 한 교수가 어떤 학생의 옆자리에 앉게 되었다. 학생이 교수에게 말하길, "제가 문제를 하나 내겠습니다. 만일 정답을 모르시면, 제게 50달러를 주시지요. 그리고 나서 교수님이 제게 질문을 하십시오. 만일 제가 모르면 교수님께 5달러를 드리겠습니다." 그런 다음 학생은 매우 어려운 문제를 물어보았다. 교수는 20분 동안이나 생각을 해 보았지만 해답을 찾을 수가 없었다. 그는 지갑을 꺼내어 학생에게 50달러를 주었다. 교수가 말하길, "좋네, 답이 뭔가?" 학생은 한 마디도 하지 않고서는 지갑을 꺼내어 교수에게 5달러를 지불했다.

Vocabulary

professor	교수
be seated	(안내를 받아) 자리에 앉다 (cf. sit (자기 스스로) 앉다)
next to	~의 옆에(= beside, very near to)
pay	지불하다
hard	어려운
solution	해답, 해결(책)
get out	꺼내다
hand	건네주다

Chapter 7

page 67

1. before 이하의 내용은 분명히 미래를 나타내지만 시간의 부사절이므로 미래 시제 대신 현재 시제를 이용합니다. 이러한 시간의 부사절을 이끄는 접속사로는 while, before, after, as soon as, until, when 등이 있습니다.

⊙ 네가 떠나기 전에 돌아오겠다.

정답 will leave ➡ leave

2. '언제 출발하는가를'과 같이 해석되는 when절은 부사절이 아니라 타동사 know의 목적어가 되는 명사절입니다. 따라서 leave 앞에 will을 첨가하여 미래 시제를 그대로 써 주어야 합니다.

○ 네가 언제 출발하는지 알고 싶다.

정답 leave ➡ will leave

3. if절은 부사절이 아니고 타동사 wonder의 목적어 역할을 하는 명사절입니다. 그러므로 현재 시제가 미래 시제를 대신할 수 없습니다.

○ 그들이 오늘 밤 회의에 올지의 여부가 궁금하다.

정답 come ➡ will come

4. 미래 시제를 대신하는 현재 시제는 시간의 부사절뿐 아니라 '만일 …라면'으로 해석되는 조건의 부사절에서도 쓰입니다.

○ 비가 세차게 내리고 있다. 밖에 나가면 젖을 것이다.

정답 will go ➡ go

5. 'had+p.p.'는 과거 이전의 사실을 기술하는 대과거에도 사용됩니다. 사라가 간 것이 먼저 일어난 일이므로 went를 had gone으로 바꾸어야 맞는 문장이 됩니다. 이런 경우에는 단순과거와 대과거의 구분이 분명히 필요한 경우입니다. 문장에서 주인공은 사라를 보지 못했습니다. 한 번 잘 따져 보시고 꼭 Further Study 1을 참고해 보도록 하세요.

○ 네가 도착했을 때 사라는 파티에 있었니? — 아니, 집에 가고 없더라.

정답 went ➡ had gone

page 69 🐟

1. 여기에서 think는 '…할까 고려하고 있다'는 뜻이 아니고, know, suppose, believe처럼 어떤 인식의 상태를 나타내는 동사입니다. 그러므로 진행형은 쓸 수 없습니다.

○ 나는 네가 틀렸다고 생각한다.

정답 am thinking ➡ think

2. see는 '…한 장면이 눈에 들어오다'의 뜻입니다. 즉, 동작이 아닌 셈이죠. 그러므로 진행형으로 쓸 수 없습니다. 물론 see가 다른 의미로 쓰이면 진행형도 가능

하겠지만요. 이것은 Further Study 2에서 다시 한 번 다루도록 하겠습니다.

○ 저기 정상이 보이십니까?

정답 Are you seeing ➡ Do you see 또는 Can you see

3. 'be+-ing'의 현재진행형은 '동작'의 계속성을 나타냅니다. 그러므로 상태를 나타내는 '소유'의 동사 belong to 역시 진행형을 쓰지 않습니다. 시간의 흐름상에서도 그 모습이 변하지 않고 꾸준히 유지되는 계속성을 이미 지니고 있기 때문입니다.

○ 이 자동차는 너의 것이다.

정답 is belonging ➡ belongs

4. have는 belong to와 마찬가지로 '소유'한 상태를 나타내는 동사이므로, 진행형을 쓰지 않습니다.

○ 우리 가족은 집 두 채를 가지고 있다.

정답 is having ➡ has

5. 특별히 동작의 뉘앙스가 있는 형용사가 아니라면 진행형 동사와 함께 쓰지 않습니다.

○ 그녀는 아름답다.

정답 is being ➡ is

Reading practice

1. 일단 자동사로 쓰인 appear를 수동형으로 하는 것부터 문제가 있습니다. 또한 내용으로 볼 때도 구태여 아사(餓死)의 순간과 동물의 등장 사이에 시간상의 공백을 두어 'had+p.p.'를 쓸 필요가 없습니다. had been appeared를 단순과거형인 appeared로 바꾸어야 합니다.

정답 d

2. 다음과 같이 문맥을 이용해서 유추해 볼 수 있습니다. '배로 가서(got to the ship) 항해를 한 다음(sailed) 배에서 내릴 것이다(disembarked)'

정답 a

[해석] 전설에 의하면 어느 날 밤 그가 기도를 드리고 있는 동안에, 한 음성이 그에게 말하기를 농장을 탈출하여 200

마일 떨어진 곳에서 그를 기다리고 있는 배를 찾으라고 하였다. 패트릭은 배로 가서, 유럽으로 항해한 후 아마도 현재의 프랑스에 해당하는 곳에 상륙하였다. 그는 여러 명의 선원들을 위험한 숲을 가로질러 인도해 내었다. 그러면서 그는 계속 기도를 드렸다. 패트릭과 그의 선원들 중 어느 누구도 잡히지 않았다. 몇몇 선원들이 굶주림으로 죽어갈 무렵, 바로 그 순간 어디에선가 그들이 먹을 수 있도록 야생 동물들이 나타났다.

Vocabulary

legend	전설
pray	기도하다 (cf. prey 먹이, 희생양)
voice	목소리, 음성
escape	탈출하다
farm	농장
wait for	~를 기다리다
sail	항해하다
get to	~에 도착하다, 다다르다 (= arrive at, reach)
disembark	(배, 비행기 따위에서) 상륙시키다[하다]
what is now probably France	아마도 현재의 프랑스
crew	승무원, 선원
forest	숲, 삼림 지대 (wood보다 크고 보통 야생 동물이 사는 숲)
capture	잡다, 포획하다 (= catch, seize)
be about to	막 ~하려고 하다
starvation	굶주림, 기아(飢餓) (cf. starve 굶주리다)
at the very moment	바로 그 순간에
from nowhere	어디선가 모르게
wild animal	야생 동물
appear	나타나다, 등장하다

Chapter 8

page 76

1. to earn money가 a way를 꾸며 주는 형용사의 역할을 하고 있습니다.

정답 제인은 돈을 벌 방법을 찾고 있었다.

2. to get our attention이 동사 shouted를 꾸며 줍니다. '목적'을 나타내는 부정사의 부사적 용법.

정답 그는 우리의 주의를 끌기 위해 소리를 쳤다.

3. Her ambition = to be a famous actress. to부정사가 '~하는 것' 이라는 명사의 의미로 품사 변화를 하여 보어 역할을 하고 있습니다.

정답 그녀의 야심은 유명한 여배우가 되는 것이다.

4. 목적을 나타내는 to부정사의 부사적 용법은 to 앞에 in order나 so as를 첨가하여 목적의 의미를 더욱 분명히 할 수 있습니다.

정답 이선생은 새로운 기계를 사기 위해 미국으로 갔다.

5. to resist가 the strength를 꾸며 주는 형용사 역할을 하고 있습니다.

정답 그는 저항할 힘이 부족했다.

page 78

1. Love ~ vanity까지가 주어이므로 동사 love를 명사적 기능으로 바꾸어 주어야 합니다. 약간의 차이는 있지만 아무튼 To love또는 Loving으로 명사화해 주면 됩니다.

○ 허영에 가득 찬 여자를 사랑하는 데는 많은 돈이 필요하다.

정답 Love ⇒ Loving / To love

2. look forward to에서 to는 부정사의 to가 아니고 순수한 전치사입니다. 전치사 다음에는 명사형으로 목적어가 오므로 hear를 hearing으로 바꾸어야 합니다. 부정사의 명사적 용법을 이용하여 to hear로 하는 것은 어떤지 묻는 학생이 있는데 그렇게 되면 look forward to to hear라는 이상한 표현이 됩니다. 거의 대부분 전치사의 목적어는 부정사보다는 동명사를 사용합니다.

○ 곧 너한테 소식 듣길 바래.

정답 hear ➡ hearing

3. 앞서 배운 대로 enjoy라는 동사는 목적어로 부정사를 취하지 않습니다. 일반적으로 동명사를 취하는 동사로는 'finish, give up, mind, enjoy...' 같은 것들이 있습니다.

○ 하루 중 이 시간에는 난 보통 소설 읽기를 즐긴다.

정답 to read ➡ reading

4. decide는 목적어로 동명사가 아닌 부정사를 취합니다. 이런 류의 동사에는 'wish, hope, want, decide...' 등이 있습니다. 명사화된 목적어를 취하는 데 있어 선택적이라는 설명 기억나시죠? 그런데 한두 개도 아닌 이것을 외우자니 얼마나 힘이 들까요? Further Study 2를 꼭 참고해 보시기 바랍니다.

○ 너무 늦어서 나는 택시를 타기로 했다.

정답 taking ➡ to take

5. In classifying things를 부사구로 처리하고 나면 서술동사 means의 주어가 없다는 것을 알게 됩니다. 즉, 전치사 in을 빼고 classifying을 동명사 주어로 삼아야 하겠지요.

○ 사물을 분류한다는 것은 그것들이 여러 그룹으로 나뉜다는 것을 의미한다.

정답 In classifying ➡ Classifying

page 81

1. 간혹 This book is interesting., He is interested in this book.과 같은 문장을 예로 들어 사물이 주어이면 현재분사, 사람이 주어이면 과거분사가 온다고 설명하는 경우가 있는데 이는 잘못된 것입니다. 만일 그렇다면 이 문제에 틀린 곳이 없겠지만, (능동적으로) 남을 웃기는 유쾌한 성격을 가진 그 남자는 당연히 a very interesting man으로 표현해야 합니다. 중요한 것은 현재분사가 가지는 능동의 의미가 이 문장의 주어 He와 맞아떨어진다는 것입니다.

○ 그는 굉장히 재미있는 사람이다.

정답 interested ➡ interesting

2. 문맥상 offer는 주어 The company의 동사가 될 수 없고 그것을 수식하는 분사가 되어야 합니다. 또 회사가 가격을 제안한다는 능동적 의미이므로 현재분사를 써서 offering으로 표현해야 합니다.

○ 최저 가격을 제안하는 회사가 가장 손님이 많을 것이다.

정답 offer ➡ offering

3. 주어 the car의 입장에서는 스스로 list할 수 있는 게 아니고 list되어야 합니다. 즉 수동의 의미를 가진 과거분사가 필요합니다.

○ 이 잡지에 등재되어 있는 차는 벌써 팔려 나갔다.

정답 listing ➡ listed

4. '캘리포니아에서 만들어진' 이라는 뜻의 수동적 의미를 가진 과거분사가 필요합니다.

○ 캘리포니아에서 만들어진 최초의 상업영화는 1907년에 완성되었다.

정답 a

5. 치아의 입장에서는 뽑는 것이 아니라 뽑혀지는 것이므로 역시 과거분사가 필요합니다.

○ 너는 그 이를 뽑는 것이 좋겠다.

정답 c

Reading practice

1. (B) '동물과 관련된'의 뜻으로 수동의 의미가 자연스럽습니다. relating을 related로 바꾸도록 합니다.

정답 b

2. 동물원 사육사가 되기 위해 필요한 사항들을 나열하고 있습니다. 항상 '가장' 적절한 것을 골라야 한다는 것을 잊지 마세요.

정답 a

해석 동물원에 취업하려는 경쟁은 치열하다. 그러므로 당신은 그 직업에 맞추어 준비하고 또 우수한 (동물원 관련) 교육을 받고 싶을 것이다. 동물원들은 당신이 학교에서 좋은 성적을 받을 것과 고등학교와 대학에서 많은 과학과 생물학 분야의 수업을 받을 것을 제안한다. 당신은 생물학, 동물학, 식물학, 생태학, 보존과학이나 동물행동(학)과 같은 동물 관련 분야에서의 대학 학위를 필요로 할 것이다. 샌디에이고 동물원은 당신이 자신의 애완동물을 대상으로 사육사가 되는 연습을 해보라고 제안하는데, 그것은 동물을 위한 적절한 환경을 조성하고 그것의 행동을 기록하는 것이 사육사 업무의 중요한 일부분이기 때문이다.

Vocabulary

competition	경쟁 (v. compete)
tough	어려운, 힘든 (cf. rough 거친)
prepare	준비하다
education	교육
recommend	추천하다, 권하다
science	과학
biology	생물학
grade	성적, 학점
degree	학위
zoology	동물학
botany	식물학
ecology	생태학
conservation	보존, 보호 (v. conserve)
behavior	행동
zookeeper	사육사
pet	애완동물
create	창조하다, 조성하다
right	적절한(= suitable, fit, appropriate, proper, adequate)
environment	환경

Chapter 9

page 88

1. 이 문장을 접속사를 포함한 원래의 문장으로 바꾸면 'As it was fine, we went on a picnic.'이 됩니다. 즉, 날씨를 나타내는 비인칭주어 it을 분사구문으로 만

들 때 빠뜨릴 이유가 없습니다. 종속절의 접속사가 생략될 수 있는 것은 주절의 주어와 같을 때입니다.

○ 날씨가 좋아서 우리는 소풍을 갔다.

정답 Being fine ➡ It being fine

2. 뒤에서 다시 배우겠지만 독립분사구문에 with를 붙여 이른바 'with 부대상황'을 만든 것이기 때문에 my arms와 crossing의 관계는 당연히 원래 주어와 술어의 관계라는 것을 알 수 있습니다. 팔짱을 낀 것은 팔의 입장에서는 교차된 것이므로 crossing을 crossed로 바꾸어 수동의 의미를 갖도록 해야 합니다.

○ 나는 팔짱을 낀 채로 한강변에 서 있었다.

정답 crossing ➡ crossed

3. 주의를 요하는 비교적 까다로운 문제입니다. 얼핏 보면 이 문장은 맞는 것 같습니다. 그러나 분사구문의 주어를 생략하는 것은 주절과 종속절의 주어가 같을 경우에 한하므로 이 점을 포인트로 삼으면 됩니다. 주절을 I로 시작하여 다시 쓰든지, 분사를 수동의 형태로 고쳐야 합니다.

○ 그 책을 읽고 나서 도서관에 반납했다.

정답 ① Having read the book, I returned it to the library.
② Having been read, the book was returned to the library.

4. 분사구문에서 접속사를 생략할 수 있지만 의미를 명확히 하려고 그대로 두기도 합니다.

○ 테드 윌슨은 비록 미국에서 태어났지만 한국에서 살며 영어를 가르쳐 왔다.

정답 c

5. 접속사가 이끄는 절은 기본적으로 '접속사+주어+동사'의 순서가 되어야 하며, 분사구문으로 바뀔 때는 '(접속사)+분사' 순서가 됩니다. 물론 이때 접속사는 생략 가능하고요. 주어를 넣어 절로 표현하면 'When they are well fitted,~'가 되는데, 여기서 they는 glasses를 가리키므로 동일한 주어를 생략하고, When being well fitted에서 다시 being을 생략한 것입니다.

○ 안경은 잘 맞추어졌을 때 대부분의 시력 결함을 교정할 수 있습니다.

정답 a

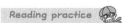

page 91

1. 부정사의 의미상 주어를 언제나 'for+(대)명사'로 쓰는 것은 아닙니다. 사람의 성질이나 성격을 묘사하는 말이 올 때는 for대신 of를 써서 의미상 주어를 나타냅니다.

◎ 그렇게 심술궂은 여자를 따라다니다니 너도 참 멍청하다.

정답 for you ➡ of you

2. convenient는 사람의 성격, 성질 등을 나타내는 형용사가 아니므로, 의미상의 주어 앞에 전치사 for가 옵니다. of가 오는 형용사로는 'clever, cruel, foolish, kind, nice, generous, polite, rude, stupid, wise, silly...'와 같은 것들이 있습니다. 힘들여 외울 필요는 없습니다. Further Study 2를 참조해 보시기 바랍니다.

◎ 네가 3시에 내 사무실로 오면 나에게 편리하겠다.

정답 of you ➡ for you

3. 진주어의 역할을 할 수 있는 to부정사와 그 의미상의 주어가 필요합니다.

◎ 존은 제시간에 오는 것이 항상 어렵다는 것을 인정했다.

정답 c

4. 주어의 역할을 하는 동명사와 그 의미상의 주어가 필요합니다.

◎ "그가 아픕니까?" "사실, 밤새 빗속에서 일하는 바람에 그는 감기에 걸렸습니다."

정답 d

5. '~하는 상태로[채로]'로 해석되는 with 부대상황은 원래 독립분사구문 앞에 with가 첨가된 것이므로 with다음의 두 요소 사이에 당연히 주술관계가 성립되어야 합니다. 눈의 입장에서는 감겨지는 것이 옳으므로 closed가 필요합니다.

◎ 그녀는 종종 두 눈을 감은 채로 거기에 아무 말 없이 앉아 있곤 했습니다.

정답 b

Reading practice

1. 문맥상 (B) to have children의 주어는 I가 됨을 알 수

있다. 따라서 별도의 의미상 주어를 명시할 필요가 없다. 게다가 불완전타동사 want의 경우는 'want+목적어+to부정사'의 5형식을 이룰 수 있으므로 전치사 for를 사용하는 것도 잘못된 것이다. 따라서 for me를 빼야 맞는 문장이 된다.

정답 b

2. 남편이 누이의 출산을 보고 아이를 원하는 쪽으로 마음이 변했지만, 자신은 아이를 키우는 데 적합하지 않다는 내용이다. 결국 중심 내용은 아이 출산의 문제이다.

정답 b

저는 30세이고 결혼한 지는 4년 되었습니다. 10대 시절부터 저는 절대로 (다음에 결혼하면) 아이를 갖지 말아야겠다고 생각해 왔습니다. 저의 남편은 우리가 만나고, 연애하고 결혼할 때 이것을 잘 알고 있었습니다. 시누이가 지난 여름에 남자 아이 하나를 출산하였는데, 갑자기 남편은 마음을 바꾸어 자신도 아이를 원하는 것입니다. 저는 제가 부모감이 아니란 것을 압니다. 저는 주위에 아이들이 있으면 짜증나고 대개 불편합니다. 저는 저의 삶이 아이들에 의해 한정되는 것을 원치 않으며 그들을 키우기 위해 제가 즐기는 삶의 스타일을 포기하게 되는 것을 원치도 않습니다.

Vocabulary

since	~이래로
teenager	10대
be aware of	~을 인식하다, 알다(= know, recognize, perceive)
give birth to	~을 출산하다(= deliver)
suddenly	갑자기(= on a sudden, all of a sudden)
parent material	부모감
impatient	참을성 없는, 짜증내는 (= restless, intolerant)
generally	일반적으로(= usually, normally, commonly)
uncomfortable	불편한
define	한정하다, 정의하다
give up	포기하다(= abandon)
lifestyle	삶의 방식
raise	키우다, 기르다

해설 및 정답

Chapter 10

page 98

1. 정직한 것과 그렇게 보이는 것이 모두 현재이므로 단순부정사를 활용합니다.

🔘 그는 정직한 것 같다.

정답 **He seems to be honest.**

2. 종속절이 주절보다 한 시제 앞서 있는 경우이므로 완료부정사를 활용합니다.

🔘 그는 젊었을 때 잘생겼던 것 같았다.

정답 **He seemed to have been handsome in his youth.**

3. 주절의 seemed도 과거, 종속절의 was도 과거로 동일한 시제를 나타내므로 단순부정사를 씁니다.

🔘 그때 그녀가 아픈 것 같았다.

정답 **She seemed to be sick then.**

4. 과거의 일을 묻는데 본동사가 seemed로 이미 과거 시제로 되어 있습니다. 따라서 주절과 동일한 시간 개념을 나타내는 단순부정사의 형태가 되어야 합니다.

🔘 그때 무슨 소릴 들었니? – 누군가 내 이름을 부르는 것 같았어.

정답 **c**

5. 과거에 마치 나의 수호천사인양 행동한 것이고 이를 화자가 현재에 판단한 것이므로 부정사는 seems보다 앞선 시간을 나타내어야 한다.

🔘 그는 자기가 마치 나의 수호천사인양 행동했다. (이제 와 생각해 보니) 그는 아마 나를 사랑했던 것 같다.

정답 **a**

page 100

1. 확신하는 시점은 현재이고 공부를 열심히 했던 것은 과거의 일이므로 완료형(have+p.p.)을 이용하여 전후 관계를 표시해 주어야 합니다. have를 동명사 having으로 고치고 study는 과거분사로 바꿉니다. 의미상의 주어도 잊어서는 안 되겠지요.

🔘 나는 그가 고등학교 시절에 매우 열심히 공부를 했으리라고 확신한다.

정답 **his studying ➡ his having studied**

2. 내용상 분사구문의 시간이 주절의 시제인 현재보다 앞선 과거가 되어야 합니다. 따라서 being을 완료분사 having been으로 고쳐야 맞습니다. 사실 분사구문에서 being, have been은 주로 생략이 됩니다. 차라리 아예 없어서 Idle~로 시작을 하면 될 것을 굳이 단순분사를 쓸 필요는 없었던 겁니다.

🔘 젊어서 게을렀기 때문에 그는 지금 가족을 부양할 돈이 거의 없다.

정답 **Being ➡ Having been**

3. 단순분사 Seeing의 시간은 내용상 주절(I was quite disappointed)과 같은 과거가 됩니다. 그러므로 분사구문을 절로 전환하려면 과거형 동사를 써 주어야 합니다. 엄밀히 말해서 분사구문의 내용이 먼저가 아니냐고요? 똑같이 과거에 일어난 일로 시간의 전후 관계가 명백하죠? 그래서 굳이 완료분사를 쓰지 않은 겁니다. 그리고 전환된 문장에서도 after라는 말로 인해 시간의 전후가 분명히 설정되지 않습니까?

🔘 그 영화를 보고 나서, 나는 상당히 실망했다.

정답 **see ➡ saw**

4. 확신하는 것과 희망이 있는 것의 시간 개념이 같은 때에서 이루어지므로 단순동명사를 써야 합니다. 물론 이 경우 we는 동명사의 의미상 주어이므로 소유격 our가 되든지 목적격 us가 되어야 합니다.

🔘 나는 우리에게는 희망이 있다는 것을 확신한다.

정답 **I am sure of our/us having some hope.**

5. 과거에 그런 여자를 사랑했다는 것을 지금 수치스러워 하고 있으므로 '사랑했다는 것' 부분에 완료동명사를 씁니다.

🔘 나는 (과거에) 그런 여자를 사랑했다는 것을 수치스럽게 생각한다.

정답 **I am ashamed of having loved such a woman.**

Reading practice

1. 글 전체의 내용이 과거에 두 주인공이 나누었던 깊고 애틋한 사랑의 얘기로 되어 있습니다 그러므로 본동사인 is said보다 앞선 내용으로 표현해야 합니다. 따라서 완료부정사형으로 쓰는 것이 문맥을 잘 완성합니다. to love를 to have loved로 고칩니다.

정답 **a**

2. 수잔이 지금도 남편을 마중 나간다는 내용은 본문에서 찾을 수 없는 정보입니다. 남편인 토마스는 전쟁에서 죽었다고 나와 있기도 합니다.

정답 **d**

해석 수잔은 그녀의 남편을 보통의 헌신 이상으로 사랑했다고 전해진다. 심지어 그녀의 형제자매들조차도 그녀가 토마스에 대해 지닌 거의 소녀와도 같은 애정과 염려에 대해 그녀를 놀리곤 했다. 그가 일에서 돌아올 시간이 될 때마다 집으로 돌아오는 그를 만나기 위해 집을 나서는 것이 그녀의 습관이었다. 만일 그가 정해진 시간에 돌아오지 않으면 그녀는 불안해했다. 그리고 그의 지연이 길어지면 그녀는 종종 눈물로 밤을 보내곤 하였다. 만일 토마스가 그 전쟁에서 죽지만 않았더라면 수잔은 지금쯤 남편을 마중 나가기 위해 집을 나설 것이다.

Vocabulary

ordinary	평범한, 보통의
devotion	전념, 헌신
rally	놀리다
girlish	소녀 같은
affection	애정
solicitude	염려, 걱정, 심려(= anxiety, concern)
habit	습관
whenever	~할 때마다
leave	떠나다
on one's way home	집으로 돌아오는 길에
fail to	~하지 못하다
return	돌아오다
indicated	지정된, 정해진
anxious	불안한

stay	체류 (기간)
prolong	연장하다, 늘이다
oftentimes	종종(= often)
tear	눈물

Chapter 11

page 106

1. 부정사를 부정하려면 그 앞에 부정어를 위치시킵니다.

◎ 그런 상황에서는 걱정하지 않는 것이 중요하다.

정답 to not ➡ not to

2. 동명사를 부정할 때도 동명사 앞에 부정어를 둡니다. 'have+p.p.' 가 본동사로 쓰였을 경우 'have not+p.p.' 로 된다고 생각해서 많이들 착각을 합니다. 눈여겨 보기 바랍니다.

◎ 나는 지난해에 그 집을 사지 않은 것을 후회한다.

정답 having not ➡ not having

3. '솔직히 말해' 는 'to tell the truth' 로 표현하면 됩니다. 본문에서 많은 유사 표현을 다루어 놓았습니다. 확실하게 익히기 바랍니다.

정답 tell

4. 관용어이므로 그대로 외워 둡시다. '일을 더욱 악화시킨다' 라는 의미로 직역이 되는 어구를 떠올려도 쉽게 연상이 됩니다.

정답 matters

5. '~하는 마지막 사람' 은 '~을 하지 않을 사람' 이라는 의미가 됩니다.

정답 last

page 109

1. 빈칸에 들어가는 동사 help는 avoid의 뜻입니다. 즉,

'그를 존경하는 것을 피할 수 없다' 라는 말은 '그를 존경하지 않을 수 없다' 는 말이 됩니다. help 대신 stop을 넣은 표현도 있습니다.

정답 help

2. '~하고 싶다' 라는 표현을 'like+-ing' 와 같이 표현하려면 동사는 feel이 필요하게 됩니다.

정답 feel

3. '~은 말할 필요도 없다' 라는 의미의 관용적 표현은 It goes without saying that ~을 이용합니다. 사실 시험에서 이런 문제들을 만나면 반가워해야 합니다. 복잡하게 생각할 필요 없이 입에 붙은 표현을 그대로 쓰면 되기 때문입니다.

정답 without

4. '~하자마자' 라는 의미가 되기 위해 전치사 On이나 Upon이 필요합니다. 이것과 유사한 표현을 본문에 많이 소개해 놓았으니 잘 익혀 두세요.

정답 On 또는 Upon

5. '~할 가치가 있다' 라는 대표적 표현은 'be worth ~ing' 를 이용합니다

정답 worth

1. '일반적으로 말해서' 라는 의미의 독립분사구문입니다.

정답 speaking

2. '~을 고려하다' 라는 의미의 take ~ into consideration을 응용한 표현입니다.

정답 Taking

3. '~말이 나왔으니 말인데' 라는 관용 표현은 speaking/talking of의 표현을 이용합니다.

정답 Speaking 또는 Talking

4. '~인 이상', '~이므로' 의 뜻으로, since와 비슷한 의미를 나타내는 표현에는 seeing that ~이 있습니다.

정답 Seeing

5. 두 개의 대상을 놓고 '~와 비교하다' 라는 뜻으로 compare를 쓸 때, 후속하는 전치사는 with도 되고 to도 됩니다. 그러나 어떠한 속성을 다른 대상에 '비유하다' 라는 의미로 쓸 때의 전치사는 with가 아니라 to를 쓰게 됩니다. 문제의 경우는 두 대상간의 비교이므로 정답은 두 가지로 나오겠네요.

정답 with 또는 to

1. 내용상 체온은 건강과 많은 관련이 있다는 것이 문맥을 잘 완성합니다. (D)의 nothing이라는 표현은 글의 흐름을 방해하고 있으므로 much와 같은 표현으로 대체해야 합니다. 물론 정도는 덜하겠지만 something 같은 표현을 써도 괜찮겠네요.

정답 d

2. 우리의 체온에 대한 다양한 내용을 다루어 놓았으므로 그에 적절한 답안을 찾아봅시다. 제목, 주제, 요지 문제 등에 대한 답은 포괄 범위가 너무 넓어도 안되고 또 너무 좁아도 안 된다는 사실 꼭 기억하세요. 그러므로 주어진 선택지를 하나씩 꼼꼼히 챙기는 것도 필요합니다.

정답 a

해석 대부분의 사람들은 정상적인 체온이 대략 화씨 98.6도 (섭씨 37도)라는 것을 알고 있다. (이보다) 조금 더 높은 것은 열이라고 생각된다. 체온의 작은 변화들은 대개 심각하지는 않다. 체온은 하루 중의 시간이나 활동의 정도에 따라 오르내릴 수 있다. 병에 걸린 경우에는 적절한 체온의 상승이 신체로 하여금 일부 형태의 감염과 싸우는 것을 도와줄 수도 있다. 그러나 어떤 수준을 넘어서면 체온은 조절되어야 한다. 어른의 경우에 화씨 106도 혹은 그 이상의 열은 대단히 심각하며 즉각적인 의료적 처치를 요구한다. 요컨대 체온은 우리의 건강과 많은 관계가 있다.

Vocabulary

normal	정상적인
temperature	온도
approximately	대략(=about, around, more or less, nearly, roughly)
degree	(온도·각도·경위도 따위의) 도(度)

Fahrenheit	화씨(의)
Celsius	섭씨(의)(=centigrade)
fever	열
usually	보통, 대개(=normally, as a rule, commonly, generally, habitually, mainly, mostly, on the whole)
serious	심각한
fluctuate	오르내리다(=change frequently)
moderate	알맞은, 적당한
infection	감염, 전염
adult	성인
immediate	곧 일어나는, 즉시의
medical	의료의
attention	돌봄, 배려

Chapter 12

page 117

1. 돈이 모자라 가난한 사람들을 제대로 도와줄 수 없는 현재의 반대를 상상하기 위해 화자는 현재 시제를 탈피하여 과거형으로 자신의 심리를 표현하고 있는 것입니다. 그러므로 if절의 동사 have는 had가 되어야 합니다. 동사의 시제가 과거형으로 표현되었기 때문에 문법적 명칭이 '가정법 과거'로 된 것입니다.

◎ 만약에 내가 조금 더 많은 돈을 가지고 있다면 가난한 사람들을 더 체계적으로 도울 수 있을 텐데.

정답 **had**

2. 조건절(if절)의 동사 were offered와 주절의 내용을 고찰해 보면 이것이 가정법 과거라는 것을 짐작할 수 있습니다. 주절에서 쓰일 수 있는 조동사는 주로 would, should, could, might이며 이 중 문맥을 잘 완성하는 것으로 쓰면 되겠습니다. 문제의 경우 would나 might 정도가 적당하겠네요.

◎ 만약에 내가 그 자리를 제의받으면 나는 그것을 받아들일 텐데.

정답 **would/might accept**

3. 현재 복권이 당첨된 것은 아니고 '만일 당첨된다면 ~ 하겠다'는 가정법 과거의 문장입니다. '현재를 과거로 표현'함으로써 반대의 상상이라는 의도를 달성하는 가정법의 본질을 확실히 기억합시다.

◎ 만약 복권에 당첨된다면 스포츠 카를 살 수 있을 텐데.

정답 **won**

4. 조건절의 내용과 과거형 동사 had로 판단해 보면 가정법 과거라는 것을 알 수 있습니다. 주절에서는 조동사의 과거형을 필요로 하므로 이를 기준으로 답을 고르면 됩니다. d의 I'd like는 I would like입니다.

◎ 기회가 닿는다면 그들에게 이유를 말하고 싶다.

정답 **d**

5. 역시 가정법 과거의 문장으로 조건절에 과거형 동사가 필요합니다.

◎ 내가 다니엘과 아는 사이라면 돈을 좀 빌려 달라고 얘기할 텐데.

정답 **c**

page 119

1. 명령문과 접속사를 사용하여 조건을 표현할 수 있습니다. 이때 명령문 다음에 오는 and는 '그러면'으로 해석되고 or는 '그렇지 않으면'으로 해석됩니다. 이에 따라 위의 문장은 and를 or로 바꾸어야 논리적으로 올바른 문장이 성립하게 됩니다.

◎ 서둘러라, 그렇지 않으면 기차를 놓칠 것이다.

정답 **and ➡ or**

2. 위의 문제와 반대의 경우입니다. 논리적인 문장이 되기 위해서는 or 대신에 and가 와야 합니다. 이 문장 역시 if를 써서 바꾸면 If you hurry up, you will catch the train.이 됩니다.

◎ 서둘러라, 그러면 기차를 탈 수 있을 것이다.

정답 **or ➡ and**

3. 주절의 시제형과 전체적인 내용으로 판단해 보면, 이 문장은 가정법이 아니라 직설법의 단순 조건문이 된다

311

는 것을 알 수 있습니다. '비가 오면'이라는 조건의 부사절에서는 현재가 미래를 대신하므로 주어 it에 알맞은 현재형 rains를 써 줍니다.

💬 비가 오면 실내로 들어가야 할 것이다.

정답 rained ➡ rains

4. 명령문과 접속사 and가 결합하여, If you work hard next time, you will succeed.의 의미가 됩니다.

💬 A: 입학시험에 떨어졌어
    B: 다음에는 열심히 공부해. 그러면 성공할 거야.

정답 a

5. 내용상 '그렇지 않으면'의 의미를 지닌 접속사가 필요합니다. 접속사 or가 명령문과 결합하여 그런 의미를 전달할 수 있습니다. 이 문장을 If절로 바꾸면 If you don't start right away, you will be late.가 됩니다.

💬 당장 출발해라, 그렇지 않으면 너는 늦을 것이다.

정답 a

Reading practice

1. 먼저 이 문장이 '가정법'인지 직설법의 '조건문'인지 판단해야 합니다. (B)가 속한 문장의 주절을 보면 may가 사용된 것으로 보아 가정법 과거의 동사 were가 어울리지 않는다는 것을 알 수 있습니다. 즉 필자는 그러한 일이 있을 수도 있다는 전제하에, 그런 경우 이런 일이 일어난다는 조건과 가능한 결과를 이야기하는 것뿐입니다.

정답 b

2. a는 혈액형이 서로 다른 타입으로 분류될 수 있다는 본문 전체의 흐름과 조화되지 않습니다. 그리고 첫 문장을 보면 조동사 might가 쓰이고 있죠? 가정법 과거로 쓰인 이것은 거꾸로 그렇지 않다는 것을 반증하는 것이죠.

정답 a

🔍해석 어떤 면에서 모든 사람의 피는 똑같을 수 있다. 그러나 현미경 아래에서 분석되었을 때는 뚜렷한 차이들을 볼 수 있다. 20세기 초에 한 오스트리아의 과학자는 그러한 차이점에 따라 혈액을 분류하였다. 그의 업적으로 그는 노벨상을 받았다. 만일 두 가지 서로 다른 형의 혈액이 함께 섞이면 적혈구가 혈관 내에서 응집되어 치명적인 상황을 초래할 수 있다. 그러므로 수혈을 하기 전에 혈액형이 서로 일치되어야 하는 것은 중요하

다. 위급한 경우 O형의 혈액이 주어질 수 있는데 그것은 O형이 모든 혈액형에 의해 받아들여질 가능성이 가장 크기 때문이다.

Vocabulary

blood	혈액, 피
analyze	분석하다
microscope	현미경 (cf. micro 작은 것을 + scope 보는 기계)
distinct	뚜렷한, 분명한
visible	볼 수 있는
classify	분류하다
according to ~	~에 따라
award	수여하다, 주다
achievement	업적
blood type	혈액형
blood cell	적혈구
clump	떼를 짓(게 하)다
blood vessel	혈관
fatal	치명적인
match	조화시키다, 맞추다
transfusion	수혈, 혈관 주사
take place	일어나다, 발생하다 (=happen)
emergency	비상[돌발] 사태, 위급
be likely to ~	~일 것 같다
accept	받아들이다, 수용하다

Chapter 13

page 126

1. I wasn't hungry에서 일단 이 문장은 과거의 진술임을 알 수 있습니다. 가정법이 과거 사실의 반대를 나타내기 위해서는 가정법 과거완료의 형태가 되어야 합니다. 따라서 If I was hungry...에서 was를 had been으로 바꿉니다.

💬 그때 나는 배가 고프지 않았다. 배가 고팠다면 나는 뭔

가 먹었을 것이다.

정답 was ⇒ had been

2. that절 앞의 동사가 '명령·주장·제안·요구' 등 당위의 내용을 나타내는 경우, 이것은 종속절에서 조동사 should의 형태로 나타나게 됩니다. 그런데 이 should 가 생략되어도 그 당위의 내용을 남겨 놓기 위해 that절의 동사는 가정법 현재인 동사원형을 사용합니다. 따라서 apologized는 apologize로 바뀌어야 합니다.

⊙ 나는 그가 그 노인에게 당장 사과할 것을 요구했다.

정답 apologized ⇒ apologize

3. 가정법 과거완료의 조건절에서 동사의 형태는 'had + p.p.' 형이 됩니다.

⊙ 만일 그가 경찰에게 솔직하게 답변했더라면 체포되지 않았을 것이다.

정답 d

4. 가정법 과거완료의 주절에서 동사의 형태는 '조동사의 과거형+have p.p.' 형이 됩니다.

⊙ 어제 파티에 갔더라면 너는 존을 만났을 텐데.

정답 d

5. that절에서 주어 he 다음의 동사가 원형인 것으로 보아 가정법현재가 사용되었다는 것을 알 수 있습니다. 이때의 동사는 주로 화자의 의견을 진술하는 '명령·주장·제안·요구·소망·중요성·필요성' 들을 의미하는 것으로 that절의 내용에 당위성을 부과하게 됩니다. 즉 he 다음에 should가 생략된 것을 알 수 있습니다.

⊙ 나는 그가 나의 조언을 따를 것을 제안합니다.

정답 a

page 130 🐟

1. 미래의 일에 대해 이야기하고 있으므로, 현재 시제의 단순 조건문이나 가정법 미래형을 쓰면 어법에 맞습니다. should happen을 쓰면 가정법 미래가 되어 현재 시제 happens를 쓰는 것보다 좀 더 발생 가능성이 낮은 의미가 됩니다.

⊙ 나에게 무슨 일이 생기면 아내에게 이 편지를 전해 주십시오.

정답 b

2. 주절의 would를 보고 판단한다면 조건절에 들어갈 동사의 형태도 정해질 수 있겠지요? 주어진 보기에서는 were to가 가장 적당하겠네요.

⊙ 그의 아들이 그 사람보다 먼저 죽는다면 재산은 그의 손자들에게 분배될 것이다.

정답 a

3. will이나 would를 if와 같이 쓰는 것은 흔히 나타나는 기본적인 비문(非文)입니다. 그러나 가능한 경우도 일부 있는데 바로 문제의 경우와 같이 상대방이 무언가 기꺼이 해 주기를 바라는 경우입니다. 주절에 would가 쓰였으므로 조건절에서도 과거형을 써야 하겠지요.

⊙ 우리에게 정보를 더 보내 주시면 감사하겠습니다.

정답 a

4. 가정법 미래의 were to 구문입니다. 주절의 과거형 조동사를 보면 가정법 문장인 것을 알 수 있고, 주어진 보기 중 가정법이 성립될 수 있는 것을 찾는 문제입니다.

⊙ 제인을 보신다면 그녀에게 뭐라고 말씀하시겠습니까?

정답 d

5. if절이 있는 가정법의 문제는 조건절의 형태를 보고 푸는 것이 가장 좋습니다. 지금 조건절을 보면 could가 쓰이고 있습니다. 그렇다면 일단 가장 무난한 과거형으로 된 것을 찾아야 합니다. were to가 좋겠지요.

⊙ 당신이 의자를 조금만 옮겨 주면 우리가 다 앉을 수 있겠는데요.

정답 b

Reading practice 🐟

1. 조건절에 had turned가 사용된 것을 보면 주절도 그에 상응하는 동사형이 필요함을 알 수 있습니다. 가정법 과거완료의 문장이므로 '조동사의 과거형+have p.p.' 를 찾도록 합니다.

정답 b

2. 내용을 해석해 보면 지금 이 문장은 가정법이 아닙니다. 항상 실제의 일인지 가상의 일인지 구분을 필요로 합니다. 좀 전에 (A)의 경우는 '그러지는 않았지만 만일 그랬다면' 을 의미하는 가정법이고, 지금 (B)의 경우는 '만일에 못 보았다면 행운이 없는 것이고 보았다면 행운이 있는 것이다' 를 나타내는 직설법입니다. 또한 내

용상 조건절에 등장하는 천체 쇼는 이미 지나간 일이므로 직설법 과거동사인 missed를 쓰는 것이 가장 좋습니다. 가정법의 원리를 모르고 공식으로만 접근하면 도저히 이해할 수 없는 문제입니다.

정답 **b**

해석 올 8월 27일경 많은 사람들이 지구와 화성이 가까이 만나는 것을 관찰하려고 밖으로 나갔다. 8월 27일 화성이 인류 역사상 지구에 그 어느 때보다도 가까워졌을 때, 빛이 지구에서 화성까지 가는 데 걸리는 시간은 3분 6초밖에 되지 않았다. 따라서 만일 당신이 그날 빛을 화성 쪽으로 향하게 했다면 그것은 186초만에 화성에 도달하였을 것이다. 화성은 무척 밝아서 도시의 불빛도 방해가 되지 못했다. 만일 당신이 이 우주의 장관을 놓쳤다면, 당신은 정말로 운이 없는 사람이다. 화성은 2287년까지는 다시는 이렇게 가까워지지 않을 것이다.

Vocabulary

around	~무렵, 쯤(=about, toward)
observe	관찰하다, 준수하다 (cf. observation 관찰, observance 준수)
close	가까운
encounter	뜻밖의 만남, 마주침 (=confrontation)
Mars	화성
one-way	한쪽으로만의, 편도의
bright	밝은
get in the way	방해가 되다
miss	놓치다(=let go)
astronomical	천문학상의 (cf. astronomy 천문학, astrology 점성술, 고대천문학)
out of luck	운이 나쁜

Chapter 14

page 138

1. I would like to know if you could help me repair my car.라는 원래의 문장에서 if를 빼고 you와 could를 바꾸어 놓은 경우입니다. 여기서 한 가지 지적할 것은 if는 조건의 부사절을 이끄는 것이 아니라 '…인지 아닌지'라는 뜻으로 명사절을 이끌고 있다는 점입니다. 당연히 이러한 if는 생략할 수 없으며, 따라서 주어와 동사의 도치는 일어날 수 없습니다.

◎ 네가 내 차를 고치는 걸 도와줄 수 있는지 알고 싶다.

정답 **could you ⇒ if you could**

2. 현재 사실의 반대, 즉 '노력 안 해서 성공 못한다'는 내용의 전형적인 가정법 과거의 문장입니다. 원래의 if가 있는 문장으로 복원하면 He might be successful if he were a little more willing to try가 됩니다. 일반적으로 가정법 과거에서 조건절의 be 동사는 were뿐 아니라 was도 가능하지만 if가 빠지고 주어와 동사의 위치가 바뀌는 도치 구문에서는 were만이 허용됩니다. was를 were로 고쳐야 합니다. 이와 관련하여 Further Study 1을 참조하기 바랍니다.

◎ 조금만 더 노력하면 그는 성공할 텐데.

정답 **was ⇒ were**

3. 해석을 해 보면 조건절은 가정법 과거완료, 주절은 가정법 과거로 되어야 자연스러운 혼합가정법입니다. 그런데 주절의 동사형이 가정법 과거완료로 되어 있죠? 이것을 고치면 되겠습니다.

◎ 지난밤에 비가 내리지 않았더라면 지금 길이 이렇게 질척거리지는 않을 텐데.

정답 **would not have been ⇒ would not be**

4. 과거의 실현되지 못한 일에 대한 현재의 결과를 언급하는 역시 혼합가정법에 관한 문제로서 주절의 부사 now가 결정적인 단서라고 할 수 있습니다. 조건절은 가정법 과거완료, 그리고 주절은 가정법 과거가 필요합니다.

◎ 만일 우리나라가 가난한 사람들을 위해 좀 더 많은 집을 지었더라면 지금의 주택문제가 그렇게 심각하지 않을 텐데.

정답 **a**

5. if 대용어구 가운데 '…면 어쩌지'를 뜻하는 What if가 들어가면 의미가 자연스럽게 연결됩니다. What if 다음에 직설법이 오는 것은 문제가 되지 않습니다.

◎ "그는 너를 보러 갈 거야." "만약 그가 오지 못하면 어떻게 하지?"

정답 **a**

page 140 🐟

1. 현재 사실의 반대를 가정하고 있으므로 가정법 과거 시제의 문장이 필요합니다. 그러나 주어진 단어들 중에 조건절을 만들 수 있는 접속사 및 주어 동사 등이 없으므로 '~없다면'의 뜻으로 조건절 상당 어구를 유도하는 'without'을 이용해서 문장을 구성해야 합니다. 'Without water, all things would die soon.'이 정답입니다. 이 문장에서 전치사구가 조건절을 대신하므로 가정법 과거 시제는 주절에 표시되어 있습니다. Without 대신 But for나 If it were not for, Were it not for를 써도 같은 의미가 됩니다.

정답 **Without water, all things would die soon.**

2. 과거 사실의 반대를 말하고 있으므로 가정법 과거완료 시제의 문장입니다. 주어진 단어 중 접속사 if가 없는 것으로 보아 조건절에서 if가 생략된 문장으로 볼 수 있습니다. '~이 없었다면'의 뜻으로 관용적으로 쓰이는 표현인 'If it had not been for'에서 조건절임을 나타내는 접속사 If가 생략되면서 주어인 it과 조동사 had가 도치된 "Had it not been for water, all things would have died."가 정답입니다.

정답 **Had it not been for water, all things would have died.**

3. 해석을 해 보면 to부정사가 조건절의 내용을 함축하는 경우입니다. 주절의 조동사가 과거형인 것으로 보아 가정법 과거를 활용하면 되겠군요.

◎ 이선생이 말하는 것을 들으면 당신은 그를 미국 사람으로 여길 것이다.

정답 **If you heard Mr. Lee speak, you would take him for an American.**

4 But for를 보는 순간 If it were not for 혹은 If it had not been for를 생각해 내야 합니다. 이 문제에서는 주절의 형식과 내용으로 미루어 가정법 과거라는 것을 쉽게 알 수 있습니다.

◎ 연금이 없다면 그는 굶어 죽을지 모른다.

정답 **If it were not for the pension, he would starve to death.**

5. 내용상 그리고 주절의 조동사로 판단하건대 직설법의 조건문에 해당하는 내용입니다. 또한 의미만 통한다면 여러 가지 표현이 나올 수도 있습니다. 이 책에서 제시하는 주관식 답안은 그야말로 초기 학습 단계의 모범 답안입니다. 때로는 여러 가지의 가능성을 인정할 수도 있습니다. 의문을 가지며 공부하는 것은 분명 좋은 습관이니까요.

◎ 운이 따른다면 우리는 그곳에 수요일까지 갈 것이다.

정답 **If we have luck, we'll be there by Wednesday.** 혹은 **If we are lucky, we'll be there by Wednesday.**

page 142 🐟

1. 화자는 그가 자신을 모른다고 생각하고 있습니다. 즉, 화자의 마음속에서 'he knows me' 라는 것은 사실이 아니므로 가정법을 써야 합니다.

◎ 왜 그가 나를 아는 것처럼 쳐다보지? 나는 전에 그를 본 적이 없는데.

정답 **knows ➡ knew**

2. 예전에 미국에 가 본 적이 있는 것처럼 지금 이야기하므로 as if 다음에는 이전 사실의 반대를 나타내는 내용이 나와야 합니다. '~에 가 본 적이 있다'는 표현인 have been to를 응용하고 주동사의 이전을 상상하는 가정법 과거완료를 사용하여 have를 had로 바꾸면 됩니다.

◎ 그는 전에 미국에 가 본 적이 있는 것처럼 말한다. 사실 그는 그곳에 가본 적이 없다.

정답 **went ➡ had been**

3. 오늘이 일요일이 아닌데도 일요일이기를 바라는 가정입니다. 그러므로 I wish today were Sunday.로 표현하는 것이 맞습니다. 그리고 사실 I wish가 이끄는 종속절에 문제에서처럼 직설법이 쓰이는 것 자체가 잘못된 것입니다. 일단 가정법의 테두리 안에서 생각해 보아야 할 문제입니다.

◎ 오늘이 일요일이라면 좋을 텐데.

정답 **is ➡ were[was]**

4. 영어에 있는 속담입니다. '그러지도 않으면서 그런 척 하지 말아라' 는 내용이니 당연히 가정법을 써야 하겠 지요. 공부를 하면서 속담, 격언 등은 그때그때 외워 두기 바랍니다.

◎ 해안가의 유일한 자갈처럼 행동하지 마라. (남들도 너 만은 하다. 잘난 척하지 마라.)

정답 b

5. 상대방이 무언가 해 주기를 바랄 때는 I wish 다음에 가정법 과거의 would를 사용하여 '요청'과 '의뢰'의 의미를 나타냅니다. 이것은 'I wish (that)... would...' 와 같이 구문화시켜 기억해 둡시다. 이 내용과 관련하 여 Chapter 13의 가정법 미래에서 'If... would' 를 참 조하기 바랍니다.

◎ 방 안이 너무 덥습니다. 당신께서 창문을 좀 열어 주셨 으면 합니다.

정답 a

Reading practice

1. 주절의 동사가 과거 시제임을 감안하면 are가 올 수는 없는 상황이다. 당시의 상황을 가정한 것이므로 가정 법 과거를 사용하여 are를 were로 고치도록 한다.

정답 c

2. 기대하고 만났던 이성이 예상과 달랐다는 일화를 소재 로 삼고 있다.

정답 b

[해석] 전자 장치가 사람을 직접 만나는 것보다 선호되고 있 는가? 다른 도시에 사는 한 여성과 아주 멋진 온라인 상의 대화를 가져 왔던 한 남자가 있었다. 그녀의 매력 과 지성은 그녀가 남자가 사는 동네를 지나가게 되었 다며 그를 만나 보고 싶다고 전해오기 전까지의 몇 년 동안 그녀를 환상적인 친구로 만들어 주었다. 여러분 모두가 예측하듯이 그것은 하나의 끔찍한 참사였다. 그 들은 말을 더듬거렸고 마치 발가벗겨진 것처럼 딴 곳 을 쳐다보았다. 그들이 그 현실의 순간을 억누르고 다 시금 그들의 고상한 온라인상의 개성을 되찾는 데는 여러 달이 걸렸다.

Vocabulary

electronic	전자의 (cf. electronics 전자공학)

device	장치, 기구
preferable	더 나은
face to face	얼굴을 맞대고, 직접
conversation	대화
charm	매력
intellect	지성
fascinating	환상적인
companion	동료, 친구, 벗
announce	선언하다, 알리다
terrible	끔찍한
disaster	재난, 참사; 불행, 실패
hem and haw	더듬거리다, 머뭇거리다, 애매하게 말하다
strip naked	발가벗기다
several	여러, 몇
suppress	억누르다
reality	현실
regain	다시 얻다, 회복하다
personality	인격, 개성

Chapter 15

page 150

1. '관심을 갖게 하다' 라는 의미의 interest는 타동사입니 다. 즉 음악이 나에게 관심을 갖게 한 것이고, 나는 음 악에 관심이 있게 된 것입니다. 다시 말해 the music 은 나를 interest하는 것이고, 나는 음악에 의해 interest되는 것입니다. 그러므로 interesting을 수동 의 의미를 지닌 과거분사 interested로 바꾸어 이 문 장을 수동태로 써 주어야 합니다.

◎ 나는 그 음악에 매우 관심이 많았다.

정답 interesting ➡ interested

2. 이 문장의 의미를 따져 보면 죄수가 교도소에 갇히는 것이므로 수동태가 되어야 합니다. 또한 이 문장은 시 제가 완료형으로 되어 있기 때문에 'have+p.p.' 라는 현재완료의 형태와 'be+p.p.' 라는 수동태의 형태를

동시에 만족시켜야 합니다. 결국 'have been+p.p.' 라는 완료 수동태형을 써서 The criminal has been put in prison for ten years.로 고쳐야 합니다.

◎ 그 죄수는 10년 동안 수감되어 왔다.

정답 has put ⇒ has been put

〈참고〉
그렇다면 수동태이면서 진행형은 어떻게 표현해야 할까요? 이것은 전혀 새로운 내용이 아닙니다. 진행형인 'be+-ing'에 수동태 'be+p.p.'를 결합하면 'be+being+p.p.'라는 진행형 수동태를 만들어 낼 수 있습니다.
The room is being cleaned now.
(현재진행 수동태)
방이 지금 청소되고 있다.
The room was being cleaned when I arrived.
(과거진행 수동태)
내가 도착했을 때 방이 청소되고 있었다.

3. enjoy의 목적어로 동명사가 쓰인 것까지는 좋았는데 그 다음의 내용에서 태(voice)가 맞지 않습니다. 즉 '비난받는 것'으로 해석되어야 자연스러우므로 수동태가 되어야 합니다. 수동태와 동명사가 결합된 'being criticized'로 고쳐야 합니다. 수동태와 능동태의 쓰임은 모든 종류의 영어 시험에서 단골 출제거리입니다. 사실 태가 어긋나면 해석이 되지 않으므로 이런 종류의 문제는 접근하기가 비교적 쉽습니다.

◎ 대부분의 사람들은 남에게 비난받는 것을 좋아하지 않는다.

정답 criticizing ⇒ criticized

4. to부정사와 수동태가 결합한 형태입니다. 'to+동사원형'에 'be+p.p.'를 결합하면 'to be+p.p.'의 수동형 부정사를 만들 수 있습니다. I don't want to be criticized by other people.로 써야 합니다. 이 경우 by other people이라는 행위자가 있는 것으로 보아 criticize라는 동사가 수동으로 사용되었다는 것을 알 수 있습니다. 앞서 배운 준동사와 시제의 개념을 잘 이해하였다면 이러한 여러 가지 수동태의 변형이 전혀 생소하지 않을 것입니다. 내재된 지식은 새로운 지식의 원천이 됨을 상기합시다.

◎ 나는 다른 사람들에 의해 비난받는 것을 싫어한다.

정답 to criticized ⇒ to be criticized

5. 자유주의적 정치 견해는 반영되어 있는 것이므로 관계대명사절에서는 수동형이 필요합니다.

◎ 이박사는 자유주의적인 정치적 견해를 가지고 있는데 이는 그의 저서에 반영되어 있다.

정답 reflection ⇒ reflected

page 153

1. disappear는 자동사이므로 수동문에 쓸 수 없습니다.

◎ 새로운 백신 덕택에 그 간장 질환은 이제 사라졌다.

정답 been disappeared ⇒ disappeared

2. 타동사 resemble은 수동태로 쓰이지 않습니다. 주로 '상태'나 '소유'를 나타내는 의미의 동사는 수동태로 사용되지 않는데 resemble은 그중 대표적인 것입니다.

◎ 나의 아들은 나를 많이 닮았다.

정답 I am closely resembled by my son.
⇒ My son resembles me closely.

3. 타동사 know의 과거분사 known 다음에는 by뿐 아니라 for나 as도 올 수 있는데 이 문제의 경우는 for가 아니라 as가 필요합니다. 그것은 for 다음에는 '이유'를 나타내는 말이 오고, as 다음에는 '자격이나 신분'을 나타내는 말이 오기 때문입니다.

◎ 그는 주로 정치풍자 만화가로 알려져 있다.

정답 for ⇒ as

4. '…으로 이루어져 있다'라는 의미가 되려면 전치사 of가 필요합니다. 수동태에서 p.p. 다음에 by를 쓰지 않는 이와 같은 경우는 수도 없이 많습니다. 'be composed of'처럼 붙여서 하나의 구문으로 입에 붙여 놓는 수밖에 없습니다.

◎ 이 세상에 존재하는 모든 형태의 유전자는 핵산으로 이루어져 있다.

정답 from ⇒ of

5. marry는 수동태가 될 때 by가 아닌 to를 필요로 합니다. 시험에 나올 때마다 오답율이 무척이나 높은 문제입니다. 잘 기억해 두십시오. 보면 꼭 선배들이 많이 틀렸던 문제들을 후배들도 많이 틀리는 것 같습니다. 그런 의미에서 어떤 시험이건 앞서 출제되었던 기출문제를 섭렵한다는 것은 매우 중요한 의미를 가집니다.

◎ 린다는 작년에 빌과 결혼했다.

정답 by ⇒ to

1. 이런 문제는 해석을 해 보면 가장 확실합니다. 사람들은 살충제에 의해서 '중독되는' 것이므로 (A)를 수동태형으로 써서 poisoning을 poisoned로 고치도록 합니다.

정답 **a**

2. 해충을 조절하기 위한 살충제(농약)가 오히려 농부에게 피해를 입히고 있다는 내용으로 첫 문장부터 잘 나타나 있습니다.

정답 **d**

해석 전 세계적으로, 매년 약 백만 명의 사람들이 살충제에 중독되며, 이러한 피해자 중에서 만 명이 그러한 중독으로 죽는다. 위험은 개발도상국가에서 가장 크다. 농약에 의해 유발되는 사망의 99퍼센트는 그러한 국가에서 발생한다. 많은 농부들은 신중한 사용에 대한 경고 표시를 읽을 수가 없는데, 그 이유는 그들은 글을 읽을 줄 모르거나 그 표시가 외국어로 되어 있기 때문이다. 농부들은 이러한 농약을 다루는 것의 위험성에 관해 전혀 모르고 있을 수 있다. 그들은 살충제 용기를 음식이나 물을 담기 위해 다시 사용하는 것을 피해야 한다는 사실을 모르는 경우가 종종 있다.

Vocabulary

worldwide	전 세계적으로
million	백만
poison	독살하다, 중독시키다
pesticide	살충제
victim	희생자, 피해자
risk	위험
cause	초래하다(=lead to, bring about, give rise to)
agricultural chemicals	농약
occur	일어나다, 발생하다 (=happen, take place)
warning	경고
label	표찰, 꼬리표, 표시, 라벨
foreign language	외국어
totally	완전히, 전적으로
be unaware of	~을 모르다 (cf. be aware of
	~을 알고 있다, 인지하다)
handle	다루다, 취급하다
avoid	피하다
reuse	다시 사용하다
container	용기, 그릇

Chapter 16

page 159

1. 간접목적어 me와 직접목적어 the job이 있는 4형식의 문장입니다. 이 경우 세 가지 수동태 문장을 만들 수 있습니다.
　　a. 간접목적어 me를 주어로 삼을 경우
　　　I was offered the job by them.
　　b. 직접목적어 the job을 주어로 삼을 경우
　　　The job was offered me by them.
　　c. They offered me the job.을 They offered the job to me.의 3형식으로 바꾸고 난 후 직접목적어인 the job을 주어로 삼을 경우
　　　The job was offered to me by them.
참고로 a, b, c 중에서 a를 사용하는 경우가 가장 많으며, 전치사를 붙인 c가 b보다 더 자연스러운 표현입니다.

🔵 그들은 나에게 그 일자리를 제안했다.

정답 해설 참조

2. 1번 문제와 같은 경우이므로 별도의 해설은 하지 않겠습니다. 타동사 show의 p.p.가 shown이라는 사실만 알면 나머지 방식은 똑같습니다.

🔵 나는 경찰관에게 그의 사진을 보여 주었다.

정답 The policeman was shown his picture by me.
His picture was shown (to) the policeman by me.

3. arrive는 자동사이므로 수동형이 될 수 없습니다. 유사한 의미를 가진 타동사를 쓰든지 아니면 arrive를 타동사구로 바꾸어 주는 전치사를 첨가해야 합니다.

🔵 저 산은 지금까지 어느 누구에 의해서도 도달되지 않았다.

정답 arrived ➡ reached
또는 arrived ➡ arrived at

4. become은 2형식의 불완전자동사입니다. 따라서 수동태의 형태 'be+p.p.'를 볼 수는 없습니다. 이 문장은 고친다기보다는 처음부터 다시 써야 합니다.

◌ 그녀는 이 클럽의 회장이 되었다.

정답 She became the president of this club.

5. Tom gave me a pen.을 수동태로 바꾼 문장입니다. 간접목적어 I를 주어로 하면 직접목적어인 a pen은 그대로 내려와야 하겠지요?

◌ 나는 그에게서 펜을 하나 받았다.

정답 for를 뺌.

page 161

1. him과 a genius는 목적어와 그것을 보충해 주는 목적보어의 관계이므로 이 문장은 5형식이고, 수동태로 만들기 위해서는 목적어인 him이 주어로 나가야 합니다. 목적보어인 a genius는 수동태의 주어가 되지 못합니다.

◌ 엘리자베스 여왕은 그를 천재라고 생각했다.

정답 He was considered a genius by Queen Elizabeth.

2. 사역동사라고 해서 목적보어로 무조건 원형이 와야 하는 것은 아닙니다. 더 중요한 것은 목적어와 목적보어 사이의 주술관계(nexus)가 먼저 성립되어야 한다는 것입니다. 이 문제의 경우 짐은 스스로 옮기는 것이 아니라 '옮겨지는' 것이므로 my baggage와 carry의 관계는 수동이 되어야 합니다. (이 문장 자체가 수동태 문장은 아니므로 사역동사의 수동태 문장에서 보어 자리에 to부정사가 오는 것과 혼동하지 마세요.)

◌ 저의 짐이 호텔까지 옮겨지게 해 주십시오.

정답 carry ➡ (be) carried

3. 아들이 죽음을 당한 것이므로 목적어와 목적보어의 관계가 수동이 되는 것은 맞습니다. 하지만 문장의 본동사인 사역동사의 형태는 능동이므로 목적보어로 to부정사를 쓸 수는 없습니다. to부정사가 등장하는 것은 지각동사와 사역동사 자체가 수동태형으로 변하는 경우입니다. 게다가 have동사는 be had와 같은 수동태형이 없습니다. 또 한 가지 유의할 점은 이 문장과 같은 경우에는 피해나 고통을 당한 것이므로 사역동사를

'시키다'라는 의미로 해석하지 않는다는 것입니다.

◌ 그는 그 전쟁에서 외아들을 잃었다.

정답 to be killed ➡ (be) killed

4. 자, 이 문제에서는 지각동사 자체가 수동태형으로 쓰였지요? 이러한 경우에 지각동사는 수동형이 될 때 to부정사형을 수반하게 되는 것입니다. 이제 이해할 수 있겠지요? 지각동사와 사역동사는 그것이 능동형으로 쓰였을 때에는 우선 목적어와 목적보어끼리의 주술관계를 따질 것이며, 수동으로 사용되었을 경우에는 원형이었던 목적보어 앞에 to가 제대로 붙어 있는지의 여부를 따져 보아야 한다는 것을 말입니다.

◌ 그가 방에 들어가는 것이 보였다.

정답 enter ➡ to enter

5. 위의 4번 문제와 똑같은 경우입니다. 사역동사 make 자체가 수동형이 되어 있습니다. 그러면 원래 원형이던 목적보어는 어떻게 되어야 할까요? to부정사가 되어 주격보어로 쓰여야 하겠지요?

◌ 그는 아버지의 새 자동차를 세차하도록 시켜졌다.

정답 washing ➡ to wash

Reading practice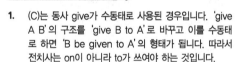

1. (C)는 동사 give가 수동태로 사용된 경우입니다. 'give A B'의 구조를 'give B to A'로 바꾸고 이를 수동태로 하면 'B be given to A'의 형태가 됩니다. 따라서 전치사는 on이 아니라 to가 쓰여야 하는 것입니다.

정답 c

2. 가장 중요하게 부각되는 개념이 무엇인지 생각해 봅니다. 때로 제목, 요지, 주제 등의 문제는 가장 쉬운 것 같으면서도 가장 어려울 수도 있는 문제입니다. 평소에 글을 읽으면서 마음속으로 정리하며 요약하는 훈련을 열심히 해야 합니다. TOEIC이나 TOEFL 등의 지문이 점점 길어지고 어려워지는 것을 감안할 때 이와 같은 연습은 절실히 요구된다고 할 수 있겠습니다.

정답 a

해석 과거에는 바구니가 인디언들의 전 생애를 통하여 그들과 함께 하였다. 아기들은 바구니로 운반되었고, 식사는 바구니에서 준비되고 조리되었으며, 세속적인 것들이 그 속에서 보관되었고, (죽은) 사람들은 바구니 안에

해설 및 정답

서 매장되었다. 많은 미국의 원주민들은 바구니가 천지
창조의 기간 동안 인간에게 주어진 것이 아니라 이미
(이전부터) 오랜 세월 동안 세상의 일부로 존재해 왔다
고 믿는다. 심지어 오늘날에조차도, 그들에게 있어 바
구니는 문화적 자긍심과 유산의 표지로서의 역할을 한
다. 어떤 것들은 종교적인 의식에 사용된다. 그리고 수
백 명의 직공(織工)들이 판매를 위해 바구니를 만든다.

Vocabulary

basket	바구니, 광주리
accompany	~에 동반하다
throughout	두루, ~동안 내내
carry	나르다, 운반하다
meal	식사
prepare	준비하다
worldly goods	세속적인 것들(재산, 돈)
store	저장하다
bury	묻다, 매장하다
the Creation	천지창조
eternity	영원(한 세월), 긴 시간
marker	표지, 지표
cultural	문화의
pride	자부심, 자만심
inheritance	상속, 계승, 유산 (cf. inherit 물려받다)
religious	종교의
occasion	경우, 의식
weaver	직공(織工) (cf. weave 짜다)
for sale	판매중인, 팔려고 내놓은

Chapter 17

page 167

1. 구동사(phrasal verb)인 blow down의 blow와
   down 사이에 목적어 the tent가 끼어 있는 경우입니
   다. 수동태 문장으로 바뀌면서 the tent가 주어가 되고

blow down을 하나의 단위로 간주하여 down을 빠뜨
리지 않는 것이 관건입니다.

○ 한 차례의 강풍이 텐트를 넘어뜨렸다.

정답 The tent was blown down by a gust of
wind.

2. send for ~는 '~을 부르러 보내다' 라는 의미의 구동사
   입니다. 수동태로 바뀌어도 for가 빠져서는 안 되겠죠.

○ 그들은 즉시 의사를 부르러 보냈다.

정답 The doctor was sent for at once.

3. take good care of를 하나의 동사로 취급하면 됩니
   다. 그리고 좀 어려운 얘기지만, 이 문제의 경우와 같
   이 '타동사+명사+전치사' 의 구조로 된 구동사는 구
   동사 내부의 명사가 수식어가 있는 경우 그 명사를 주
   어로 하는 또 하나의 수동태가 가능합니다. 즉 이 문제
   의 경우 good care를 수동태 문장의 주어로 삼을 수
   가 있다는 것이지요.

○ 우리는 그 아기를 잘 돌보아야 한다.

정답 The baby should be taken good care of
(by us).
또는 Good care should be taken of the
baby (by us).

4. 구동사 speak well of가 수동태형으로 바뀐 경우입니
   다. 그런데 of는 어디로 갔나요? 구동사 수동태의 요점
   은 어느 한 요소라도 빠져서는 안 된다는 것을 잊지 마
   세요.

○ 그녀는 그들로부터 좋게 말해지고 있다.

정답 She is well spoken of by them.

5. '~을 비웃다' 라는 말은 laugh at ~입니다. 역시 전치
   사 at이 빠져 있죠?

○ 그는 그들의 비웃음을 샀다.

정답 He was laughed at by them.

page 170

1. 가주어 it을 쓰는 방법과 that절 안의 주어 she를 수동
   태 문장의 주어로 쓰는 방법이 있습니다. that절 안의
   시제와 본동사의 시제가 같다는 점에 유의하며 문장을
   전환합니다.

◯ 사람들은 그녀가 스파이라고 생각했다.

정답 ① It was thought that she was a spy.
② She was thought to be a spy.

2. 1번과 마찬가지로 가주어 it을 쓰거나 that절 안의 주어 he를 주어로 쓸 수 있습니다. 여기서는 본동사와 종속절 내 동사의 시제가 다른 것에 유의하여야 하겠습니다.

◯ 사람들은 그가 거짓말쟁이였다고 말한다.

정답 ① It is said that he was a liar.
② He is said to have been a liar.

3. 마찬가지로 두 가지의 수동태 문장을 생각해 봅니다. 주절과 종속절의 시제형이 같으므로 단순부정사를 염두에 두면서 말이죠.

◯ 우리는 그를 영웅으로 생각한다.

정답 ① It is considered that he is a hero.
② He is considered to be a hero.

4. was married는 결혼해 있는 '상태'를 말하는 것입니다. 특정 시점인 연도와 어울리는 표현은 결혼이라는 구체적 행위가 되어야 할 것입니다. 이처럼 동작적인 측면이 강조될 때에는 be동사를 쓰지 않습니다. 사실 '결혼했다'라는 의미의 got married는 거의 고정된 표현이라고 봐야 합니다.

◯ 나는 1997년에 결혼했다.

정답 d

5. want 다음의 동명사형은 수동의 의미를 전달합니다. 그러나 동명사의 수동형인 b와 같은 표현이 이어지면 비문법적인 것으로 간주합니다.

◯ 잔디는 깎일 필요가 있다. (잔디 좀 깎아야겠다.)

정답 a

Reading practice 🐟

1. (B)는 ~ take good care of her에서 her를 수동태 문장의 주어로 삼지 않고, 타동사구 내의 good care를 수동태 문장의 주어로 삼은 경우입니다. 그러면 ~ good care was taken of her가 되어야 하겠지요. 어쨌든 중요한 것은 어느 한 요소라도 빠져서는 안 된다는 점입니다. 그런데 본문에서는 taken다음에 전치사 of가 빠져 있습니다. 이를 채워 넣어야 합니다.

정답 b

2. 엄마를 잃고도 낙담하지 않고 열심히 살아 숙련된 기술자가 되는 모습은 결연한 의지를 가졌다고(determined) 할 수 있겠습니다. neat는 그녀의 일하는 솜씨를 묘사하는 말이었습니다.

정답 b

🦑 그러나 힘든 일은 그녀의 건강을 해치게 하였다. 비록 그녀는 아무에게도 그녀의 건강 문제에 대해 말하지 않았으나, 주변의 사람들이 그것을 알아차렸으며 의사가 왔고 그녀에게 휴식과 약을 처방해 주었다. 비록 그녀를 잘 돌보았지만 어느 날 밤 그녀는 조용히 운명하였다. 가엾은 제인! 열 살이라는 나이에 그녀는 고아가 되어 스스로 살아가야만 했다. 제인은 바느질을 잘했으므로 그녀는 그 기술을 계속 발전시켜 열여섯 살이 되었을 때에는 숙련된 재봉사가 되었다. 집에 온 부인들은 제인의 말끔한 바느질과 완벽하게 꼭 들어맞는 것에 깊은 인상을 받았다.

Vocabulary ✏️

lead to	~을 초래하다, 야기시키다 (= cause, bring about)
affect	(질병이) 해치다, 침범하다
notice	알아차리다
prescribe	처방하다
rest	휴식
medicine	약
pass away	죽다, 사망하다 (die의 완곡 어법)
orphan	고아
on one's own	스스로, 혼자 힘으로
sewing	재봉, 바느질
continue	계속하다
develop	개발하다, 발전시키다
skill	기술
professional	전문적인, 직업의
seamstress	여자 재봉사
be impressed with ~	~에 감명받다, 인상을 가지다
neat	말끔한
stitch	깁다, 바느질하다
fit	꼭 들어맞음

Chapter 18

page 175

1. have to can ~ 부분을 주목해 봅시다. '~해야 한다'는 have to 다음에 '~할 수 있다'라는 can을 붙여 '할 수 있어야 한다'라는 표현을 만들고 싶은 것입니다. 그러나 조동사 can은 to부정사의 형태로 쓸 수 없기 때문에 can을 대신할 수 있는 be able to라는 표현을 이용해야 합니다. 해당 부분을 have to be able to의 꼴로 고쳐야 맞습니다.

◎ 이 직장에 지원하려면 최소한 분당 500타를 칠 수 있어야 한다.

정답 have to can ➡ have to be able to

2. ought는 to와 함께 조동사를 형성합니다. ought 다음에 to부정사가 필요하다고 생각할 수도 있지만 ought는 그 뒤에 to를 보완하여 하나의 완전한 조동사가 된다고 생각해야 합니다. 그렇게 되면 ought to 다음에 동사원형이 오는 셈이니 우리가 배운 조동사의 공통된 특성과도 맞아떨어지겠지요.

◎ 너는 오늘 저녁에 그에게 전화해야 한다.

정답 ought ➡ ought to

3. 갑자기 가정법이 나와서 당황했는지 모르겠습니다만 가정법도 조동사의 내용과 많이 연관되어 있습니다. 조동사 다음에는 동사원형이 와야 하고 동시에 내용적으로도 과거를 나타내야 하니 방법은 조동사 다음에 have p.p.형으로 가는 수 밖에 없는 것입니다.

◎ 제가 만일 당신의 스케줄을 알았더라면 그 역에서 당신을 뵐 수도 있었습니다.

정답 could saw ➡ could have seen

4. 조동사 다음에는 동사원형만이 옵니다. 이렇게 쉬워 보이는 문제도 예전에 TOEFL이나 TOEIC에 많이 등장했었습니다.

◎ 가벼운 형태의 운동은 유연성 감소를 어느 정도 막을 수 있다.

정답 b

5. 문장 끝의 to를 참고하면 이와 어울릴 수 있는 말은 보기 중 ought뿐입니다.

◎ "그 일을 끝냈습니까?" "아니요, 그렇지만 해야 합니다."

정답 c

page 177

1. 조동사의 부정은 조동사 바로 다음에 부정어를 첨가함으로써 가능해집니다. must를 must not 또는 mustn't의 형태로 바꾸어야 합니다.

◎ 너는 남동생을 놀려야 한다. ➡ 너는 남동생을 놀려서는 안 된다.

정답 must ➡ must not 혹은 mustn't

2. 조동사가 있는 의문문을 만들려면 조동사를 주어 앞에 위치시킵니다.

◎ 당신은 내일 나를 보러 올 수 있습니다. ➡ 내일 나를 보러 올 수 있나요?

정답 Can you come and see me tomorrow?

3. 조동사를 문장의 맨 앞에 놓는 것이 조동사가 있는 의문의 기본 형태이지만 의문사가 있을 때는 의문사 뒤에 위치시켜야 합니다.

◎ 당신이 나를 보러 올 수 있을 때 ➡ 언제 나를 보러 올 수 있나요?

정답 When can you come and see me?

4. 앞의 문장에 be able to가 쓰였으므로 그와 어울리는 짝을 찾으면 되겠습니다. 게다가 주어인 you는 한 번만 써 주면 충분하겠지요?

◎ "나는 거기에 당신과 갈 수 없습니다." "왜 갈 수 없죠?"

정답 d

5. 조동사의 공통된 특성 중 한 가지는 조동사가 서로 나란히 쓰여서는 안 된다는 것입니다. 그러나 의미상 불가피하게 그런 경우가 발생한다면 뒤에 나오는 조동사를 대형태를 이용해 바꾸면 됩니다. 문제의 경우 내용으로는 must나 should가 적당하겠지만 이는 조동사의 병렬 불가라는 원칙에 위배되는 것이므로 have to의 형태로 가야 합니다.

◎ 그 대학에 들어갈 맘이라면 정말 열심히 공부해야 할 거다.

정답 b

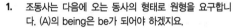

Reading practice

1. 조동사는 다음에 오는 동사의 형태로 원형을 요구합니다. (A)의 being은 be가 되어야 하겠지요.

정답 **a**

2. 바이올린의 줄이 하나 끊어졌는데도 불구하고 아름다운 연주를 한 바이올리니스트가 어떤 말을 하였기에 필자에게 그토록 감동을 주었을까를 생각해 봅니다.

정답 **b**

해석 그것이 얼마나 강력한 말이었는지! 그것을 들은 이후 그 말은 지금까지 내 마음에 남아 있다. 아마도 그것은 예술가뿐 아니라 우리 모두에게 있어 삶에 대한 정의 일는지도 모른다. 평생을 네 개의 줄을 가진 바이올린으로 음악을 연주하기 위해 준비를 한 남자가 있는데 그는 갑자기 콘서트 중 줄이 세 개만 남게 된다. 그래서 그는 세 개의 줄로 음악을 연주한다. 그리고 그가 그날 밤 세 개의 줄만으로 연주한 그 음악은 이전에 네 개의 줄을 가졌을 때 했던 어떠한 연주보다 더 아름답고, 신성하며, 기억할 만한 것이었다.

Vocabulary

powerful	강력한
stay	머무르다
definition	정의 (cf. define 정의하다)
not only[just, merely] A but (also) B:	A뿐 아니라 B도 (B as well as A, both A and B, A and B as well)
prepare	준비하다
string	줄, 현(絃)
all of a sudden	갑자기(=suddenly, all at once, abruptly, unexpectedly)
in the middle of	~하는 중에
sacred	신성한
memorable	기억할 만한

Chapter 19

page 184

1. A의 진술로 볼 때 그가 기분이 나빴던 것은 어제의 일이므로 B의 대답도 'may have+p.p.' 형을 사용하여 과거의 상황에 대한 추측의 진술을 해 주어야 합니다.

○ A: 어제 그가 왜 그렇게 기분이 나빴지?
B: 아버지에게 꾸중을 들었던 것 같아.

정답 **may be scolded ➡ may have been scolded**

2. 비록 might를 써서 극도로 정중하게 묻는다 해도 대답에는 may를 써야 합니다. 그리고 사실 이렇게 대답하는 것은 상당히 딱딱한 표현입니다. I'm afraid ~와 같은 말을 앞에 붙여서 '안 될 것 같은데요'(I'm afraid you may not.) 정도로 부드럽게 거절하는 편이 낫습니다.

○ A: TV를 켜도 될까요?
B: 아니, 안 돼.

정답 **might not ➡ may not**

3. 과거에 대해 추측하는 내용의 문장이며, 조동사의 부정은 부정어를 조동사의 바로 다음에 위치시킨다는 점을 추가로 확인하는 문제입니다.

○ 그들은 이 지역 밖으로 이사가지 않았을 것이다.

정답 **c**

4. 일반적으로 주절의 동사는 종속절의 시제형에 영향을 미치므로, 이 문제의 경우 빈칸에는 현재형 may가 올 수 없고 might가 와야 합니다. 문맥상 분명한 단서가 주어진 이 문제와 같은 경우에 might는 may의 과거라고 말할 수 있는 것입니다.

○ 그는 의사가 자정 전까지는 올 것이라고 말했다.

정답 **b**

5. while we were away를 보면 지금 화자는 과거에 대한 추측을 하고 있습니다. 따라서 조동사에 'have p.p.'가 붙은 것을 찾으면 되겠습니다. 물론 come의 p.p.가 come이라는 것을 기본적으로 알고 있어야 하겠지요.

○ 방이 엉망이다. 우리가 없는 사이에 누군가 왔던 것 같다.

정답 **b**

1. 명복을 빌어 주는 말을 의심이 개입된 가정법적 표현을 써서 하는 것은 옳지 않습니다. Might 대신 May를 써서 말하는 사람의 열망이 전달되도록 해야 합니다. 기원에는 might를 사용하지 않습니다.

◐ 평화롭게 잠드소서!

정답 Might ➡ May

2. 내용상 '~하지 않기 위해서' 라는 말이 필요합니다.

◑ 우리 학생들은 부모님을 실망시켜 드리지 않기 위해서 열심히 공부해야 한다.

정답 may ➡ may not

3. 조동사 may가 기원문에 사용된 경우로, 뒤따르는 일반 동사는 조동사의 기본 원칙에 따라 원형이 되어야 합니다. 이때의 may는 생략될 수 있으며, 그래도 동사는 주어에 관계없이 원형이 쓰여야 합니다(Chapter 13의 가정법 현재 참조).

◐ 왕이시여, 장수하시길!

정답 lives ➡ live

4. 부탁의 의미를 가지는 might가 필요한 문장으로, 이러한 뜻으로 사용되는 경우 may는 사용하지 않습니다.

◐ 죄송합니다만 신문 좀 건네주시겠습니까?

정답 b

5. 문맥상 '~하는 게 더 나았다' 라는 말이 들어가야 합니다.

◐ 우리 휴가는 그 사고 때문에 엉망이 되었다. 차라리 집에 있는 것이 더 나았다.

정답 c

Reading practice

1. 지금 본문을 보면 말하기 껄끄러운 사실을 완곡하게 표현하는 방식에 대한 일종의 조언이라는 것을 알 수 있습니다. 그러므로 문맥상 (C)와 같이 have p.p.를 사용하여 과거로 진술하는 것은 매우 어색합니다. 이처럼 '해석 능력' 에 근거한 문법 문제야말로 최근 가장 유행하고 있는 유형의 문제라고 할 수 있습니다. 어쨌든 이 문제의 경우는 (C)의 might have said를 might say 로 바꾸어야 하겠습니다. 현재니까 may로 써야 하지

않겠느냐구요? 지금 필자는 might를 써서 다소 약화된 진술을 하고 있는 것이므로 아무런 문제가 없습니다. 현재 시제와 어울려 쓰이는 might, 조동사의 과거형에 대한 올바른 이해가 없다면 제대로 쓰기 힘들겠죠?

정답 c

2. 고용주(employer)가 과거의 종업원(employee)에 대해 모호한 응답(ambiguous response)을 하는 실례(example)를 들고 있습니다. 이러한 상황에 적절한 연결 어구는 무엇일까요?

정답 b

해석 최근 들어 진실을 말하는 문제가 일부 고용주들에게 상당한 이슈거리가 되었다. 그다지 신뢰할 만한 직원이 아니었던 전 종업원이 추천서를 부탁할 때 당신은 어떻게 할 것인가? 양쪽에서 고소당하는 것을 피하기 위해 나는 당신이 전적으로 모호한 응답을 줄 제안한다. 예를 들어, 언제나 부정적인 누군가를 묘사한다면 당신은 "그녀는 언제나 매사 비판적인 시각을 가지고 있습니다"와 같이 말할 수 있을 것이다. 그리고 어떠한 프로젝트라도 망칠 것이 확실한 사람을 묘사하기 위해 당신은 다음과 같이 조언할 수 있을 것이다. "확실하건대 그는 무슨 일을 떠맡든 — 아무리 사소하다 할지라도 — 열정으로 불붙일 것입니다."

Vocabulary

employer	고용주, 사장
recently	최근에(=lately, of late, not long ago)
former	전(前), 이전의
employee	종업원, 피고용인
request	요청하다
a letter of recommendation	
	추천서
avoid	피하다
sue	고소하다
either side	양측, 쌍방
ambiguous	모호한(=confusing, not definite)
response	응답
portray	묘사하다, 그리다(=describe)

constantly	언제나, 늘, 항상(=always, all the time, continuously, perpetually, endlessly, incessantly)
negative	부정적인
critical	비판적인
view	시각
be certain to~	~할 것이 확실하다(=be sure to)
foul up	망치다(=spoil)
undertake	(일 · 책임을) 맡다
fire	불붙이다, 해고하다
enthusiasm	열정

Chapter 20

page 194

1. can의 대형태(代形態)인 be able은 뒤에 to부정사를 필요로 합니다. 따라서 able 다음에 to를 넣고 swimming도 원형인 swim으로 바꾸어야 합니다.

◎ 그녀는 산골 깊은 곳에 살았기 때문에 수영을 할 수가 없었다.

정답 able swimming ➡ able to swim

2. 이 문제에 대한 답은 두 가지로 나옵니다. 첫째, if절 안의 과거동사 spoke가 직설법 과거가 아닌 현재 사실의 반대를 나타내는 가정법 과거라면 주절 동사 can 도 could로 바꾸어 주어야 합니다. 둘째, 이 문장이 가정법이 아니라 그저 단순한 조건을 나타내는 직설법 현재의 문장이라면 if절 안의 spoke를 현재형인 speak로 바꾸어야 합니다.

◎ ① 외국어를 하면 좋은 직장을 가질 수 있을 텐데. (가정법 과거)
② 외국어를 하면 좋은 직장을 가질 수 있다. (직설법 현재: 단순 조건문)

정답 ① can ➡ could ② spoke ➡ speak

3. 상대에게 허가를 구하는 경우에는 Could I ~? 나 May I ~? 등이 좋습니다. 이에 대한 대답은 가정의

느낌이 포함된 might나 could를 쓰지 않고, 응답자의 실제 심적 상태를 있는 그대로 나타내 주는 직설적인 can이나 may를 씁니다.

◎ A: 뭔가를 부탁해도 될까요?
B: 네, 물론이죠.

정답 you could ➡ you can

4. 내용상 그리고 형태상 가장 잘 어울리는 것은 cannot 입니다. b는 뒤에 to가 있어야 하며, c는 need not의 의미로 내용을 어색하게 만들어 버립니다.

◎ "왜 그녀는 기분이 좋지 않지?" "왜냐 하면 그 음식을 요리할 수 없기 때문입니다."

정답 a

5. '(실제로 하지는 않았지만) 할 수도 있었다' 라는 의미의 가정법 과거완료가 내용상 필요합니다. could have studied last night가 완전한 모양이겠으나 내용상 중복되는 것을 생략한 형태를 정답으로 찾으면 되겠습니다. b처럼 could만 쓰면 가정법 과거로 현재 사실의 반대를 의미하기 때문에 정답이 될 수 없습니다.

◎ 우리는 어젯밤 수학을 공부하지 않았지만 할 수도 있었다.

정답 d

page 196

1. 이 문제에서는 he failed in the exam에서 알 수 있듯 시험에 떨어진 것이 과거로 진술되어 있으므로, cannot fail을 과거에 대한 강한 의심을 나타내는 cannot have failed로 고쳐서 '떨어졌을 리가 없어' 라는 의미가 되도록 해야 합니다.

◎ A: 그가 시험에 떨어졌다고 들었어.
B: 말도 안 돼! 그가 시험에 떨어졌을 리가 없어.

정답 cannot fail ➡ cannot have failed

2. 오는 일요일(this coming Sunday)이 결정적인 단서가 됩니다. 따라서 과거의 추측이나 가정을 의미하는 could have come은 적절하지 않습니다.

◎ 그는 오는 일요일 우리를 보러 올 수도 있다.

정답 could have come ➡ could come

3. 명백히 과거를 의미하는 부사구 In those days가 있으므로 could는 혼동 없이 과거의 가능성을 의미할 수

있습니다. 따라서 can을 could로 바꾸면 되겠습니다.

🜚 그 시절에는 태평양을 가로질러 항해하는 것이 위험할 수도 있었다.

정답 can ➡ could

4. 일단 뒤에 과거분사 done이 올 수 있는 구조를 먼저 생각해 보고 그런 다음 내용을 맞춰 본다면 가장 적절한 답을 찾을 수 있습니다.

🜚 그는 그것을 할 수도 있었으나 시도하지 않았다.

정답 c

5. 이미 한 진술을 강조하며 다시 한 번 언급하는 상황입니다. 앞 문장의 종속절이 과거라는 것에 주목해야 합니다. '~일 리 없다' 라는 cannot의 표현에 have+p.p.를 붙여 '~이었을 리 없다' 는 'cannot have+p.p.' 의 표현을 만듭니다.

🜚 그가 거짓말을 했다는 것은 불가능하다. 그러니까 내 말은 그는 거짓말을 했을 리 없다는 것이다.

정답 a

Reading practice

1. 이미 앞의 종속절에서 과거라는 문맥상의 단서가 주어졌으므로 could를 써도 아무런 이상이 없습니다만 답으로 보이질 않습니다. 따라서 이를 대치할 수 있는 표현을 찾으면 되겠습니다. 또 한 가지 염두에 두어야 할 것은 주어로 쓰인 few라는 말에 이미 부정의 내용이 들어있으므로 were 다음에 not을 더 쓸 필요가 없다는 것입니다.

정답 b

2. 내용상 '나이가 많다' 라는 의미가 되어야 합니다. senior는 학년의 등급을 의미하는 것이 아니고 '손위의, 연상의' 라는 뜻의 형용사로 쓰였습니다. '그는 나보다 두 살이 위이다.' 라는 표현은 다음과 같이 할 수 있습니다. He is senior to me by two years. 혹은 He is two years senior to me.

정답 d

🎀 클라라 바튼이 불구가 되고 부상당한 병사들 사이를 활발하게 움직이고 다닐 때, 그녀가 한때 수줍고 사교성 없는 아이였으리라고 생각하는 사람은 거의 없었다. 미국 적십자사를 창설한 1821년생의 클라라 바튼은 가

족의 막내였다. 네 명의 오빠와 언니들은 그녀보다 최소한 10살은 나이가 많았다. 그녀가 어렸을 때, 클라라의 아버지는 인디언과 맞섰던 군대 생활의 이야기로 그녀를 즐겁게 해 주었다. 그녀의 오빠들과 사촌들은 그녀에게 승마와 기타 사내아이들의 취미를 가르쳐 주었다. 비록 그녀는 부지런하고 진지한 학생이었지만, 클라라는 당시의 젊은 숙녀들에게 '적절했던' 실내의 오락보다는 야외 활동을 더 좋아했다.

Vocabulary

briskly	활발하게(=actively)
maim	불구로 만들다
wound	상처 입히나(=injure)
imagine	상상하다, 추측하다
retiring	사교성 없는, 수줍은(=shy)
founder	창설자, 창립자
Red Cross	적십자
at least	최소한
baby	막내
amuse	즐겁게 하다
soldiering	군대 생활, 병영
horseback riding	승마
boyish	사내 같은
hobby	취미
diligent	부지런한
serious	진지한
outdoor	야외의
activity	활동
indoor	실내의
pastime	기분 전환, 오락
suitable	적당한

Chapter 21

page 201

1. 이 문제에서 문장의 본동사는 said입니다. 즉 처벌할 것이라는 내용은 과거에서 바라본 미래이며 또한 주어

My English teacher의 과거 의지이기도 합니다. 따라서 시제의 일치에 따라 will을 과거형 would로 고쳐야 합니다.

◎ 영어 선생님께서는 내가 지각한 것에 대해 나를 엄하게 벌할 것이라고 말씀하셨다.

정답 will ➡ would

2. 파티에 가지 않겠다는 의지, 즉 거절을 나타냅니다. 현재 시점에서 주어 I의 주장 내지는 고집을 나타내므로 wouldn't를 won't로 쓰는 것이 맞습니다.

◎ A: 오늘 밤 나와 같이 파티에 갈래요?
　 B: 아니요, 안 갈 겁니다.

정답 wouldn't ➡ won't

3. 주절의 시제가 과거라는 것에 주목해야 합니다. 즉 과거에 문이 열리려 하지 않았던 것이죠. 이렇듯 문맥상 과거라는 사실이 확실하므로 과거의 고집과 거절을 나타내는 would를 써야 맞는 문장이 됩니다.

◎ 문이 열리려고 하지 않았으므로 우리는 그 집에 들어가지 않았다.

정답 will ➡ would

4. Will you~?는 상대방에 대한 요청이나 의뢰, 권유 등을 나타낼 수 있고(e.g. Will you do me a favor?), Would you~?는 보다 공손한 표현에 쓰인다고 배웠습니다. 그러나 like나 prefer와 같은 동사 앞에서는 관용적으로 Would you~만이 맞는 표현입니다. Will을 Would로 고쳐야 합니다.

◎ 차를 좀 더 드시겠습니까?

정답 Will ➡ Would

5. mind라는 동사의 의미는 정확히 '…을 꺼리다'입니다. 그러므로 문제에 나온 물음을 직역하면 '당신은 내가 담배 피우는 것을 꺼립니까?'가 됩니다. 따라서 승낙의 대답은 '아니오, 꺼리지 않습니다.'가 되어야 하므로 Yes가 아니라 No가 들어가야 합니다. Go (right) ahead; Please do; You are quite welcome 등은 수락의 의미 뒤에 붙여 한층 의미를 강조하는 역할을 합니다. '피우면 안 됩니다.'라는 의미로 거절하려면 '나는 당신이 담배 피우는 것을 꺼린다.'라는 의사를 전달하는 것이므로 'Yes, I do'라고 하면 됩니다.

◎ 담배 좀 피워도 될까요?- 물론이죠. 어서 피우세요.

정답 Yes ➡ No

---

page 204

1. 문제를 보면 졸린 것은 현재 시제로 되어 있고 커피를 마시는 것은 과거의 습관을 나타내는 조동사 would를 써서 표현했습니다. 논리적으로 말이 되려면 두 부분을 모두 현재든 과거든 하나의 시제로 써야 합니다. would를 현재의 습관과 경향을 나타내도록 will로 바꾸어 문장 전체를 현재로 하거나, would의 시제를 고정시킨 채 feel을 felt로 바꾸어 '나는 졸릴 때 커피를 마시곤 했다.'와 같이 과거 시제로 표현할 수 있습니다.

◎ 나는 졸릴 때는 커피를 마시곤 한다. / 나는 졸릴 때는 커피를 마시곤 했다.

정답 ① would ➡ will ② feel ➡ felt

2. 과거의 습관을 나타내는 조동사 would가 rush와 jump를 모두 거느리고 있는 구조입니다. jumped는 내용상 여전히 would의 지배를 받고 있으므로 원형인 jump로 고쳐 주어야 합니다. 출제자들은 조동사 다음에 원형이 온다는 단순한 내용을 가지고도 얼마든지 문제를 냅니다. 다시 한 번 강조하건대 '기본에 충실'합시다.

◎ 어렸을 적에 나는 집 근처에 있는 호수로 달려가서 뛰어들곤 했다.

정답 jumped ➡ jump

3. 내용상 습성 혹은 경향을 나타내는 말이 필요합니다.

◎ 어떤 야생조류들은 특정한 색상 패턴을 갖고 있지 않은 자기 새끼를 죽이는 습성이 있다.

정답 b

4. 이러한 유형의 문제는 사실 거의 반사적으로 입에서 튀어나올 수 있어야 합니다. '의뢰, 권유'를 나타내는 Would you like~?의 형태를 기억합시다.

◎ 커피 좀 드시겠습니까?

정답 d

5. 위의 4번 문제처럼 이것도 기본 회화능력을 묻는 문제입니다. '당신이 ~해 주길 바랍니다'라는 I would like you to의 형태를 묻고 있습니다.

◎ 그 단락을 좀 읽어 주셨으면 좋겠습니다.

정답 b

Reading practice

1. 과거에 일어났던 사건을 진술하고 있는 글입니다. (A)는 주인공인 나단이 과거에서 본 미래를 진술하는 부분이므로 will이 아니라 would가 되어야 맞는 표현입니다.

정답 **a**

2. 나단의 어머니가 한 말에서 소년은 돈을 돌려주었다는 사실을 알 수 있습니다.

정답 **d**

🔑 그것을 처음 보았을 때 나단은 처음에는 그 가방을 무시했었다. 누구든 그것을 잃어버린 사람에 의해 가방이 회수될 것으로 생각했던 것이다. 다음 날 그는 그 가방이 누구의 것인지 알아보기 위해 열어 보았고 10만 달러에 달하는 현금 다발을 발견했다.

......
그의 어머니가 말하길, "만일 그게 마약과 관련된 돈 같은 거였으면, 내 아들은 위험에 처했을 겁니다. 그건 이 지역에 사는 한 신사의 평생 저축한 돈이었습니다. 그분은 모든 재산을 되찾아 감사하게 생각하고 있습니다." 나단은 경찰로부터 그가 전국에서 가장 정직한 학생임에 틀림없다고 적힌 편지 한 통을 받았다.

Vocabulary

initially	처음에 (cf. initial 처음의, initiate 시작하다, initiative 주도)
ignore	무시하다
retrieve	회수[만회, 회복]하다
forget	잊어버리다
see if	~인지 아닌지 알아보다
belong to	~에게 속하다
wad	뭉치, 다발
cash	현금
drug	(마)약
or something	(구어) ~인지
possession	소유, 〈~s〉재산 (cf. possess 소유하다)
grateful	감사히 여기는

Chapter 22

page 210

1. 부정어가 조동사 다음에 와야 한다는 사실, 그리고 동사원형이 쓰인 것 등 형태상의 하자는 없습니다. 그러나 해석을 해 보면 너무 어색합니다. not을 빼야 맞는 내용입니다.

◎ 부모는 가급적 아이들과 많은 시간을 보내야 한다.

정답 **should not ⇒ should**

2. 조동사의 기본기를 묻는 문제입니다. 너무 지엽적인 내용만 생각하다가 조동사의 전체적인 맥락을 잊는 경우가 자주 있는 것 같습니다. 항상 주의하기 바랍니다. 아무튼 이 문장을 보면 뒤에 물음표가 있는 것으로 보아 의문문임을 알 수 있으며 따라서 의문사가 앞에 있는 것까지는 좋았는데 should와 I가 서로 위치를 바꾸지 않았습니다. 그리고 'How should I know ~?'는 상대방이 물어본 것을 좀 짜증나는 식으로 대답할 때 자주 쓰이는 일종의 고정된 표현입니다.

◎ 그녀가 그것에 대해 어떻게 생각하는지 내가 어떻게 알아?

정답 **How I should ⇒ How should I**

3. Let's~에 대한 부가의문문(tag question)은 상대에 대한 의사를 묻는 Shall we~? 구문을 사용합니다.

◎ 지금 당장 출발합시다. 그렇게 할까요?

정답 **a**

4. 내용상 '제가 ~할까요?' 라는 말이 필요하며 이때는 Shall I~? 구문을 사용합니다.

◎ "정말 졸리다." "커피 좀 갖다 드릴까요?"

정답 **c**

5. 가정법 미래에 쓰인 should로 '혹시라도' 정도의 의미를 가집니다.

◎ 혹시 김박사님을 뵈면 안부 좀 전해 주십시오.

정답 **b**

page 213

1. 'should have+p.p.'는 과거에 이루어지지 않은 사실에 대한 유감을 나타내는 표현입니다. 따라서 would를 should로 고쳐야 의미상 앞 문장과 자연스럽게 연결됩니다.

○ 너는 정시에 도착하지 않았다. 우리를 실망시키지 않으려면 시간을 지켰어야지.

정답 would ➡ should

2. (be) imperative는 that절 안에 이성적 판단의 should를 필요로 하는 술어입니다.

○ 정부가 지출을 줄이는 것이 긴급하다/필요하다.

정답 will ➡ should

3. 'by now(지금쯤에는)'에서 힌트를 얻어 이루지 못한 일에 대한 유감을 나타내고 있음을 알 수 있습니다. should have written a letter of thanks to her에서 내용상 반복되는 뒷부분은 생략하더라도 should have까지는 써 주어야 합니다.

○ 그러니까 그녀에게 감사 편지를 쓰지 않았단 말이지. 지금쯤에는 벌써 썼어야지.

정답 should ➡ should have

4. 내가 담배를 끊어야 한다고 의사가 주장하므로 that절에서는 당위의 should가 쓰여야 합니다.

○ 내 혈압이 높기 때문에 의사는 내가 담배를 끊어야 한다고 주장한다.

정답 will ➡ should

5. 감정을 나타내는 형용사 sorry의 영향을 받아 that 이하의 종속절에서는 '~하다니'라는 감정적 판단의 should를 쓰든지 아니면 should를 빼고 주어인 he에 맞는 직설법동사를 써야 합니다.

○ 내가 그것을 고의로 했다고 그가 생각하다니 유감이다 (should think의 경우).
or 내가 그것을 고의로 했다고 그가 생각하는 것은 유감이다(thinks의 경우).

정답 think ➡ should think 또는 thinks

Reading practice

1. 첫 문장에서 that절을 끌고 있는 본동사가 ordered라는 것에 유의해야 합니다. 내용상 자연스레 종속절에 당위성을 부과하고 있으므로 동사의 형태는 was boiled가 아니라 (should) be boiled로 되어야 하겠습니다.

정답 **c**

2. 우연한 한 사건에 의해 처음으로 차가 만들어진 일화를 소개하는 글입니다. 그러므로 네 개의 선택지 중에서 '차의 기원'을 고르는 것이 가장 좋겠습니다.

정답 **b**

해석 전설에 따르면 과학자이기도 했던 옛날 중국의 한 황제는 모든 마시는 물을 위생적 예방책으로 반드시 끓일 것을 명하였다고 한다. 어느 여름날 그의 영토 중 멀리 떨어진 지역을 방문하고 있는 동안 그와 신하들은 휴식하기 위해 잠시 멈추었다. (물은 꼭 끓여 마시라는) 황제의 결정에 따라, 하인들은 그와 신하들이 마실 물을 끓이기 시작했다. 근처 수풀로부터 마른 나뭇잎이 끓는 물에 떨어졌고, 갈색의 액체가 물속으로 우러났다. 황제는 그 새로운 액체에 관심을 보였으며, 조금 마셔 보았고, 그것이 매우 산뜻하다는 것을 알았다. 차는 그렇게 만들어진 것이다.

Vocabulary

legend	전설, 설화, 신화
emperor	황제
boil	끓이다
hygienic	위생적인, 위생상의 (cf. hygiene 위생)
precaution	조심, 경계, 예방책
region	지역, 영역(= area)
realm	영토, 제국
court	조신(朝臣), 왕실, 조정
in accordance with	~에 따라서
servant	하인
nearby	근처의
bush	수풀, 덤불
liquid	액체
infuse	우려내다
refreshing	상쾌한, 후련한
create	만들다, 창조하다

Chapter 23

1. 내용상 '~해서는 안 된다' 라는 말이 필요합니다. 이러한 금지를 나타내는 말은 must not입니다. don't have to는 '~할 필요가 없다' 라는 뜻입니다.

○ 아버지께서 신문을 보고 계시니 귀찮게 해 드려서는 안 된다.

정답 **don't have to ⇒ must not**

2. 대학을 일찍 졸업한 사실은 그가 부지런하고 명석한 학생이었음을 의미합니다. 따라서 가능성과 추측의 조동사로는 확신에 찬 의미의 must가 제격입니다. 'could have+p.p.'는 과거의 사실에 대한 불확실한 추측이나 가정법 과거완료의 의미로 문맥을 제대로 완성하지 못합니다.

○ 그는 대학을 일찍 졸업했다. 그는 근면하고 명석한 학생이었음에 틀림없다.

정답 **could have been ⇒ must have been**

3. 조동사 must 다음에는 당연히 동사원형이 필요합니다. 아주 단순한 내용이지만 수험영어에서 자주 출제되고 있습니다. 어휘가 좀 고급스러워진다고 반드시 문법 내용까지 따라서 어려워지는 것은 아닙니다. 말하자면 수험생들을 현혹하는 거라고 할 수 있지요. 실제로 이 문제와 같이 해석을 하지 않고도 얼른 답을 찾을 수 있는 문제들도 종종 있습니다. 독해건 문법이건 까다로운 어휘를 쓰는 문제의 답은 이상하리만치 아주 명쾌하게 나오더군요.

○ 개인들이 지니고 있는 태도는 그들의 행동으로만 추론되어야 합니다.

정답 **to be ⇒ be**

4. 조동사가 있는 문장이 의문문이 될 때는 기본적으로 '(의문사)+조동사+주어+동사'의 어순이지 일반동사처럼 do의 도움(do-support)을 받지는 않습니다.

○ 이 비행은 어느 정도의 고도를 유지해야 합니까?

정답 **does this flight must maintain ⇒ must this flight maintain**

5. 조동사 ought to의 부정은 to 앞에 not을 넣은 ought not to입니다.

○ 그렇게 담배를 많이 피워서는 안 된다.

정답 **ought to not ⇒ ought not to**

1. had better의 부정형은 had better not을 씁니다.

○ 자고 있는 애를 깨우지 않는 게 좋겠다.

정답 **had not better ⇒ had better not**

2. would는 과거의 상태를 나타내는 의미로 쓰일 수 없습니다. used to가 맞습니다. used to 다음에는 love her가 생략된 것입니다.

○ A: 그녀를 아직도 사랑하니?
B: 아니, 그러나 예전에는 그랬지.

정답 **would ⇒ used to**

3. used to는 '(과거에) ~하곤 했다' 라는 의미이고, be used to ~ing는 '~하는 데 익숙하다' 라는 의미입니다. 빈칸 뒤 동사의 형태가 동명사인 것이 힌트입니다.

○ 수잔은 미국에 오랫동안 살아서 영어를 말하는 데 익숙하다.

정답 **b**

4. need는 부정문에서 조동사와 일반 동사 양쪽으로 모두 쓰일 수 있으므로 You need not go 또는 You do not need to go로 표현해야 맞습니다.

○ A: 같이 스키 타러 가 드릴까요?
B: 아니요, 당신은 나와 같이 갈 필요가 없습니다.

정답 **c**

5. dare 역시 부정문에서 조동사와 일반 동사 양쪽으로 모두 쓰일 수 있습니다. 이 문제에서 dare를 조동사로 취급하면 dared not으로, 일반 동사라면 did not dare to로 부정형을 만들면 됩니다.

○ 불과 몇 세기 전만 하더라도 여자들은 남자들을 동등하게 만날 수 없었다.

정답 **c**

Reading practice

1. '~라고 알려져 있다' 의 뜻으로 주어와 동일인임을 가리키는 표현이 필요합니다. 수동태를 공부할 때 한 번

본적이 있을 겁니다(Chapter 15 Further Study 2).

정답 **c**

2. 전체적으로 해석을 해 보았을 때 '~하곤 하였다' 라는 의미를 넣어 자신의 일에 열중했던 한 수학자의 일상적 괴벽성을 나타내 주는 것이 좋습니다.

정답 **c**

아르키메데스는 수학의 대가로 잘 알려져 있었으며 생애의 대부분을 해결해야 할 새로운 문제를 생각하며 보냈고 때로는 그의 연구에 너무나도 몰두하여 식사하는 것을 잊기도 하였다. 요즘과 같은 칠판과 종이가 없었던 그는 땅바닥의 먼지에서 꺼진 불의 재에 이르기까지 어떤 이용 가능한 표면이라도 그의 기하학적인 도형을 그리기 위해 사용하였다. 그가 하는 연구에 대해 골똘히 생각할 수 있는 기회를 결코 포기하지 않았던 그는 목욕하고 올리브기름을 바른 후에도 살결에 남아 있는 기름에 도형을 그리곤 하였다.

Vocabulary

Archimedes	아르키메데스 (그리스의 수학자)
master	대가
mathematics	수학
contemplate	곰곰이 생각하다(= ponder)
problem	문제
solve	풀다, 해결하다
at times	때때로, 이따금
involve	몰두시키다, 관련시키다
lack	부족하다, 결여되다
blackboard	흑판
available	이용 가능한
surface	표면
dust	먼지
ground	땅바닥
ash	재
extinguish	끄다(= put out)
geometric	기하학적인 (cf. geometry 기하학)
opportunity	기회
anoint	(기름 등을) 붓다, 바르다
trace	긋다, 그리다(= draw)

Chapter 24

page 229

1. 부정관사 a는 자음 앞에, 그리고 an은 모음 앞에 쓴다는 것은 주지의 사실입니다. 그러나 자음과 모음의 기준은 철자가 아니라 발음이라는 것을 잊어서는 안 되겠습니다. hour는 h라는 자음으로 시작하지만 h 소리는 발음되지 않아 결국 발음상으로는 모음 앞이므로 a를 an으로 고쳐야 합니다.

한 시간에 겨우 10달러밖에 벌지 못해서 나는 그 직장을 그만두었다.

정답 **a hour ⇒ an hour**

2. item은 불가산명사처럼 느껴질지 몰라도 가산명사입니다. much를 many로 바꾸어야 합니다. 어떤 명사에 부정관사 a/an이 붙어 있거나 복수형 접미사 -s가 있는 경우에는, '아, 이것은 경계성이 있는 물체구나' 와 같이 기억해 두는 연습을 꾸준히 하는 게 좋습니다.

구입해야 할 새 품목이 많다.

정답 **much ⇒ many**

3. 한 사람을 가리킬 때는 person이라는 말을 사용하지만 복수의 사람들을 의미할 때는 주로 people이라는 말을 사용합니다. 다시 말해 people 자체가 복수의 의미를 지닙니다. peoples는 '사람들' 이 아니라 '국민들' 혹은 '민족들' 이라는 뜻이 됩니다. 문제의 내용상 peoples를 people로 해야 맞습니다.

이 나라의 많은 사람들은 이민자들이다.

정답 **peoples ⇒ people**

4. 집합명사는 집단을 나타내는 말입니다. 그런데 그 집단 자체가 여러 개라면 당연히 복수형으로 할 수 있습니다. 집합명사가 가산명사라는 사실을 잊지 않으셨죠?

이 지역에는 세 가족이 남아 있다.

정답 **family ⇒ families**

5. 가산명사의 수를 표시해 두지 않고 가만히 놓아 두는 가장 기초적인 형태의 문제입니다. 다시 말해 단수든 복수든 표시가 있어야 한다는 것입니다.

당장 내가 필요한 것은 다름 아닌 앉을 수 있는 (하나의) 의자이다.

정답 **chair ⇒ a chair**

page 232

1. fun은 셀 수 없는 추상명사입니다. 그런데 many는 셀 수 있는 명사만 수식할 수 있으므로 much로 바꾸어야 합니다. 참고로 many와 few는 수적인 개념으로 가산명사와 함께, much와 little은 양적인 개념으로 불가산명사와 함께 쓰입니다. 그리고 a lot of/ lots of, plenty of, some, any 등은 가산명사, 불가산명사를 가리지 않고 쓸 수 있습니다.

○ 그는 영화를 별로 재미있게 보지 못했다.

정답 many ➡ much

2. furniture(가구), luggage(짐), baggage(짐), equipment(장비), machinery(기계류), weaponry(무기류), scenery(경치), stationery(문구류) 등과 같은 말은 그 속에 많은 부분을 포함하고 있는 총칭의 개념으로 셀 수 없는 명사 취급합니다. 이것을 영문법에서는 '집합적 물질명사'라고 합니다. a lot of는 수나 양에 관계없이 쓰일 수 있으므로 그대로 두고 luggages만 luggage로 바꿉니다. 본 내용에서는 다루지 않았으나 문제로라도 확인해 두는 것이 나을 것 같아서 만들어 보았습니다.

○ 우리는 짐이 많다.

정답 luggages ➡ luggage

3. 명사가 그저 '-s'로 끝났을 뿐, news는 현대 영어에서 복수형이 아닙니다. 따라서 단수로 취급합니다. physics(물리학), economics(경제학)와 같은 것들도 마찬가지입니다. 어떤 명사가 -s로 끝나지 말라는 법이 있습니까? 이것을 가지고 '형태는 복수형이지만 단수로 취급하는 명사'로 설명하는 것은 좀 지나치다는 생각이 듭니다.

○ 그가 죽었다는 소식이 믿기 어렵다.

정답 are ➡ is

4. 최고점에 도달한 것은 Ted와 Michael이 아니라 추상명사인 friendship입니다. 그러므로 복수형 소유격 their로 받는 것은 잘못입니다.

○ 테드와 마이클 사이의 우정은 올해 절정에 이르렀다.

정답 their ➡ its

5. information은 불가산명사이므로 복수형을 쓸 수 없습니다.

○ 이선생은 정보가 좀 필요했기 때문에 학교 도서관에 갔다.

정답 informations ➡ information

Reading practice

1. 불가산명사가 가산명사로 취급되어 쓰이는 실례입니다. 용기에 담기어 하나 둘씩 개체화된 것으로 이해한다면 아무런 문제가 없습니다.

정답 c

2. 인종차별이 합법적이던 시대에 이것이 잘못되었음을 알고 행동에 옮겼던 어느 '용감한' 소녀에 관한 글입니다.

정답 d

로사가 11살이었을 때, 그녀는 사촌과 함께 한 상점에 들어갔고, 그 사촌은 청량음료를 주문했다. 대답은 이러했다: "우리는 유색인종에게 청량음료를 팔지 않습니다." 그 당시 이것은 합법적이었지만 로사는 그것이 잘못되었다는 것을 알았다. 몇 년 후 1955년에 로사는 그녀의 신념에 따라 용감하게 행동할 수 있는 기회를 가지게 되었다. 법적으로 흑인들은 시내버스의 뒷자리에 앉아야 했고 만일 백인이 좌석을 요구하면 일어나야만 했다. 로사는 한 백인 남자에게 그녀의 자리를 내주기를 거절했다. 그녀는 체포되었다. 이것은 흑인들로 하여금 그 불공평한 법이 바뀔 때까지 몽고메리의 버스에 대해 보이콧을 벌이게 하였다.

Vocabulary

store	상점
cousin	사촌
ask for	~을 요청하다
soda	청량음료
serve	제공하다
colored	(피부 색깔이) 유색의
legal	법적인
at that time	당시에
courageously	용감하게
conviction	확신, 신념
by law	법적으로, 법에 의하여
refuse	거부하다
give up	포기하다

arrest	체포하다
boycott	불매운동(을 벌이다)
ingenuous	순진한, 천진난만한
considerate	인정이 있는

Chapter 25

page 237

1. a job이라고 하면 세상에 있는 수많은 일자리 중 하나를 가리키는 것입니다. 그런데 이 문장에서는 job이라는 명사가 '그녀가 지원한(she applied for)' 이라는 의미로 한정되므로 부정관사 a대신 정관사 the를 써야 합니다.

◎ 그녀는 지원한 직장을 구했니?

정답 a job ⇒ the job

2. 명사인 end가 of this month의 한정을 받고 있으므로 정관사 the를 써야 합니다. 혹은 다른 방식으로 설명할 수도 있는데 그것은 이달 말이라는 것은 이번 달에 한 번밖에 없으므로 ― 즉 하나로 정해져 있는 것이므로 ― 정관사를 써야 한다는 것입니다. 어떻게 생각하든 '정해진 정보에 정관사를 쓴다' 라는 개념에는 변함이 없습니다.

◎ 나는 이달 말에 미국에 갈 예정이다.

정답 a end ⇒ the end

3. 영문법에서 보통 '신체의 일부분을 표시할 때 소유격을 대신하는 the를 쓴다' 라고 설명합니다. 그러나 '정해진' 이라는 개념으로 쉽게 설명할 수 있습니다. 위의 문장에서 머리는 돌에 맞은 바로 그 아이의 머리인 것입니다. 즉 누구의 머리인지가 정해져 있다는 의미이므로 a head를 the head로 고쳐야 합니다. 잘 나오는 몇 가지 예를 더 살펴봅시다.
She caught me by **the** sleeve.
그녀는 내 소매를 붙잡았다.
He patted me on **the** shoulder.
그는 나의 어깨를 두드렸다.
He struck his friend on **the** head.
그는 친구의 머리를 때렸다.

◎ 돌이 어린아이의 머리에 맞았다.

정답 a head ⇒ the head

4. 두 번째 문장에서 boy와 girl은 앞에 나온 a boy와 a girl을 지칭하고 있습니다. 즉 그녀가 둔 자녀들을 각각 지칭하는 것으로 이미 정해진 정보의 개체를 언급하고 있습니다. 그러므로 정관사 the를 사용하는 것이 옳습니다.

◎ 그녀는 아들과 딸 두 자녀를 두었다. 아들은 학생이고 딸은 의사이다.

정답 A boy ⇒ The boy, a girl ⇒ the girl

5. bread는 물질명사로 셀 수 없기 때문에 '빵 한 덩어리'를 a loaf of bread로 쓸 수 있지만 지금 이 문장에서는 that 이하의 수식을 받아 특정화되고 있으므로 loaf 앞에 정관사 the를 써 주어야 합니다.

◎ 테이블 위에 있는 빵 한 덩어리를 사고 싶습니다.

정답 a loaf of bread ⇒ the loaf of bread

page 240

1. 방에서 불을 꺼 달라는 말은 화자와 청자가 함께 있는 방에서 동시에 인식하고 있는 전등에 대해서 가능할 것입니다. 만일 문제의 경우와 같이 부정관사 a를 써서 말한다면 그것은 하나의 막연한 불이 되어 '정해지지 않은 불특정한 하나의 등을 아무거나 꺼 주세요' 라는 우스꽝스러운 의미가 되는 것입니다. 그러므로 부정관사가 아닌 정관사가 필요한 문맥이 되는 것입니다.

◎ 불 좀 꺼 주시겠습니까?

정답 a light ⇒ the light

2. 친구에게 이런 말을 하는 상황을 생각해 봅시다. a library는 정해지지 않은 불특정한 도서관입니다. 우연히 만나기를 기대한다면 몰라도 이런 경우는 둘이서 평소에 같이 다녀 잘 알고 있는 도서관을 말해야 약속이 성립할 수 있습니다. 정해진 도서관이므로 the library로 고쳐야 합니다.

◎ 나중에 도서관에서 보자.

정답 a library ⇒ the library

3. '가장 좋은' 시험 성적은 여럿이 아닌 하나로 정해져 있는 것이므로 a best를 the best로 고쳐야 합니다.

◎ 나는 반에서 가장 좋은 시험 성적을 받았다.

정답 a best ⇒ the best

4. 본문 설명에서 다루지는 않았습니다만 관용적으로 악기명 앞에는 정관사를 사용합니다. 이것도 '정해진 정보'를 사용해서 이해할 수는 있습니다. 즉 하나의 셀수 있는 물체로서 물리적 개념의 악기를 지칭하는 것이 아니라 악기가 가지고 있는 여러 기능들 중 구체적으로 연주 기능만을 언급하는 것이기 때문에 정관사를 사용하는 것입니다. 너무 난해하다면 이 문제는 '아~ 악기명 앞에는 정관사를 쓰는구나'와 같이 이해하고 그냥 가볍게 넘어가기 바랍니다.

◎ 젊었을 때 나는 이따금 피아노를 연주하곤 했다.

정답 a piano ➡ the piano

5. 스포츠나 게임에는 관사를 쓰지 않습니다. 이것이 바로 '무관사(zero article) 용법'이라는 것입니다. 이 문제를 일부러 등장시킨 것은 Further Study 2를 꼭 참고해 달라는 뜻입니다. 자세한 설명은 그곳에서 하도록 하겠습니다.

◎ 내 생각에 그는 축구를 즐긴다.

정답 a soccer ➡ soccer

Reading practice

1. 지금 언급되고 있는 코치는 이 글의 앞부분에 처음 등장했던 코치와 동일인으로 독자들이 이미 인식하고 있는 존재입니다. 즉 정해진 정보에 대한 언급이므로 (D)는 정관사를 써서 the overly excited coach로 써야 하겠습니다.

정답 d

2. 바로 앞 문장을 해석해 보면 알 수 있는데요, 코치는 너무나 흥분되어서 자신이 직접 나섰던 것입니다.

정답 c

해석 상대 Blue Devils의 한 선수가 굉장한 수비를 뚫고 이제 골키퍼와 일 대 일의 상황을 만들었다. 코치는 그의 새로운 골키퍼에게 계속하여 지시를 내리고 있었다. "지금 나가, 손바닥을 아래로 하고, 공에서 눈을 떼지 말아." 바로 그때 그 Blue Devils 선수는 그가 할 수 있는 최고의 인스텝 강슛을 날렸다. 공의 방향은 그물의 뒤를 향해 있었다. 하지만 아니 — 잠깐 — 대단한 수비가 이루어졌다! 겁에 질린 작은 골키퍼에 의해서가 아니라 골대에서 코치를 해 주고 있던 지나치게 흥분한 코치에 의해서 말이다. 코치는 자신을 제어할 수 없었던 것이다.

Vocabulary

opposing	상대의, 반대의
break through	돌파하다
formidable	무서운, 굉장한
defense	방어, 수비
create	만들다
one-on-one situation	일대일의 상황
keep (on) ~ing	~을 계속하다(= continue to V/~ing, go on ~ing)
instruct	지시하다
palm	손바닥
keep one's eye on	~에 시선을 집중하다 (= watch)
destine	운명짓다, ~행이다
frightened	놀란, 겁에 질린
overly	과도하게, 지나치게 (= very much)
control oneself	자제하다, 제어하다

Chapter 26

page 246

1. 해석을 해 보면 surprised는 주어인 명사 the mother와 관계하는 형용사(과거분사)입니다. 따라서 형용사를 수식해 주기 위해서는 앞의 pleasant가 부사의 형태로 pleasantly가 되어야 하겠습니다.

◎ 아들이 자신을 방문하러 오자 어머니는 기쁘게 놀랐다 (놀라움에 기쁨을 감추지 못했다).

정답 pleasant ➡ pleasantly

2. 형용사는 대부분 한정 용법과 서술 용법에 두루 쓰일 수 있습니다. 그러나 일부 형용사는 명사를 직접 수식하지 못하고 보어 역할을 하는 서술 용법으로만 쓰일 수 있습니다. 주로 alive, alike, afraid, ashamed 등과 같이 철자 'a-'로 시작하는 형용사들이 그렇습니다. 그러므로 이 문제에서 alive는 후속하는 명사 fish를 직접 수식할 수 없게 됩니다. alive의 위치를 서술

부로 이동을 시키든지(①), 아니면 한정 용법의 형용사로 바꾸어야 하겠습니다(②).

◎ 물고기 한 마리가 모래 위에 산 채로 놓여 있었다.

정답 ① A fish was lying alive on the sand.
② An alive fish ➡ A live[라이브] fish 또는 A living fish

3. 화가 난 것은 명사 The parents이지 보이는 방식(seem)이 아닙니다. 즉 해석상 seemed 다음의 어구는 명사 the parents의 상태를 설명해 주는 말(주격보어)이 되어야 합니다. 배운대로 명사와 관계를 맺는 품사는 형용사이므로 angrily를 angry로 고쳐야 합니다.

◎ 부모님은 아이의 행동에 대해 화가 난 듯 보였다.

정답 angrily ➡ angry

4. 내용상 동사 chooses를 수식하는 말이 필요합니다. 그러므로 형용사 careful을 부사 carefully로 바꾸어줍니다. 부사의 위치는 원칙적으로 목적어 다음이지만 목적어가 절이 되어 길어졌기 때문에 동사 다음에 오는 것이 더 좋습니다. 영어는 뒤가 무거운 것을 안정적으로 생각하는 언어이기 때문입니다(end focus).
〈참고〉 He chose it **carefully**.
He chose **carefully** what he needed.

◎ 고객은 항상 자신이 필요로 하는 것을 신중하게 고른다.

정답 careful ➡ carefully

5. 대개 -ly로 끝나는 말은 형용사에 -ly가 붙어 만들어진 부사이지만, 명사에 -ly가 붙은 경우에는 형용사가 됩니다. 이러한 형용사를 부사로 혼동하기 쉽기 때문에 착각을 유발하는 문제가 자주 나옵니다. 위의 문제에서 monthly는 명사 month에 -ly가 붙은 형용사이므로 report를 수식하는 데 아무런 문제가 없습니다. 이 책에서 정말 보기 드물게 틀린 곳이 없는 문제입니다. 참고로 아래에 -ly로 끝나는 형용사의 예를 몇 가지 들어 보겠습니다.
costly 비싼, likely 가능한, lonely 외로운, friendly 친절한, manly 남자다운

◎ 그 직원은 자신의 월간 보고서를 제출했다.

정답 **틀린 곳 없음.**

page 249 🐟

1. 기본적으로 수식어의 위치는 피수식어의 앞입니다. 그러므로 surprising이 sale을 뒤에서 수식하면 틀린 것

입니다.

◎ 시장은 놀랄 만한[깜짝] 세일로 문을 열었다.

정답 a sale surprising ➡ a surprising sale

2. 문장을 가만히 들여다보면 부정관사 a와 명사 problem이 너무 멀리 떨어져 버렸다는 것을 알 수 있습니다. 그것은 형용사가 결합된 요소로 인해 길어졌기 때문입니다. 이 덩어리들을 명사의 뒤로 보내면 한결 깨끗해 보이겠지요?

◎ 이것은 내가 풀기에 너무 어려운 문제이다.

정답 This is a problem (which is) too difficult for me to solve.

3. -thing, -body의 종결형을 가진 명사는 뒤에서 수식을 받는다고 하였습니다. 따라서 unusual을 something의 뒤로 옮겨야 하겠습니다.

◎ 나는 그의 방에서 특별한 무언가를 찾았다.

정답 unusual something ➡ something unusual

4. 부사는 일반적으로 동사와 그 목적어 사이에 위치시키지 않습니다. 따라서 이 경우는 well을 문장 끝으로 이동시키는 것이 좋겠습니다. 사실 부사의 위치와 관련한 문법 사항은 대단히 많고 복잡합니다. 이 책에서 그것들을 모두 다룬다는 것은 책의 본래 취지와 맞지 않는 것 같습니다. 필자의 생각으로는 자세한 부사의 용법은 어휘적 개념으로 사전을 통해 감각적으로 익히는 것이 좋을 듯합니다.

◎ 그녀는 영어로 말을 잘한다.

정답 speaks well English ➡ speaks English well

5. 형용사에서 파생한 부사가 아닌 이른바 부사적 불변화사 off는 대명사 목적어의 위치에 제약을 가하는데, 그것은 대명사가 타동사와 불변화사의 가운데에만 올 수 있다는 것입니다. 여기에도 나름대로의 이유가 있습니다. 자세한 것은 Further Study 2를 참고하기 바랍니다.

◎ 그걸 좀 꺼 주시겠습니까?

정답 switch off it ➡ switch if off

Reading practice 🐟

1. 가장 중요한 것은 해석 능력이라고 누차 강조한 바 있습니다. 제대로 해석을 하였다면 (B)에서 명사 status

해설 및 정답

가 잘못 쓰인 부사로 인해 제대로 수식을 받고 있지 못하다는 것을 알게 될 것입니다. 명사와 관계하는 품사인 형용사가 필요한 상황입니다. socially and economically → social and economic

정답 **b**

2. 일단 d는 아예 언급되어 있지 않은 내용입니다. 그리고 내용을 언뜻 보면 b가 답으로 보일 수도 있지만 마지막 문장을 읽어 보면 결국 c가 가장 적절한 답이라는 것을 알 수 있습니다. 독해 문제는 본문의 내용에 근거해서 풀어야지 그 내용이 건전하다고 해서 자신의 주관적 감정을 대입하여서는 안 되겠습니다.

정답 **c**

🎯 수세기 동안 사회 내에서 '결혼을 잘 한다' 는 생각은 사회, 경제적 지위를 상승시키려는 하나의 쉬운 방법으로 여겨져 왔다. 그러나 '사회 경제 연구소'에 따르면 훌륭한 교육이 평균적으로 장기간에 걸쳐서는 부유한 남편이나 아내가 다가오기를 기다리는 것보다 경제적인 가치가 더 있었다. 그러나 조사원들의 말에 의하면 가난한 배경의 사람들이 교육을 통해 그들의 사회, 경제적 기회를 향상시키는 것이 쉬울 수도 있는 반면, 가난한 사람들이 사회 경제적 계급을 상승시키는 능력보다 부자들이 자신들의 부를 유지하는 능력이 더 앞선다고 한다.

Vocabulary

century	세기
concept	개념, 생각
within	~의 내부에서
improve	향상시키다
status	지위 (cf. statue 상(像), state 상태)
according to	~에 따르면
institute	기관, 제도
research	연구, 조사
decent	고상한, 품위 있는, 훌륭한
on average	평균적으로, 대체적으로
term	기간(= period)
wait for A to B	A가 B하기를 기다리다
come along	나타나다, 다가오다
background	배경

chance	기회, 가능성
retain	보유하다, 지키다
be better at	~을 더 잘하다 (be good at의 비교급)
scale	규모, 계급

Chapter 27

page 256

1. 형용사 useful의 비교급은 more useful입니다. 보통 형용사형 접미사 — 문제의 경우는 -ful — 가 보이면 more를 이용해 비교급을 만듭니다.

💬 산소는 질소보다 더 쓸모가 많다.

정답 usefuler ➡ more useful

2. happy의 비교급은 happier가 맞습니다. 그러므로 거기에 more를 붙이면 불필요한 이중 비교가 되므로 틀린 표현입니다. 만일 happier를 강조하고 싶다면 별도의 강조어구(much, still, a lot, (by) far, even, yet, a great deal...)를 붙이면 됩니다. 이 문장에서는 more를 빼든가 아니면 more 대신 비교급 강조 어구를 넣으면 어법에 맞습니다.

💬 그녀는 오늘 아침에 어느 때보다도 행복했다.

정답 more happier ➡ happier 또는 much[still, a lot, by far...] happier

3. 비교급은 기본적으로 두 대상을 전제로 합니다. 바꾸어 말하면 두 대상간의 우열은 한쪽이 다른 쪽보다 더 낫든 못하든 좌우간 비교급만으로 설정이 가능하다는 것입니다. 그러므로 최상급을 쓸 필요는 없습니다.

💬 어제보다 오늘이 춥다.

정답 coldest ➡ colder

4. 해석을 해 보면 '지구와 달'이라는 두 대상의 크기를 묻고 있음을 알 수 있습니다. 위의 3번 문제와 같은 맥락입니다. 비교급만으로 충분히 가능한 표현입니다.

💬 지구와 달 중에서 어느 것이 더 큰가요?

정답 the largest ➡ the larger

336

5. 'the+비교급, the+비교급' 구문을 묻고 있는 문제입니다. 그런데 콤마(comma)의 뒤쪽에 the가 보이지 않습니다.

⊙ 쇠는 뜨거울수록 더 구부리기 쉽다.

정답 easier ➡ the easier

page 259

1. great의 최상급은 greatest입니다. 막상 시험장에 가면 이런 문제가 정말 헷갈린다고들 합니다. 평소에 입에 확실하게 붙여 놓아 most great를 보면 어딘지 모르게 어색한 느낌이 들도록 자신의 일부로 체화(體化)시켜 놓아야 하겠습니다.

⊙ 많은 비평가들이 벤 스미스를 모든 팝 음악가들 중 가장 위대한 사람으로 생각한다.

정답 most great ➡ greatest

2. 문장 뒷부분의 of the two라는 부분에 주목할 필요가 있습니다. 최상급은 셋 이상의 대상을 전제로 한 표현입니다. 따라서 최상급과 of the two는 함께 쓸 수 없습니다. of the two를 그대로 살린다면 두 대상의 우열을 논하고 있으므로 앞에는 최상급이 아닌 비교급을 써야 합니다. 최상급을 그대로 이용하려면 of the two라는 표현을 적절하게 고쳐도 됩니다.

⊙ ① 교수님은 두 챕터 중 첫 번째 챕터가 더 중요하다고 말씀하셨다.
② 교수님은 첫 번째 챕터가 모든 챕터 중에서 가장 중요하다고 말씀하셨다.

정답 ① the most ➡ the more
② of the two ➡ of all (the chapters)

3. 내용상 비교의 대상이 미국 내의 전체 대학이므로, 즉 셋 이상의 대상물을 전제로 하므로 최상급으로 표현해야 하는 내용입니다. more를 most를 바꾸면 됩니다.

⊙ 예일 대학교는 아마도 미국에서 가장 명성 있는 대학일 것이다.

정답 more ➡ most

4. 최상급으로 진술한 내용을 비교급으로 다시 부연하고 있는 경우입니다. '어떤 소녀도 그녀보다 더 아름답지 않았다' 라는 비교급 표현만으로도 그녀가 가장 아름답다는 최상급의 내용을 진술할 수 있습니다.

⊙ 그녀는 그 방에서 가장 아름다운 소녀였다. 다시 말해 그 방에 있는 어떤 다른 소녀도 그녀보다 아름답지 않았다.

정답 (뒷 절) most beautiful than she ➡ more beautiful than she

5. 기본적인 동등 비교 구문의 형태를 묻고 있습니다. 본문에서 독립적인 사항으로 부각은 안 시켰지만 형태 정도는 확인하고 갈 필요가 있을 것 같아 문제로 넣어 보았습니다.

⊙ 천만 이상의 주민을 가진 서울만큼 빠르게 성장한 도시는 거의 없다.

정답 as rapidly that ➡ as rapidly as

Reading practice

1. (B)에서 early의 비교급은 more early가 아니라 earlier를 사용합니다.

정답 b

2. Sacrifice sleep, and you sacrifice peak performance라는 문장이 있었습니다. 즉 잠을 못 자면 제대로 일을 못한다는 뜻이지요. c는 일견 참 좋은 말 같지만 문제는 교훈적인 말을 찾는 것이 아니라 본문에서 실제로 말하고 있는 것이 무엇인지 따져 보라는 것입니다. 독해의 모든 단서는 자신의 가치관과 상식이 아니라 지문에서 비롯된다는 걸 잊지 말기 바랍니다.

정답 c

우리는 밤에 많은 힘을 얻는다. 수면은 너무나도 중요하여 당신의 두뇌는 얼마나 많은 양의 그것(수면)을 당신이 필요로 하는지 기억한다. 그리고 그것(두뇌)은 그 다음날 밤에 당신을 더 빨리 잠자리에 들게 하고 더 오래 수면 상태를 유지함으로써 수면 부족을 보충한다. 수면을 희생하면 당신의 최고의 성과를 희생하게 된다. 문제는 현대의 삶이 당신의 잠을 먹어 치우고 있다는 것이다. 할 일은 너무 많고 그것을 하기에 시간은 너무 적다. 그래서 우리는 잠을 포기한다. 점점 더, 우리는 잠을 적게 자며 그 과정에서 수면 부족은 쌓여 가고 있는 것이다.

Vocabulary

brain	뇌
remember	기억하다

compensate for	~을 보충하다(= make up for)
sleep loss	수면 부족(= sleep debt)
go to bed	잠자리에 들다
sacrifice	희생하다
peak	최고의, 절정의
performance	수행, 성과
eat away at	~을 먹어 치우다, 부식시키다
process	과정

Chapter 28

page 266

1. 관계대명사 whom은 사람을 선행사로 받는 목적격 관계대명사입니다. 그런데 이 문장에서는 선행사가 today's newspaper라는 사물입니다. 따라서 사물을 받는 목적격 관계대명사가 필요합니다. 사물을 받을 수 있는 which와 that은 주격, 목적격의 형태가 동일하므로 어느 것을 써도 좋습니다.

   ◎ 나는 그가 건네준 오늘 신문을 읽고 있다.

   정답 whom ⇒ which 혹은 that

2. 이 문장을 둘로 나누면, The story was not true.와 She told me the story about Robert.입니다. 즉 둘째 문장의 목적어인 the story를 관계대명사로 바꾸어 첫째 문장의 주어인 the story를 선행사로 삼아 연결한 것입니다. 선행사가 있다는 것은 우선 이 자리에 선행사를 포함한 관계대명사 what이 불가함을 의미합니다. 따라서 사물 선행사을 가리키는 목적격 관계대명사인 which나 that으로 바꿔 주어야 합니다.

   ◎ 로버트에 관해 그녀가 나에게 해 준 이야기는 사실이 아니었다.

   정답 what ⇒ which 혹은 that

3. 선행사 those teachers를 지칭하며 동시에 do their best의 주어가 되는 관계대명사가 필요합니다. 이와 같이 관계대명사에 관한 문제는 기본적으로 선행사의 종류와 격에 따른 올바른 사용법에 관한 것들이 가장 빈번한 유형입니다.

   ◎ 이 선생은 최선을 다하는 영어 선생들 중의 한 명이다.

   정답 whom ⇒ who

4. 관계대명사는 동시에 두 가지의 역할(double use)을 합니다. 즉 접속사와 대명사의 역할이죠. 그러므로 이 문제에서 관계대명사 which는 이미 looking for의 목적어가 되는 대명사 역할을 수행하고 있습니다. 결국 them은 필요 없는 말이 되는 것입니다.

   ◎ 네가 찾고 있던 책을 내가 찾았다.

   정답 문장 끝의 them을 삭제.

5. 아무리 보아도 which의 선행사가 없습니다. '그녀가 말한 것에 놀랐다'는 내용 같은데 그렇다면 선행사를 포함한 관계대명사 what을 사용하면 부드럽게 되겠습니다. 아니면 which 앞에 그에 적절한 선행사 the thing 같은 것을 넣어 주어도 되겠습니다.

   ◎ 비록 뭔가를 예상하기는 했지만 나는 그녀가 말한 것에 많이 놀랐다.

   정답 which ⇒ what 또는 the thing which

page 269

1. where는 장소를 언급하는 관계부사입니다. 시간을 말할 때는 관계부사 when을 이용하므로 where를 when으로 바꾸어야 합니다. 그리고 when은 생략할 수도 있죠?

   ◎ 우리가 내일 만날 시간을 알려 다오.

   정답 where ⇒ (when)

2. 각종 시험에 가장 많이 출제되는 고전적인 문제입니다. the way how는 같이 쓰면 틀린 표현입니다. 논리적으로는 가능할 듯하지만 실제로 그렇게 쓰지 않는다는 점에서 틀린 문장으로 보는 것입니다.

   ◎ 이것이 바로 그 사람이 그 일을 해낸 방법이다.

   정답 the way나 how 중 하나를 뺀다.

3. when 이하는 2000년을 꾸며 주는 관계부사절인데 주어가 빠져 있습니다. 관계부사는 부사의 기능을 하므로 그 뒤에는 주어와 동사를 갖춘 완전한 구조의 절이 오지 않겠습니까?

   ◎ 그 장치는 그것이 발명된 2000년부터 사용되었다.

   정답 when was invented ⇒ when it was invented

4. the reason에 붙는 전치사가 무엇입니까? 위의 문장을 둘로 쪼개면 Do you know the reason? 과 Everybody hates you for the reason이 됩니다. 바로 이때 the reason과 어울리는 전치사 for가 갑자기 관계대명사 앞에서 in으로 변할 이유가 있나요?

○ 당신은 모든 이들이 당신을 미워하는 이유를 아닙니까?

정답 in which ➡ for which

5. 뭔가 엉성하지요? 선행사와 관계대명사를 다 빼 버려서 그렇습니다. 적당한 말을 보충해야 하겠습니다. 일단은 장소로 잡아 보겠습니다. 그렇지만 물론 다른 표현도 가능할 수 있습니다.

○ 우리가 처음 만난 곳을 기억합니까?

정답 Do you remember the place where we first met?

Reading practice

1. (A) that의 선행사가 보이지 않습니다. 그래서 that이 아니라 선행사를 포함한 관계대명사 what을 써야 하는 것입니다. that과 what의 구분을 묻는 문제가 심심찮게 출제되고 있습니다. 또 what is called는 '소위, 이른바' 의 뜻으로 굳어진 표현이지 않습니까? 그렇게 보았다면 이 문제는 정말 문제도 아니었을 것입니다. 그래서 외우는 사람을 당할 수가 없는 것입니다. 물론 이해가 전제된 암기이어야 하겠지만 말입니다.

정답 a

2. 여기에서 render는 '표현하다, 번역하다' 의 의미로 사용되었습니다. 따라서 이것과 가장 유사한 정의를 찾는다면 b의 '특정한 방식으로 무언가를 표현하거나, 보여주거나, 연주하다' 가 되겠습니다.

정답 b

🔲 한국어는 이른바 '존경을 표하는 언어(높임말)'를 갖고 있는데, 이것은 손위, 손아래, 혹은 같은 서열의 사람들에게 말을 할 때 서로 다른 수준의 말을 사용하는 것을 이른다. 이러한 구별은 서로 다른 어휘의 사용과 사용되는 단어에 있어서 기본적인 구조적 차이에 의존하게 된다. 예로, 한국어에서 '가다' 의 명령형은 아랫사람이나 아이에게 말할 때는 '가라' 로, 성인이 된 아랫사람에게는 '가게' 로, 윗사람에게 말할 때는 '가세요' 로 그리고 보다 높은 서열의 사람에게 말할 때는 '가십시오' 로 표현될 수 있다. 공손한 언어(높임말)의 적절한 사용은 매우 복잡하며 미묘한 문제이다.

Vocabulary

possess	소유하다(= own, have)
what is called	소위, 이른바(= so-called, what you/we/they call)
honorific	공경의, 존경하는
level	수준
address	말을 걸다
superior	윗사람(의)
inferior	아랫사람(의)
distinction	차이, 구별(= difference)
vocabulary	어휘
structural	구조적인
employ	사용하다
imperative	〈문법〉 명령형(의)
render	표현하다, 번역하다
adult	성인(의)
rank	서열
proper	적당한, 적절한(= appropriate)
extremely	대단히, 매우, 극단적으로 (= exceedingly, terribly, uncommonly, unusually)
complex	복잡한
subtle	미묘한, 난해한 (= not obvious)

Chapter 29

page 277

1. '막 ~하려는 참이다' 라는 뜻의 구문인 be on the point of ~ing를 알고 있다면 아무것도 아닌 문제입니다. 문법적으로 따진다면 전치사 of 다음에 to부정사가 와서 틀린 문장이 됩니다. 문법을 잘 배우고 해당 표현을 덩어리째 익힌다면 영어는 틀림없이 잡힙니다.

○ 그는 막 연설을 시작하려던 참이었다.

정답 to begin ➡ beginning

2. 해석을 해 보면 의문사 who가 동떨어져 해석이 되지 않는다는 것을 알 수 있습니다. 이것은 전치사가 하나 빠져서 그런 것입니다. 보다 전문적으로 말하면 의문대명사 who가 적절한 격(case)을 부여받지 못했기 때문입니다. 문장 뒤에 with를 넣어 보세요. 원래는 with whom이었는데 의문사라서 앞으로 간 것이고 또 문장의 맨 앞이라서 whom을 who로 바꾸어 쓸 수도 있는 것입니다.

◎ 당신은 누구와 함께 파티에 갔습니까?

정답 Who did you go to the party? ⇒ Who(m) did you go to the party with?

3. 점, 평면, 입체 중 어떤 느낌이 드나요? 누군가의 '어디서 샀느냐'라는 질문에 화자는 자신의 머릿속에서 과거에 물품을 구입한 슈퍼마켓을 하나의 점으로 떠올릴 것입니다.

◎ 나는 이 물품들을 그 슈퍼마켓에서 샀다.

정답 in the supermarket ⇒ at the supermarket

4. 시간의 전치사 중에서 단위의 길이가 가장 긴 것은 in 입니다. '월, 년, 계절, 세기' 등이 여기에 해당합니다.

◎ 19세기에는 대부분의 사람들이 그 사실을 믿었다.

정답 On the nineteenth century ⇒ In the nineteenth century

5. in the morning이 너무 입에 익어서 쉽지 않았을 겁니다. 그러나 수식어구의 한정을 받으면 in이 아니라 on으로 가야 한다는 사실을 꼭 기억하기 바랍니다. 매번 보면 오답률이 참 높더군요.

◎ 나는 그 이유를 내 열일곱 번째 생일날 깨달았다.

정답 in the morning of my 17th birthday ⇒ on the morning of my 17th birthday

page 281

1. 등위접속사는 연결되는 요소가 문법적으로 대등해야 합니다. 사실 이 대등함을 따지는 것은 요즘 각종 영어 관련 시험에서 매우 중요시하는 사항입니다. 보다 자세하게는 Chapter 30을 참고하기 바랍니다. 아무튼 이 문제에서는 지금 and의 좌우로 형용사와 명사가 연결되어 등위라는 말을 무색하게 합니다.

◎ 내가 아는 한 그는 젊고 강건하다.

정답 strength ⇒ strong

2. neither와 어울리는 말 — 상관적으로 쓰이는 말 — 은 or가 아니고 nor입니다.

◎ 너도 나도 잘못이 없다.

정답 or ⇒ nor

3. 해석을 해 보십시오. '너와 나 둘'이 주어입니다. 당연히 복수로 취급해야 하겠습니다.

◎ 너와 나 둘 모두 그 문제에 책임이 있다.

정답 am ⇒ are

4. the idea와 we can do the project는 서로 동격입니다. 이러한 동격절은 접속사 that이 이끌 수 있습니다.

◎ 우리가 그 프로젝트를 할 수 있다는 생각은 내가 처음으로 했다.

정답 the idea of ⇒ the idea that

5. 내용상 '너무 ~해서 …하다'라는 의미의 so~ that... 구문이 필요한 상황입니다. 필자는 학생들에게 해석할 줄 알면 일단 절반은 된 것이라고 자주 말하는데 실제로 웬만한 문제는 해석으로 끝납니다. 해석할 줄 모르면 쓸 수도 없고(작문) 들을 수도 없습니다(청취). 이 책을 완벽하게 공부해서 문법의 감이 잡히면 그때부터는 오직 어휘력의 확장과 함께 해석 연습에 몰두하기 바랍니다.

◎ 그 책은 너무 어려워서 나는 그것을 이해할 수 없었다.

정답 as ⇒ that

Reading practice

1. 빈칸 뒤로는 주어와 동사의 구조, 즉 절이 있음을 알 수 있습니다. 그것은 빈칸에 접속사가 와야 함을 뜻합니다. 그리고 나서 내용까지 고려한다면 적절한 접속사를 찾을 수 있을 것입니다. 보다 자세한 것은 해석을 참고하기 바랍니다.

정답 c

2. 해석을 해 보면 처음에는 체념의 마음이 강하게 들었지만, 결국 그것이 자신이 해야 할 소명이라는 것을 깨닫는 내용입니다. 따라서 realization(깨달음)이 가장 적절한 답이 될 수 있겠습니다.

정답 c

📝 미국에 있는 집으로 돌아왔을 때, 나는 그곳에 다시 가는 것에 대하여 깊은 체념을 — 심지어는 절망감까지 — 느꼈다. 그 사무실에 조용히 앉아서, 나는 머릿속에 떠오르는 개인적인 계획들을 정리해 보려 노력하였고 하나님의 인도를 요청했다. 이것이야말로 내가 하고 싶어 하는 일이라는 것을 깨달았을 때 나는 천천히 부담감이 사라지고 평화가 밀려오는 것을 느꼈다. 다른 문화권의 사람들과 함께 일하며 그들이 자신들의 필요에 대한 스스로의 해결책을 찾도록 도와주는 것이야말로 내가 실질적인 직업을 갖기 전의 경험뿐만 아니라 내게 주어진 소명으로서 하나님께서 부르고 계신 (바로 그)곳이었던 것이다.

Vocabulary

resignation	체념, 단념, 그만둠
even	심지어
depression	절망, 우울, 의기소침
get back	돌아가다
quietly	조용하게
still	가라앉(히)다
personal planning	개인적 계획
go on	일어나다, 발생하다, 계속하다
guidance	안내, 지도
burden	부담, 짐
lift	(부담감 등이) 사라지다, 걷히다
come over	몰려오다, 엄습하다, 다가오다
realize	깨닫다
culture	문화
solution	해결책
vocation	신의 부르심, 천직, 소명
experience	경험

Chapter 30

page 288

1. suggest의 목적어로 동명사와 that절이 모두 가능하지만 그 둘이 동시에 등장하는 것은 문장의 균형을 파

괴하므로 어느 한쪽으로 맞춰 주어야 합니다. 물론 정답으로는 여러 가지 가능성이 있겠습니다.

💭 나는 비행기를 타든가 기차로 갈 것을 제안했다.

정답 ① I suggested taking the plane or going by train.
② I suggested that we (should) take the plane or go by train.

2. neither~ nor...라는 상관접속사의 양쪽 부분에는 문법적으로 서로 대등한 성분이 들어와야 합니다. 따라서 go neither to A nor to B처럼 양쪽에 전치사구가 평형 구조를 이루도록 하면 되겠습니다.

💭 나는 학교도 가기 싫고 도서관도 가기 싫다.

정답 I would like to go neither to school nor to the library.

3. 등위접속사 and로 연결되는 요소는 서로 대등하여야 합니다. 앞 요소가 went~, bought~ 로 나와 있으므로 접속사 뒤의 요소도 과거형 동사가 있는 것을 찾아야 하겠습니다.

💭 이박사는 LA에 가서 책을 좀 사고 그의 아들을 방문했다.

정답 c

4. 등위접속사 and에 의해 '과거분사+by+명사'의 구조가 평형을 이루고 있음을 알 수 있습니다. 자연스럽게 해석을 하다 보면 느낌이 올 것입니다.

💭 왕은 친구들에게 사랑받았으며 적에게는 두려움의 대상이었다.

정답 d

5. 등위접속사 but이 부정어와 짝을 이루어 상관접속사처럼 쓰였습니다. 접속사 but의 좌우로 오는 요소는 대등하여야 하므로 보기를 보며 균형을 이루어 짝을 맞춘 것을 찾도록 합니다.

💭 교사의 역할은 가르치는 것이 아니라 이해하는 것이다.

정답 c

page 290

1. 비교 대상은 '레스토랑에서 식사하는 것'과 '집에서 밥 먹는 것'입니다. 그러나 dining은 동명사로, to eat는 부정사로 나와 있어 서로 균형을 이루지 못하고 있습니

다. 둘 다 동명사로 맞추든가 아니면 둘 다 부정사로 맞추면 되겠습니다. 굳이 하나를 선택하라면 동명사가 부정사보다 일반성을 띠기 때문에 주어로 쓰일 확률이 많으므로 to eat를 eating으로 바꾸는 것이 적절합니다.

◯ 레스토랑에서 식사하는 것이 집에서 먹는 것보다 더 즐겁다.

정답 to eat ➡ eating

2. 내일 하는 일과 오늘 하는 일이 비교의 두 대상이 되고 있습니다. 비교되는 두 대상은 문법적으로 서로 대등해야 하므로 뒷부분의 do today를 what you do today로 고치면 됩니다.

◯ 당신이 내일 할 일은 오늘 하는 일과 같아야 한다.

정답 do today ➡ what you do today

3. this test와 비교의 대상이 될 수 있는 the test가 than 다음에 빠져 있습니다. 즉, This test is more difficult than the test we had the day before yesterday.처럼 고쳐야 하는데, the test가 이미 문장 앞에 나와 있으므로 같은 명사를 지칭하는 the one을 써도 되겠습니다.

◯ 이 시험은 우리가 그저께 본 시험보다 더 어렵다.

정답 than ➡ than the test[one]

4. 우리말에서는 '당신 나라의 문학이 우리나라와 매우 유사하다'와 같이 비교의 대상을 정확히 명시하지 않아도 서로 뜻이 통하지만 영어에서는 틀린 문장이 됩니다. 비교되는 대상은 문학 대 문학이라는 사실을 유념하여 'similar to' 다음에 비교되는 말을 첨가해야 합니다. of의 수식을 받으며 반복되는 명사 the literature는 that으로 대체할 수 있습니다.

◯ 당신 나라의 문학은 우리나라의 문학과 매우 유사하다.

정답 to my country ➡ to the literature of my country 또는 to that of my country

5. Running과 to walk는 비교의 대상으로 부적절합니다. 일반적 진술을 하는 것으로 생각하여 to walk를 walking으로 바꾸는 게 무난합니다.

◯ 달리기는 걷기보다 더 힘든 일상 운동이다.

정답 to walk ➡ walking

1. cognitively부터 시작해서 네 개의 부사가 등위접속사 and에 의해 병렬되어 있는 평행 구조입니다. 그러므로 (D)의 psychological에 -ly를 붙여 부사로 바꾸어야 합니다. 굳이 '평형, 병렬' 등의 문법 용어를 생각하지 않더라도 읽다 보면 왠지 어색해서 입에 탁 걸려야 그게 정상입니다. 잘된 글을 많이 읽다 보면 잘못된 글이 저절로 어색하게 느껴지는 원리, 그것이야말로 가장 좋은 독해 방법입니다. 처음 복습할 때는 일단 꼼꼼하게 정독하고 그리고 나서는 거의 외울 정도가 될 때까지 속독으로 반복하여 읽으십시오.

정답 d

2. 해석을 천천히 그리고 정확하게 해 보십시오. 그런 다음 필자가 가장 부각하려는 중심 내용이 무엇인지 떠올려 보십시오. 일단 본문은 '같이 학습하는 것'에 관해 얘기하고 있습니다. 이제 그 떠올린 소재에 살을 붙여 보십시오. '추론 능력, 비판적 사고의 능력, 상호 존중의 인간적 분위기 조성, 성공적 미래를 위한 연습' 등 많은 가치가 있었습니다. 그러므로 이러한 내용을 다 아우르기 위해서는 b를 정답으로 하는 것이 가장 좋을 것입니다. d도 글의 소재를 파악하는 것까지는 정확하였으나 그 소재에 살을 붙이는 과정에서 오직 '우정'만을 언급하였으므로 너무 지엽적인 느낌을 줍니다. 따라서 글의 요지로는 적절치 않다고 볼 수 있습니다.

정답 b

해석 경쟁적이거나 개인주의적 학습 전략들과 비교하여 볼 때, 협동적 학습은 더 높은 수준의 추론 전략과 비판적 사고를 보다 많이 활용하도록 장려한다. 그러므로 학생들은 협동적으로 학습하고 인지적으로, 신체적으로, 감성적으로 그리고 심리적으로 그들 자신의 지식을 구축하는 데 몰두해야 한다. 이는 우리 교실의 수동적이며 비인간적인 특성을 바꾸는 데 중요하다. 더욱 중요한 것은, 학생들이 아무리 다양하다 할지라도, 자신들의 정당한 몫을 기여해야 하는 공동의 프로젝트에 대해 함께 연구하게 될 때, 그들은 점차 서로를 좋아하고 존중하게 된다는 것이다. 이는 학생들이 장래에 직업에서 성공을 거두는 데 매우 중요한 요소다.

Vocabulary

in comparison to/with

~와 비교해 보면
(= compared with)

competitive	경쟁의, 경쟁적인
individualistic	개인주의적인
strategy	전략
cooperative	협력하는
promote	조성하다, 조장[증진]하다
reasoning	추론
critical	비평의, 비판적인
hence	그러므로(= therefore, thus)
engage in	~에 관여/종사하다
cognitively	인지적으로
physically	신체적으로
emotionally	감정적으로, 감성적으로
psychologically	심리적으로
construct	구성하다
passive	수동적인
impersonal	인격을 갖지 않은, 비인격적인
character	특성
diverse	다양한, 가지각색의
contribute	공헌하다, 기여하다
grow to	~하게 되다
respect	존중하다
vital	지극히 중요한 (= very important)
ingredient	구성요소, 요인
career	경력, 이력, 직업